吴承康

(1929—2022)

父亲吴兴业（1894—1984）

母亲李韫珠（1898—1951）

1951年大学毕业时留影

1933年全家在送朋友赴德留学的船上，前排左起分别为大姐吴经、吴承康、三姐吴纬、二姐吴纶

约1946年在读高中期间游杭州

约 1950 年在美国威斯康辛大学的校办公楼前林肯像下

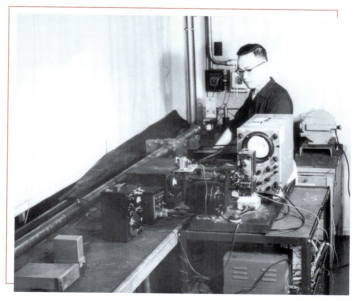

约 1955 年在美国麻省理工学院实验室中自行研制的激波管前工作

1956年在麻省理工学院斯龙航空与汽车发动机实验室前

1956年6月与黄兰洁结婚时走出麻省理工学院小教堂

1956年秋季与夫人黄兰洁在美国麻省西部林区

1957年参加麻省理工学院毕业典礼，获科学博士学位

1957年8月与夫人黄兰洁回国途中，轮船航行在太平洋上

1964年与中国科学技术大学近代力学系1958级学生在力学所合影，三排右十四为吴承康

20世纪70年代在十一室三组自主研制的1兆瓦电弧风洞前

1976年与在上海进行烧蚀实验的小分队合影,后排右一为吴承康

1977年与十一室部分人员合影，前排右六为吴承康

1979年在绵阳29基地开会期间与林同骥（左一）、卞荫贵（右二）等合影

1979年在绵阳29基地与910-3会议代表合影留念，前排右六为吴承康

1979年中美科学院交流互访，力学代表团途经巴黎在凯旋门下合影，左二为吴承康

1983年在美国西北大学燃烧实验室中（后面是俞刚）

1985年张劲夫（前排中间）在中南海接见日中友协代表团，前排左三为日方团长水科笃朗教授，前排右二为吴承康

1985年陪同周培源夫妇在人民大会堂会见加拿大 I. I. Glass 教授夫妇，后排右二为吴承康

1986年在德国慕尼黑参加第21届国际燃烧会议期间与庄逢辰（右）合影

1988年在成都参加第1届中日等离子体化学会议,二排左六为吴承康(会议主席),左七为日方主席明石和夫教授

1988年在北京参加中日流动显示会议,吴承康任主席

1988年夏在美国西雅图与吴宝根（右）合影

1988年8月在美国西雅图参加第22届国际燃烧会议期间与力学所参会同事合影，右三为吴承康

1990年在东京参加第2届中日等离子体化学会议

20世纪90年代初重访麻省理工学院时在Kresge礼堂前

1997年在北京参加第13届国际等离子体化学会议（ISPC-13），吴承康任主席

1997年在ISPC-13宴会上与加拿大M. I. Boulos教授（右）合影

2000年8月在大连参加第5届亚太等离子体科技会议，吴承康（前排左十一）任主席

2001年在法国奥尔良参加第15届国际等离子体化学会议

2003年参加高能束流重点实验室第二届第二次学术委员会会议，右四为吴承康

2003年10月与力学所老研究生和导师们合影，前排左一为吴承康

2004年2月在中国科学院技术科学部常委会上发言

2004年与夫人黄兰洁在司马台长城合影

2004年11月参加庆祝中国科学院建院55周年茶话会，后排左一为吴承康

2004年12月在力学所联欢会上演奏小提琴

2005年7月在张家界参加中韩等离子体学术研讨会,站立左十一为吴承康

2005年10月在酒泉卫星发射基地参观神舟六号载人飞船发射

2006年5月与夫人黄兰洁在美国奥林匹克国家公园一颗大柏树中合影

Family 2006

2006年6月在美国明尼阿波利斯全家合影,前排居中者为吴承康

2006年7月在澳大利亚凯恩斯参加第8届亚太等离子体科技会议

2006年9月在承德与夫人黄兰洁及朋友合影，右一为吴承康

2008年在新疆准东露天调研煤炭开发利用期间与严陆光院士（右）合影

2008年在新疆油田参观，右五为吴承康

2008年10月在黄山参加第9届亚太等离子体科技会议，吴承康（右二）任主席

2008年10月10日在黄山参加第9届亚太等离子体科技会议期间与黄河激(右)、孟显(左)合影

2008年10月在第9届亚太等离子体科技会议宴会上，左一为吴承康

2008年10月与参加第9届亚太等离子体科技会议的力学所代表合影，右五为吴承康

2008年11月中国科学院力学所原十一室50年联谊合影，前排右九为吴承康

2008年12月在丽江参加第一届高超声速科技学术会议和第二届非平衡流动国际研讨会，前排右五为吴承康

2009年10月14日祝贺吴承康先生八十诞辰暨气动热化学学术报告会合影，前排右七为吴承康

2010年秋,与夫人黄兰洁在游轮上合影

2011年10月13日参加高温气体动力学国家重点实验室评估,前排右四为吴承康

2011年11月14日在家中欢度82岁生日

2012年11月14日在家中欢度83岁生日

2012年12月22日作为"三高乐团"小提琴首席在国家大剧院演出

2013年10月26日在力学所办公室接受采访

2014年4月26日在西北农林科技大学演出后给学生做报告

2014年9月20日与中国科学技术大学5907-3专业学生合影，前排右十为吴承康

2014年9月20日参加中国科学技术大学5907-3专业学生聚会并接受献花

2014年11月14日在力学所小礼堂参加85岁生日聚会，左三为吴承康

2015年6月8日在《力学学报》(英文版)创刊30周年座谈会上发言

2015年9月18日在宜春参加"满天星业余交响乐团"演出期间与夫人黄兰洁合影

2015年10月20日在广东外语外贸大学演出期间和同学们谈音乐

2015年11月14日在家中欢度86岁生日

2016年12月15日在高温气体动力学国家重点实验室党支部师生座谈会上给年轻学子谈"学习、科研,点滴体会"

2017年9月13日与力学所十一室三组老同事聚会合影,前排右三为吴承康

2018年5月11日柳绮年（左）和严汶子（右）来家中探望

2018年10月17日在纪念郭永怀先生牺牲50周年系列学术思想研讨会上做专题报告

2018年10月17日纪念郭永怀先生牺牲50周年系列学术思想研讨会合影，前排右四为吴承康

2018年12月5日纪念郭永怀先生牺牲50周年座谈会合影，前排右六为吴承康

2018年12月12日纪念林同骥先生100周年诞辰纪念会合影，前排右六为吴承康

2019年11月12日秦伟所长（右三）、刘桂菊书记（右二）和老同事来家中祝贺90岁生日

2019年11月14日90岁生日时与课题组成员聚会

2020年11月14日在家中欢度91岁生日

清音高远 风范长存

吴承康先生纪念文集

王柏懿 主编

中国科学技术大学出版社

内 容 简 介

2024年11月14日是吴承康院士95周年诞辰。吴先生是我国著名高温气体动力学家、中国科学院院士,在高速高温气体动力学、低温等离子体科学与技术、燃烧与能源科学等领域均取得了卓著的成就。这部纪念文集汇集了80多位作者的回忆文字,展现了吴先生的高尚品质和大师风范,表达了吴先生众多同事、弟子和友人的心声。本书亦可以作为弘扬科学家精神的一个载体,教育年轻一代,将科学家精神永续传承下去。

图书在版编目(CIP)数据

清音高远　风范长存:吴承康先生纪念文集/王柏懿主编. -- 合肥:中国科学技术大学出版社,2024.11. -- ISBN 978-7-312-06130-1

Ⅰ. K826.16-53

中国国家版本馆 CIP 数据核字第 2024CV2463 号

清音高远　风范长存:吴承康先生纪念文集
QINGYIN GAOYUAN　FENGFAN CHANGCUN:WU CHENGKANG XIANSHENG JINIAN WENJI

出版	中国科学技术大学出版社
	安徽省合肥市金寨路96号,230026
	http://press.ustc.edu.cn
	https://zgkxjsdxcbs.tmall.com
印刷	合肥市宏基印刷有限公司
发行	中国科学技术大学出版社
开本	787 mm×1092 mm　1/16
印张	13.25
插页	20
字数	290 千
版次	2024年11月第1版
印次	2024年11月第1次印刷
定价	95.00 元

序 一

20世纪60年代初,中国科学院力学研究所组建第十一室(空气动力学研究室,简称"十一室")时,我第一次见到吴承康先生。十一室的一、二、三组都是做实验的。吴先生在三组,我在二组。

为了服务我国"两弹一星"事业,吴先生承担了航天飞行器再入大气层防热问题的实验研究工作。他在1961年提出了一个符合我国国情的可行方案:电弧等离子体亚声速射流中平头模型试验,以此来模拟高速飞行器驻点的受热情况。在他的领导下,研究团队自主研制了国内首台920千瓦电弧加热器和相应的测试系统,提供了型号研制所需的"有效烧蚀热"数据。

在20世纪70年代,吴先生又率先提出了大面积烧蚀的火箭燃气流试验方案,并亲自和研究团队一起开展了大量的现场试验。此外,他还在人造卫星回收方案、再入大气层物理现象、再入通信*中断减轻技术等方面进行了卓有成效的系统研究。以上工作为我国中远程导弹的成功做出了重要贡献。

20世纪80年代以来,吴先生率领研究团队在能源领域开展了一系列高新技术的探索研究,包括高效洁净煤燃烧技术、水煤浆燃烧技术、气脉冲除灰技术等,在解决国民经济主战场的重大需求方面又做出了新的贡献。

聂荣臻元帅在领导国家科委和国防科委期间,强调科研人员要树立"三严"作风。吴先生在这方面做得很好,这里举科学名词的翻译为例。他曾多次谈及译名存在的问题,譬如"bow wave"译为"弓形波"就不妥,因为尖头飞行器附体激波就不是弓形的。他认为应该学习造船界,将"bow wave"译为"头波",因为英文中bow有两层含义,一是弓形,二是头部。此外,"创新"是当前用得很多的一个

---

* 吴承康先生在1975—1980年间主持的"再入通讯可行途径"研究曾获中国科学院和国家级的科技进步奖。本书按照最新语言文字规范,将"再入通讯"表述为"再入通信"。

词,我是在钱学森先生于 1995 年 1 月 2 日"致王寿云等六同志"信中第一次看到这个词,其含义很明确,指重大的创造。现在许多人将"创新"译为"innovation",与老所长原意是不同的。我们所将所训中的"创新"译为"creativeness",这个译名是吴先生建议的。

此外,吴先生在 20 世纪 90 年代中期,曾担任"水变油"项目实验鉴定组长,他不惧来自社会方方面面的干扰,揭露了这场喧嚣了三年的闹剧的欺骗本质,还把两个大学领导挡在了工程院士门外。这件事情展现了他实事求是、坚持真理的风范。

吴先生为人和善,乐于助人。改革开放后,对外交流活动日益增加。他利用英文水平高的优势,适时开办了英语补习班,使许多人大大提高了英语水平,为我们所对外交流做出了贡献。凡是托他办事,如写推荐信、评价信以及参加评审会等,他总是尽量克服自己的困难,如你所愿。

我和吴先生相交六十多年,受益匪浅。

吴先生是我的良师益友。

俞鸿儒

中国科学院院士

序 二

当我们驻足回首,缅怀一位伟大的学者时,我们不仅仅是在回顾他辉煌的学术成就,更是在追寻一种精神的力量,一种能够跨越时空、启迪人心的智慧之光。

吴承康先生于1957年获得美国麻省理工学院科学博士学位,学成后他便毅然放弃美国的优渥生活,于同年9月回国。1957—1978年先后在中国科学院动力研究室、力学研究所,第七机械工业部207所、701所工作,1978年年底回到中国科学院力学研究所工作。历任副研究员、研究员,曾任研究室主任。1984年2月至1987年12月任力学研究所副所长。

本文集汇聚了47篇纪念文章,以及海内外学者追忆,通过回忆与吴先生交往的点滴故事,丰满展现了先生温文儒雅的学者形象,生动展示了先生为国奉献的精神品质。

吴承康先生胸怀祖国,将毕生精力与国家需求紧密相连。他曾说:"音乐与人生相辅相成,音乐与科研相融相通。无论是做音乐还是搞科研,我们都需要勤学苦练、精益求精、全神贯注。"作为我国气体动力学及燃烧科学领域有巨大影响力的学术带头人,他以其卓越的智慧和深厚的学术造诣,在烧蚀机理、人造卫星回收方案、再入通信以及燃烧基础理论与工程应用等方面取得了一系列开拓性成果,为我国航天工程和能源科学的发展做出了重大贡献。

吴承康先生情牵力学,始终关注学科与技术的发展。他与郑哲敏院士等前瞻性地提出了力学及交叉学科要在未来经济和国防建设中发挥作用,为开拓、探索和优化新材料制备的特种工艺技术提供科学依据。他是国际等离子体化学学会会士,在他的坚持推动下,连续举办了21届全国等离子体科技会议,组织了中日、中日韩及亚太等离子体科技系列会议等,有力地提升了我国低温等离子体学术界的国际影响力。

吴承康先生心系教育,桃李满园。他为培养我国的专门人才做出了杰出的贡献，早期在中国科学技术大学、清华大学等高校授课，在力学所培养了多名研究生，他指导的学生中有很多已成为燃烧与等离子体界的学术带头人。

斯人已逝，风范长存。先生知识渊博、精益求精，开拓创新、勇于挑战，低调为人、淡泊名利，他的崇高品格和奋斗精神将永远激励着我们前行。

愿吴承康先生的精神永存！

中国科学院力学研究所党委书记

目录

序一 ·· (i)
序二 ·· (iii)
吴承康先生生平 ······································ (1)

手稿摘录 吴承康先生工作笔记实录 ······························ (4)

纪念文章 难忘跟随吴先生共事的几十年 ···················· 矢德麟(12)
怀念没有"老师"名分的恩师吴承康先生 ············ 李廷林(17)
吴承康院士——我终身的良师挚友 ·················· 盛云龙(20)
缅怀燃烧学先驱吴承康院士 ························ 赵 鹏(22)
和吴先生相处的几个温馨场景 ······················ 顾炳武(27)
忆念我的吴承康老师 ······························ 沈 琼(30)
我在老三组跟随吴先生工作十五年的感触 ············ 吴观乐(32)
一位永远前行的科学大师 ·························· 吴宗善(35)
回眸和吴承康老师的交往亲历 ······················ 吴国庭(38)
忆吴承康院士两三事 ······························ 洪传玉(41)
回顾在十一室三组当研究助手的经历 ················ 王永光(44)
吴承康先生永远活在我们心中 ······················ 卫景彬(47)
纪念吴承康先生 ·································· 弓明身(57)
吴承康先生和烧蚀实验 ···························· 王殿儒(60)
对人生难忘的老师吴承康院士的点滴记忆 ············ 赵玉琦(63)
学界泰斗,仁厚长者 ······························ 林 烈(66)
为吴承康教授当助教的点滴回忆 ···················· 硈维德(69)
吴承康院士和中国科学技术大学工程热物理 ·········· 过明道(71)
怀念我敬重的科学家——吴承康先生 ················ 後晓淮(73)
吴承康院士——我学习和工作的引路人和好导师 ······ 陈义良(75)
忆往事,念恩师 ··································· 纪崇甲(77)

缅怀吴承康先生	白以龙	(82)
工作的导师,为人的表率	姚康庄	(84)
科学大家,风范永存	王柏懿	(87)
大师垂范,学者楷模	柳绮年	(92)
毕生践行科学家精神的楷模	李家春	(95)
回忆和吴承康老师的几次际遇	郑敏樟	(98)
我在力学所十一室三组的日子	顾世杰	(100)
我心目中的吴承康院士——智慧 谦诚 为人处世之典范	李伟格	(105)
怀念和吴承康先生共处的日子	刘大有	(110)
师生情深——记中国科大5907-3毕业50周年同学聚会	肖林奎	(114)
我知道的吴先生二三事	盛宏至	(117)
忆往昔峥嵘岁月稠	詹焕青	(127)
深切怀念吴承康先生	严汶子	(130)
追忆科学与艺术完美结合的大科学家吴承康先生	孙文超	(135)
回忆小故事,引发大感慨——深切怀念吴承康副所长	韩 林	(141)
永远怀念吴承康先生	段祝平	(143)
追忆尊敬的吴承康先生	何 林	(145)
吴承康先生和中国力学学会	金 和 何 林 刘 洋	(150)
怀念吴承康先生	黄河激	(154)
忆吴先生科研理念,思吴先生行事为人	魏小林	(158)
怀念恩师吴承康先生	孟 显	(162)
大先生——追思吴承康先生	潘利生	(165)
科研人标杆,吴先生千古	姚 远	(167)
高山仰止 景行行止——追忆与吴承康先生交往的两三事	刘俊丽	(170)
吴承康先生的治学思想、育人精神永放光芒	赵 伟	(175)
追思尊敬的吴承康院士	李和娣	(177)

海外来函

吴承康教授八十华诞贺信	(180)
祝贺吴承康教授八十诞辰	(185)
韩国教授 Hong Young Chang 唁电	(188)
澳大利亚科学院院士 Rod Boswell 唁电	(189)
美国国家工程院院士罗忠敬唁电	(190)

寄语追忆

悼念心语撷采	(195)
跋	(204)

吴承康先生生平

王柏懿

吴承康先生于 1929 年 11 月 14 日在上海出生，于 2022 年 12 月 25 日在北京逝世，享年 93 岁。他是我国著名高温气体动力学家、中国科学院院士，在高速高温气体动力学、低温等离子体科学与技术、燃烧与能源科学等领域取得了卓著的成就。

吴先生于 1947—1948 年在上海交通大学机械工程系学习；1949 年赴美国威斯康辛大学机械工程系学习，分别于 1951 年、1952 年获学士与硕士学位；1952—1957 年在美国麻省理工学院机械工程系学习，1954 年获机械工程师学位，1957 年获科学博士学位。

吴先生于 1957 年归国并进入中国科学院动力研究室工作，随后由于建制变动，先后在中国科学院力学研究所、第七机械工业部 207 所与 701 所工作，1978 年年底返回中国科学院力学研究所工作，历任副研究员、研究员，曾任研究室主任。1984 年 2 月至 1987 年 12 月担任力学研究所副所长。1991 年当选中国科学院院士。

吴先生于 1954 年在美国麻省理工学院学习期间曾给出了阐明汽油机爆震机理的 Livengood-Wu 积分模型，被内燃机学术界认定为汽油机爆震"自燃说"的理论基础。他于 1983—1984 年在美国西北大学访问期间，建立了测定可燃混合物层流火焰速度的实验方法，该成果一直影响着国际燃烧学界的火焰研究方向。

吴先生于 20 世纪 60—70 年代承担弹头烧蚀防热研究任务，针对我国国情特点，先后提出电弧等离子体亚声速射流和火箭燃气流等试验方案，为我国中远程导弹研制成功提供了重要的科学数据。此外，他在人造卫星回收方案、高速飞行器再入大气层物理现象、洲际导弹再入通信中断减轻技术等问题上都做了大量卓有成效的工作。20 世纪 80 年代以来他又开展了洁净高效煤燃烧技术、新型煤粉燃烧器、水煤浆燃烧技术、气脉冲除灰技术等节能新技术的研发。

吴先生是我国低温等离子体科学与技术发展的学术带头人，2011 年当选国际等离子体化学学会会士。他在电弧等离子体发生器的工作机理及设计、新型发生器的研制、等离子体诊断等许多方面做了大量工作。在他的持续努力推动下，我国连续举办了 21

届全国等离子体科技会议,组织了中日、亚太等离子体科技系列会议,主办了第 13 届国际等离子体化学会议,吴先生多次担任主席,有力地提升了我国低温等离子体学术界的国际影响力。

吴先生一生科研成果累累,先后获国防科学技术委员会重大成果二等奖,中国科学院科技成果一等奖,中国科学院科学技术进步一、二等奖等多项奖励。此外,他在 2003 年获何梁何利基金科学与技术进步奖,2011 年获中国工程热物理学会"燃烧学杰出贡献奖"。

吴先生曾担任中国力学学会秘书长、常务理事和《力学学报》中、英文版主编,是国际期刊 Plasma Chemistry and Plasma Processing 编委以及多个学术期刊的副主编或编委。此外,他一生致力于教书育人,曾在中国科学技术大学、清华大学等高校授课,并培养了多名研究生,为培养我国相关领域的专门人才做出了重要贡献。

手稿摘录

清音高远 风范长存 | 吴承康先生纪念文集

吴承康先生 / 工作笔记实录

编者按： 这里展示的图片（图1—图12）是从吴承康先生的一本工作笔记（1962年2月1日至1964年5月27日）中摘录的，作为一些实例，展现先生的治学态度和科研管理的风貌。

图 1　向郭永怀副所长做工作汇报的文稿

1962/5/30 5-pm　　014

组内核心小组会议，以后固定下来，研究组内工作

商量内容：怎么抓工作，计划，措施。　每星期 5pm

小组会是决策会，又是执行会。

可以每星期事先商量一些问题，定下来活动计划

本星期五先谈一下如何深入的问题。

下星期五，谈庆明？邓化诚？　安排一个月的计划

今天商量：目前措施问题：加工，四材，施工，图纸。

人员思想状态。

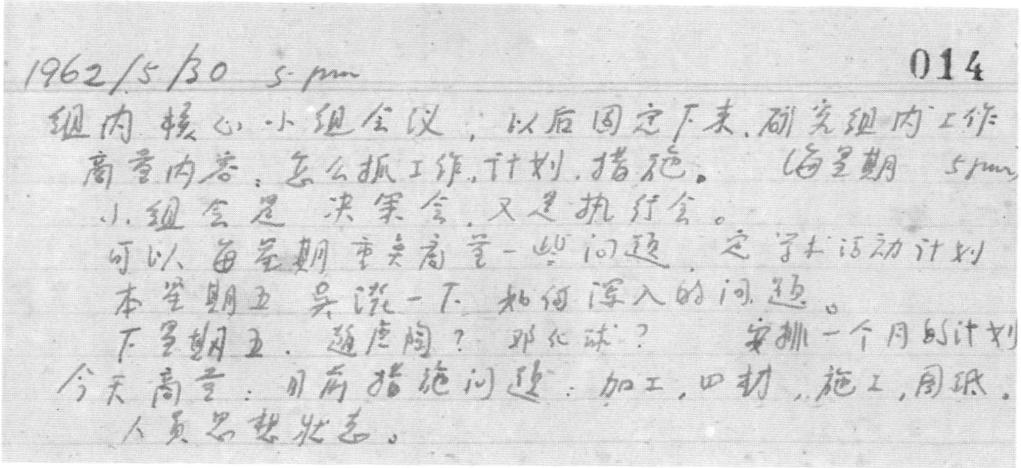

图 2　关于设立核心小组会议的设想

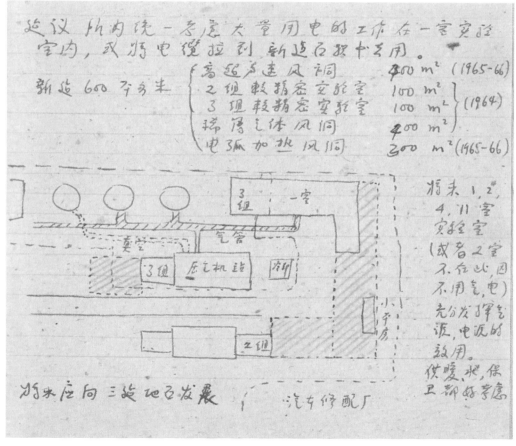

图 3　关于十一室实验室发展问题的建议

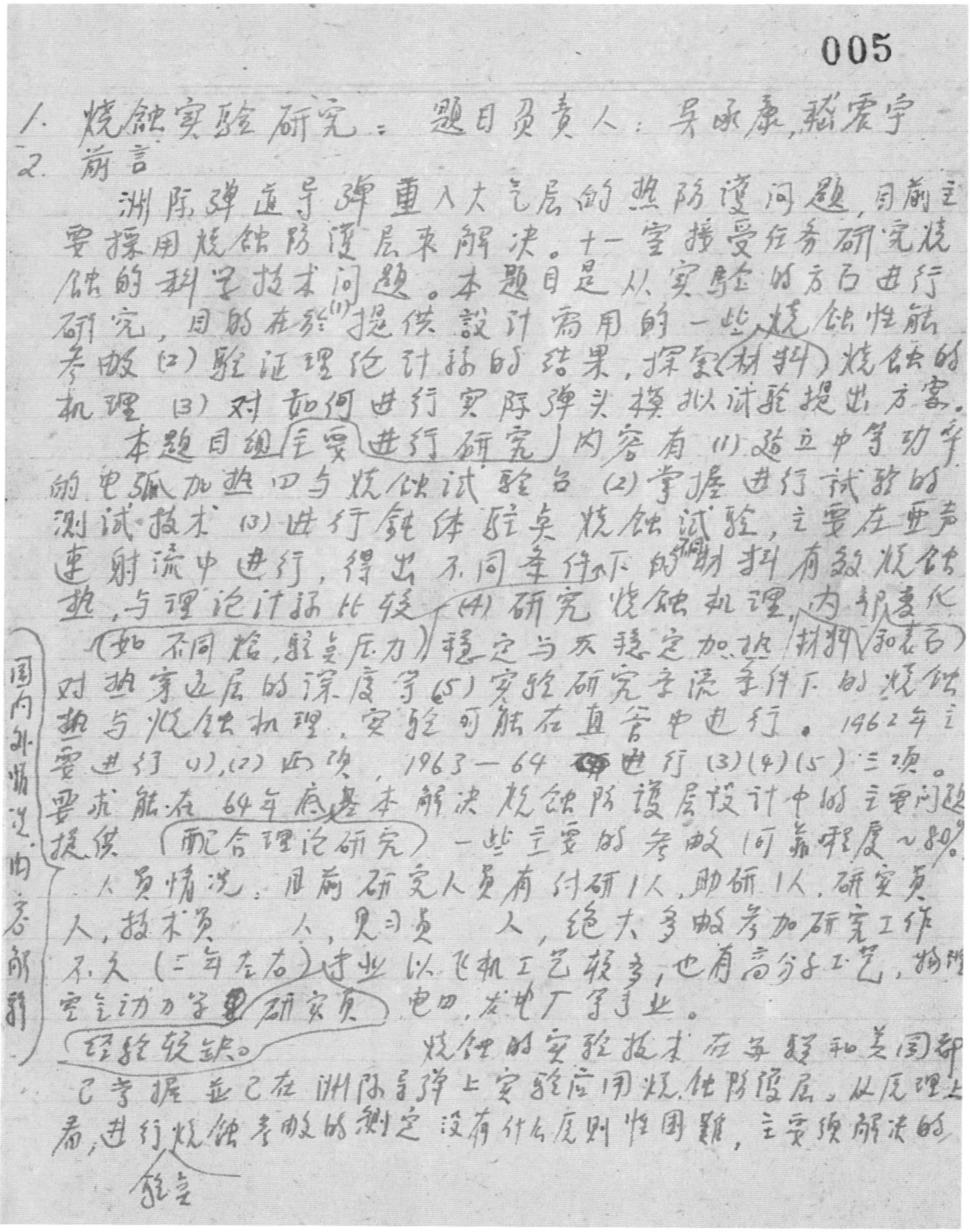

005

1. 烧蚀实验研究：题目负责人：吴承康，稽震宇
2. 前言

洲际弹道导弹重入大气层的热防护问题，目前主要采用烧蚀防护层来解决。十室接受任务研究烧蚀的科学技术问题。本题目是从实验的方面进行研究，目的在于(1)提供设计需用的一些烧蚀性能参数(2)验证理论计算的结果，探究(材料)烧蚀的机理(3)对如何进行实际弹头模拟试验提出方案。

本题目组主要进行研究内容有(1)建立中等功率的电弧加热器与烧蚀试验台(2)掌握进行试验的测试技术(3)进行钝体驻点烧蚀试验，主要在亚声速射流中进行，得出不同条件下的材料有效烧蚀热，与理论计算比较(4)研究烧蚀机理，内部变化(如不同焓，驻点压力)稳定与不稳定加热材料(和表面)对热穿透层的深度等(5)实验研究亚流条件下的烧蚀热与烧蚀机理，实验可能在直管中进行。1962年主要进行(1)(2)两项，1963—64 进行(3)(4)(5)三项。要求能在64年底基本解决烧蚀防护层设计中的主要问题，提供(配合理论研究)一些主要的参数 可靠程度~80%。

人员情况：目前研究人员有付研1人，助研1人，研实员 人，技术员 人，见习员 人。绝大多数参加研究工作不久(三年左右)，专业以飞机工艺较多，也有高分子工艺，搪瓷，空气动力学，研实员，电四，发电厂专业。经验较缺。烧蚀的实验技术在苏联和美国都已掌握并已在洲际导弹上实验应用烧蚀防护层。从原理上看，进行烧蚀参数的测定没有什么原则性问题，主要须解决的

（左侧批注：国内外情况内容所知）

图 4　烧蚀实验研究工作方案（部分）

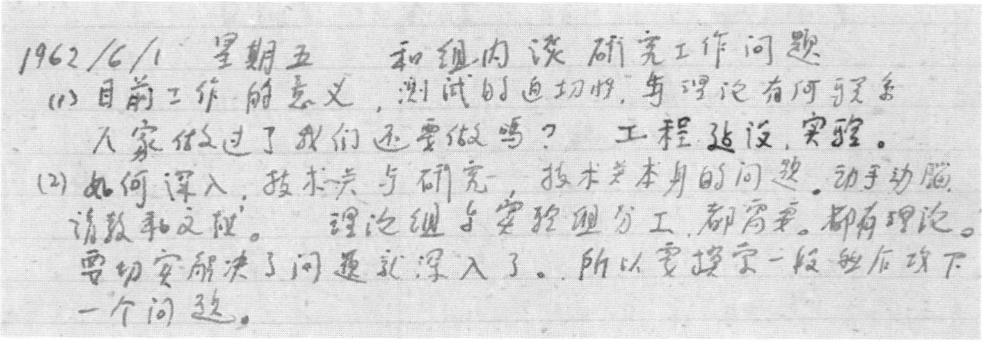

> 1962/6/1 星期五　和组内谈研究工作问题
> (1) 目前工作的意义，测试的迫切性，与理论有何联系
> 人家做过了我们还要做吗？　工程建设，实验。
> (2) 如何深入，技术员与研究，技术是本身的问题。动手动脑
> 请教和文献。理论组与实验组分工，都需要，都有理论。
> 要切实解决了问题就深入了。所以要提出一段时间攻下
> 一个问题。

图 5　和研究组成员谈研究工作问题

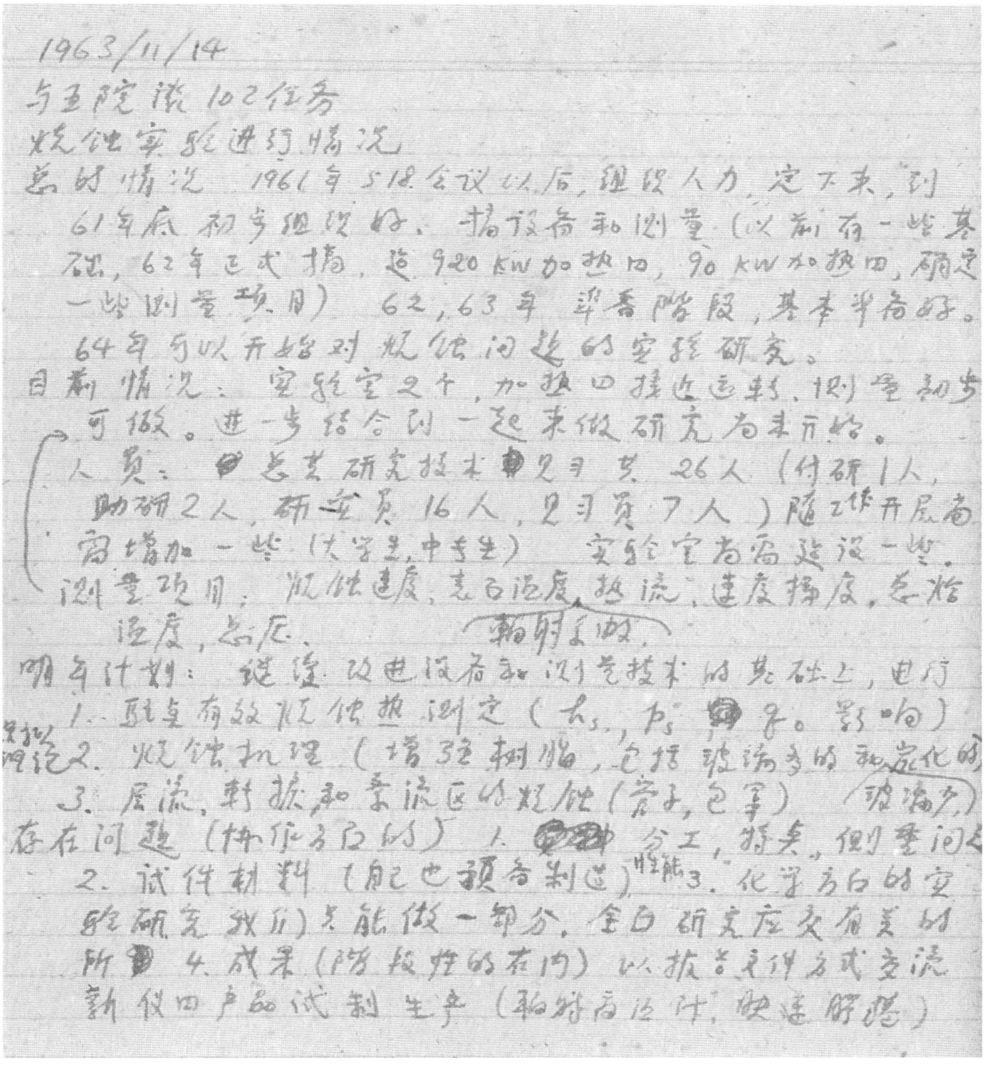

> 1963/11/14
> 与五院谈102任务
> 烧蚀实验进行情况
> 总的情况：1961年5.18会议以后，组织人力定下来，到
> 61年底初步组织好，搞设备和测量（以前有一些基
> 础，62年正式搞，造920KW加热器，90KW加热器，确定
> 一些测量项目）62,63年准备阶段，基本准备好。
> 64年可以开始对烧蚀问题的实验研究。
> 目前情况：实验室之个，加热器接近运转，测量初步
> 可做。进一步结合到一起来做研究尚未开始。
> 人员：总共研究技术人员共 26人（付研1人，
> 助研2人，研究员16人，见习员7人）随工作开展尚
> 需增加一些（大学生,中专生）　实验室有扩建设一些。
> 测量项目：烧蚀速度，表面温度，热流，速度梯度，总焓
> 温度，总压。　辐射，电离。
> 明年计划：继续改进设备和测量技术的基础上，进行
> 1. 驻点有效烧蚀焓测定（t_s, p_s ...等...影响）
> 理论 2. 烧蚀机理（增强树脂，包括玻璃等的碳化成）
> 3. 层流，射流和紊流区的烧蚀（离子，电子）（玻璃）
> 存在问题（协作方面的）1. 分工，接头，测量间
> 2. 试件材料（配也预备制造）　3. 化学方面的实
> 验研究我们只能做一部分。金石研究应交有关材
> 所管。4. 成果（防技性的在内）以报告文件方式交流
> 新仪器产品试制生产（辐射高温计，快速量热）

图 6　与五院谈102任务

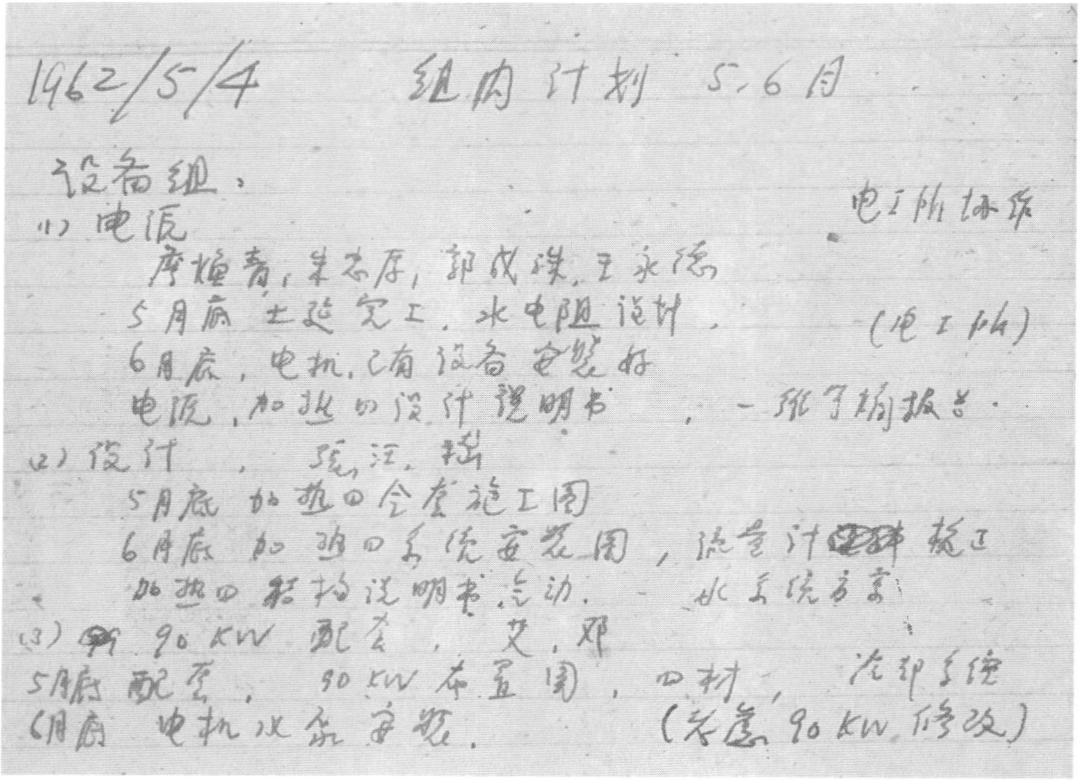

1962/5/4 组内计划 5、6月

设备组：

(1) 电源 电工所协作

廖焕青，朱本厚，郭成琛，王永德

5月底 土建完工，水电阻设计。 (电工所)

6月底，电机、已有设备安装好

电源，加热器设计说明书 ，一张[illegible]报告。

(2) 设计 ，[illegible]

5月底 加热器全套施工图

6月底 加热器系统安装图，流量计[illegible] 施工

加热器结构说明书启动。 水系统方案

(3) 90 KW 配套 ，艾，邓

5月底 配套， 90 KW 布置图，器材， 冷却系统

6月底 电机以及安装。 (考虑90 KW修改)

图 7 研究组工作计划的制定

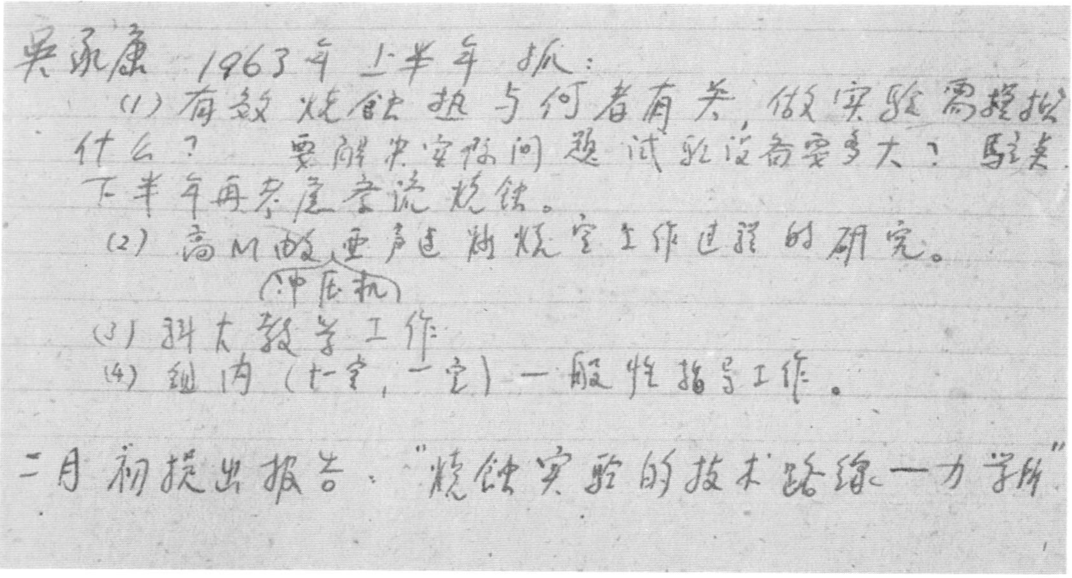

吴承康 1963年上半年抓：

(1) 有效烧蚀热与何者有关，做实验需模拟什么？ 要解决实际问题试验设备要多大？ [illegible] 下半年再考虑实际烧蚀。

(2) 高M数、高压连续烧蚀室工作过程的研究。(冲压机)

(3) 科大教学工作

(4) 组内（七室，一室）一般性指导工作。

二月初提出报告：“烧蚀实验的技术路线—力学所”

图 8 关于 1963 年上半年工作的考虑

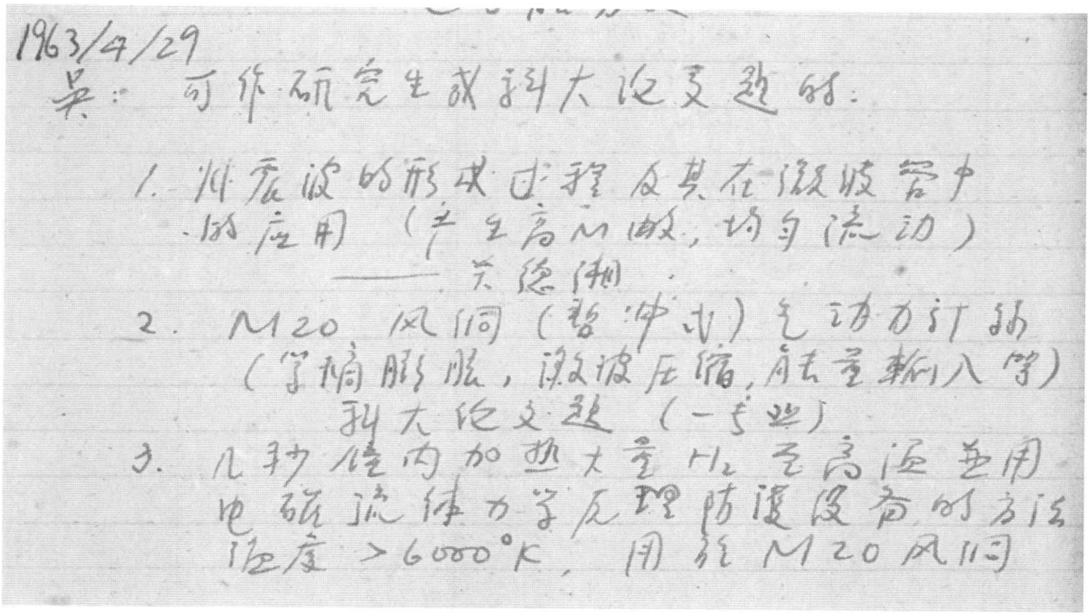

1963/4/29
吴：可作研究生或科大论文题目：

1. 爆震波的形成过程及其在激波管中的应用（产生高P0，均匀流动）
   ——关德湘
2. M20 风洞（暂：冲式）气动力计算
   （等熵膨胀，激波压缩，质量输入等）
   科大论文题（一专业）
3. 几秒钟内加热大量 H_2 至高温应用
   电磁流体力学原理防护设备的方法
   温度 > 6000°K，用给 M20 风洞

图 9　研究生及中国科大学生论文题目的拟定

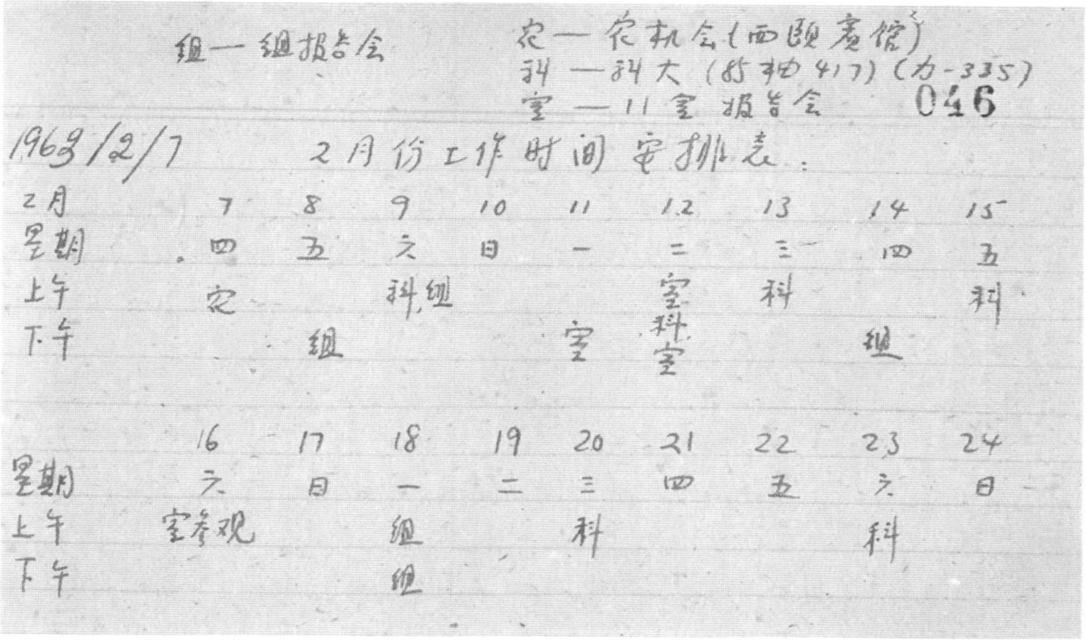

组—组报告会　　定—定机会（西颐宾馆）
　　　　　　　　科—科大（新址 417）（力-335）
　　　　　　　　室—11室报告会

1963/2/7　　2月份工作时间安排表：

2月	7	8	9	10	11	12	13	14	15
星期	四	五	六	日	一	二	三	四	五
上午		定		科组			室	科	科
下午			组			科室	室		组

	16	17	18	19	20	21	22	23	24
星期	六	日	一	二	三	四	五	六	日
上午	室参观		组		科			科	
下午			组						

图 10　1963 年 2 月个人工作计划安排表

1964年时间实际使用情况

1月	1/6	4.5/6	0.4/6	0.1/6
2月	2/6	1/6	2/6	1/6
3月	3/6	2.1/6	0.3/6	0.6/6
4月	3/6	1.4/6	1.1/6	0.5/6
5月	2.4/6	2.5/6	1/6	0.1/6
	工作学术	外地开会或外地学术会室组报告会	开会学习	其他杂事(如参观等)生病

工作中有科大论文 0.5/6

用时间最多的是开学术会、出差

今年：科大论文答辩，115(北京)会议，航空学会，225(大连)会议
上海出差，55(沈阳)会议；(室报告会)

平均 (2.3/6 2.3/6 0.9/6 0.5/6)

图 11 1964 年 1—5 月份时间实际使用情况分析

吴承康：带一批人，几年之内培养出来
顾世杰，谈洪，许立方，邓振洁，王殿儒；洪厚王，
魏叔寰。

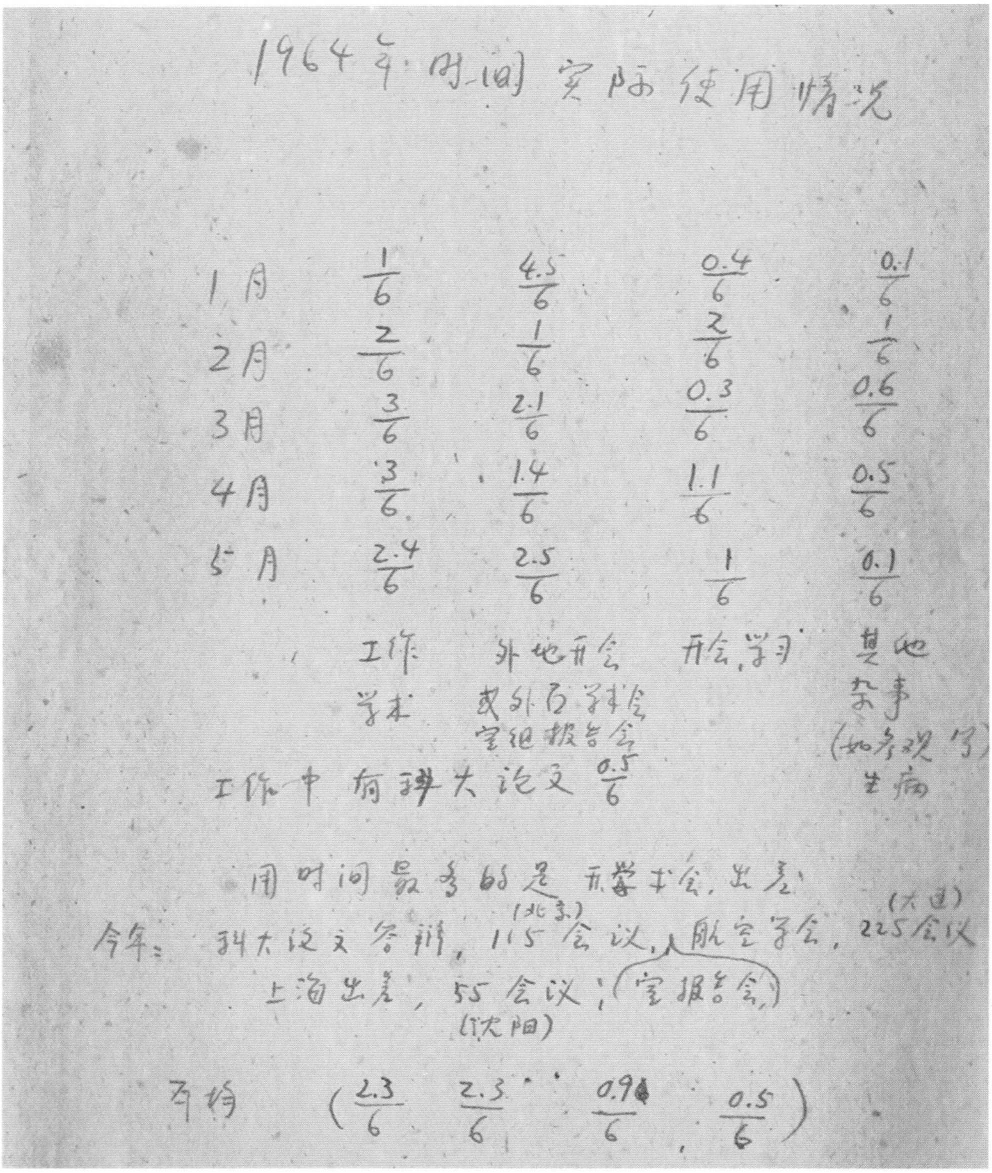

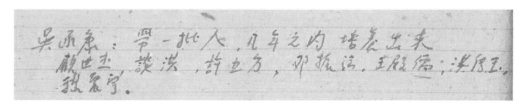

图 12 关于研究组人才培养的考虑

纪念文章

难忘跟随吴先生共事的几十年

朱德麟

跟随吴先生学习、工作的情景历历在目，我永远难忘。毫不夸张地说，没有吴先生的栽培，就没有我今天的一切。

我是1959年入学的中国科学技术大学第二届学生。就学期间，曾经听了吴先生讲授的"热力学"课程。我是课代表，和吴先生接触较多，成了老师和同学们之间的桥梁。同学们的作业，他都仔细批阅。学生有问题时，他也都会耐心地与学生讨论。他的课都是用他自己编写的讲义，其中包含了当时最新的理论知识，而且他讲课时条理非常清晰，把深奥的概念讲得深入浅出，同学们都喜欢听。记得讲到热力学第一定律和第二定律时，他先讲第一类永动机和第二类永动机的历史故事，这样听起来很生动，学生们也能牢记。还有，同学们对"焓"的概念比较容易理解，但对"熵"就感到不好理解了：自然界为什么会熵增？吴先生举例说：如果在一个封闭容器中，用隔板分开两种不同气体，抽掉隔板后气体扩散，最后两种气体均匀混合，熵就增为最大了。他还风趣地说：如要再分开两种气体，就需要发明一种半透膜。这样一来，同学们很容易就理解了，而且脑洞大开。后来吴先生又开讲燃烧课，内容更是新颖，从层流火焰、湍流火焰到爆震波，各种燃烧现象都有涉及，让大家学得有滋有味。可以说，吴先生的课是我五年大学中最爱的课程。

吴先生在课余时也常给大家讲一些他在美国的故事，看似是在聊天，其实是鼓励我们这些学子好好学习。他告诉我们，美国农业发达靠的是机械化操作。为了让西红柿生产机械化，专门培养了皮厚的西红柿，劳动力成本就降下来了，这让我们从没出过国门的年轻人大开眼界。他还讲到，1957年苏联发射的第一颗人造地球卫星震惊了美国。美国人因此兴起了学俄语的热潮，他自己也是在那时开始自学俄语的。我们就知道了：先进的美国人都知道要学要赶，我们更不能故步自封。

到了做毕业论文的时候，吴先生为我选定了爆震波风洞的课题，还选派了留苏回来的熊尚义老师来辅导我，他又亲自推荐了一些俄文和英文的资料给我，使我得以顺利完成大学的全部程序。

在大学五年级上学期,我决定报考吴先生的研究生,那年寒假就留在学校准备,开学后参加考试。在毕业分配前,得知吴先生录取了我,原来分配去装甲兵的方案就改过来了。那年其他同学都分到外地去了,我是本专业里唯一留在北京的,从此开始在吴先生身边工作学习。后来我才知道,1964年他看到考试成绩不错,就扩大招收了我和乐瑶两人,下个年度就没有再招研究生。我就成了吴先生"文革"前的关门弟子。"文革"后,吴先生再招博士研究生,已经是1982年以后的事了。

到中国科学院力学研究所(简称"力学所")后不久,政治运动频起,"四清""文革"接踵而来。"文革"期间研究生制度被彻底"砸烂",我们这些研究生也被安排到位于天津芦台的解放军农场"再教育"了一年半。就这样,科研工作受到冲击,好几年都没有科研任务。但是,吴先生对待运动的态度也令我感动。在没法正常做科研的时间里,他就教组里同事学英语,甚至一些外组的人也慕名参加吴先生的英语学习班。吴先生历来在工作上行得正,待人也很真诚,从来没给任何人制造过麻烦。的确,他的人品有目共睹。在"文革"最激烈的时候,组里也没有人整过他,极"左"的造反派也无法整他,因为找不到任何理由,他可能是唯一没有受到冲击的"老海归"。

20世纪70年代中期,我们归属到七机部701所以后,情况有所改变,一项项国防科研任务又逐渐开展起来。在我们的电弧加热器和电弧风洞上,为导弹再入大气层做材料烧蚀防热研究,试验做得风生水起。一件小事让我记忆犹新。有一次,我们要拆开加热器磁场线圈组合体进行维修,但是螺母的拆卸空间太小,实验室的工具都用不上。正在我们束手无策的时候,吴先生让我们等着他。当天晚上,吴先生从家里拿来他从美国带回来的小巧扳手,和我们一起连夜拆开并维修好加热器。这个扳手后来就成为我们实验室的专用工具了。

记得在1975年,吴先生提出的利用火箭发动机试车台喷气做材料烧蚀的方案得到了有关部门领导的确认。当时吴先生还在河南的七机部五七干校下放劳动,我和马秀忠出差去请教他,一起商讨如何完成任务。使我记忆深刻的是,他和其他下放劳动的人一样在食堂端着碗站着吃饭,吴先生就是这样能上能下!尽管人在农场里劳动,但依然心系国防科研事业,他和我们详细说明了燃气流烧蚀试验的要义。由于型号研制的迫切需要,不久所里就提前把吴先生调回北京,并让他作为正式顾问,领导了一个研究团队,开展持续三年多的试验工作。他不仅从总体上对实验方案、技术路线给出具体指导,还经常亲临试验现场解决各类实际问题。他是我国利用燃气流进行气动防热研究领域的开拓者、大功臣。

这里,还有一件小事也让我终生难忘。大概在20世纪70年代后期,吴先生带领何蔚琅和我一起出差到上海做试验。吴先生先请我们俩一起去崇文门红房子吃西餐,然后到火车站坐车南下。在火车上,我们遇见一位从欧洲来的女士,她身上背着沉重的野外用行李。吴先生介绍说,外国人旅行都这样。我当时想练练英语,就主动和她说话,本想问询她是否一个人旅游,顺口就问"Are you single?"。吴先生知道我的意思,但指正我说:"这是在问她是不是单身。"我顿时羞得无地自容,这让我永远记住要好好学习英语。

1978年年底我们回归力学所后,所里恢复了职称评定活动,大家要做提职报告。我一直在设备组工作,就写了关于电弧加热器供电原理和系统研制过程的报告。吴先生非常关心,帮我仔细修改报告文本。结果,我的报告通过了评审,我也被顺利提升为助理研究员。

在电弧风洞实验室运转了多年的原始供电系统是20世纪60年代初吴先生亲手改造的,采用原有的直流发电机加水冷不锈钢管电阻,组成有陡降伏安特性的电弧加热器电源。到了20世纪80年代,需要更新为可控硅电源系统,使之有更好的电源特性。吴先生让我当设备组长,跟我说:"好的设备是科研成功的基础,你一定要做好这个工作。以后在出国进修等方面不会耽误你的。"我和马秀忠、孙玉林同哈尔滨新生电器厂李工程师和四季青施工队一起努力,花了一年多时间,终于更新了系统,使得我们实验室的设备性能显著提高。

从20世纪80年代起,吴先生还针对国民经济主战场的需求,拓展了研究领域,带领一部分组员重操他的老本行——燃烧科学。我们从事的第一个科研项目是煤粉锅炉电弧点火任务,把我们多年来在电弧加热器方面的研究积累用上了!吴先生和大家一起去工厂第一线做试验,很快就出了成果。

1983年,吴先生通过自己联系,到美国西北大学芝加哥校区做访问工作,一年多时间里不仅取得了丰硕的成果,也为以后他的学生出国学习打开了大门。回来后,他给我们介绍了许多国外工作的新经验。他看到美国有用几个小电弧枪作多头阴极组成电弧加热器的,这样可以大大延长电弧加热器电极的使用寿命,就让我设计这种新型加热器。

1984年,吴先生推荐我去美国做访问学者。我到了美国加州州立大学戴维斯分校燃烧实验室,这是刚从美国西北大学搬过来的。四年后,这个实验室又搬到了普林斯顿大学。在实验室里,我满眼看到的都是吴先生留下的足迹:他用很短时间,在这里组建了新型层流火焰燃烧设备,他参与开创的新型层流绝热火焰传播速度测量方法,被全世界的学者们沿用了几十年。其成果在1984年国际燃烧年会上,第一次以中国人作为通讯作者在国际会议上发表论文 *On the determination of laminar flame speeds from stretched flames*，开创了中国人燃烧机理研究的国际舞台。后来，踏着吴先生的足迹，中国学者越来越多地出现在我国和国外的燃烧科学领域，并成为国际燃烧界的一支重要力量。2010年，国际燃烧年会第一次在中国举办，全世界几百个燃烧科研工作者云集清华大学，登上北京长城，其中吴先生功不可没。

吴先生在美国时采用平板驻流平面火焰设备完成实验，但该火焰并不是真正的绝热火焰，需要测量一系列平板的散热后再外推到绝热状态。当时他已经设想了一个新的方案：对称流双平面火焰。我去美国以后，就在吴先生原来设计的基础上改进完成了对称流双平面火焰的装置。在这个新的实验装置上取得了很好的实验结果，促我得以在1986年的国际燃烧年会上发表文章。再后来，我在1988年的年会上又发表了新的论文，这篇论文在法国召开的1990年国际燃烧年会上荣获了银奖。这个奖牌中凝聚了吴先生对我的培养和他的前瞻性工作。几年后，我们的这种对称流双平面火焰的实验装置，几乎成了很多同行实验室的标准设备。

吴先生在美国西北大学访问期间，把他在力学所实验室开创使用的临界喷口气体流量计的流量控制方法引入美国的实验室，成为整个实验室最常用的实用且经济的设备。后来，我改进成三个零件（都是在商业上能买到的简单成品）加上两个自制小零件，合成一个小巧的组合件，在实验室中得到了广泛的应用。许多和我们有过交流的大学实验室都抄用了我的图纸。其实，这个控制设想都是来自吴先生。

2009年，吴先生八十华诞，我于9月份回到北京，在办公室拜见了吴先生。他说，这个80岁生日，所里一定要为他庆生，其实最好是开个学术讨论会，说一说过去做过的一些有价值的工作，每人一份盒饭就好，但是所里恐怕通不过。后来，在筹备八十华诞研讨会时，我联系了位于美国的国际燃烧学会，得到学会前任主席Chung K. Law和当任主席Charles K. Westbrook写的两封贺信，他们肯定了吴先生在燃烧学科做出的巨大贡献。贺信在会上由中国力学学会理事长李家春用英语朗读。事后吴先生给发我邮件说，这是给他最好的礼物。

1991年，吴先生被选聘为中国科学院院士，但他依然平易近人、虚怀若谷，展现了大师的风范。2010年，清华大学和普林斯顿大学共同组建了能源中心，吴先生被聘为顾问成员。我也从2013年起参与了合作研究，每年两次来清华工作一段时间，直到2019年从普林斯顿大学退休。每次回国在清华工作期间，我都会去拜见吴先生，有时还一起聚餐，我们亦师亦友，交谈甚欢。同他在美国一起工作过的同事，只要来北京，也会来见他，他总是很高兴地回顾往事，一点架子都没有。他曾对我说，你和俞刚等人都是我的朋友，你们的一言一行都牵动着我。2018年，俞刚因车祸不幸去世，他内心悲痛，亲自给俞太太写信安慰。后来我和吴先生加了微信，事无巨细，只要给他发微信，总是能够马上得到回复，给我很多鼓励。2022年年初，吴先生几十年内培养的研究生们和吴先生在微信上建了一个弟子群，我曾建议学生不要过多打扰他，因为吴先生收到微信，必定要花时间回复。但吴先生就是对儿孙辈的学生，也是乐于交流，有来有往。可惜不到一年，我们敬爱的导师就离我们而去了，再也收不到他的音讯了。

这一生能够得到吴先生的栽培，是我最大的福气。此时此刻，到了吴先生95周年诞辰之际，越发怀念老师，我们一定会继续行进在吴先生走过的大道上。

作者简介

朱德麟，1959年9月入学中国科学技术大学物理热工系（后并入力学系）喷气动力热物理专业燃烧专门化，1964年7月毕业并成为吴承康先生的研究生，毕业后一直在中国科学院力学研究所十一室工作。1985年1月赴美国做访问学者，后转为高级研究员。2019年从普林斯顿大学退休。

怀念没有"老师"名分的恩师吴承康先生

李廷林

吴承康先生，28岁从美国回来，当年他刚刚在美国获得博士学位。20世纪60年代初，他在中国科学院力学研究所主持建造了920千瓦电弧加热试验设备，最早承担了我国中程导弹热防护的试验任务。70年代初，我调入电弧风洞实验室接受的第一项工作，就是吴先生安排的估算风洞喷管的流动状态：是化学平衡流、非平衡流还是冻结流？说来很幸运，我这个化学动力学专业的毕业生，依据参加工作后接触到的一点气动知识建立的简单模型，凭借拉计算尺算出的结果，竟然同后来用计算机编程计算结果基本一致！就是在吴先生的引导下，我踏入了气动防热领域，在电弧风洞实验室，先后在设备组、测试组、课题组、任务组从事相关的研究工作，开始了为我国航天事业奋战的生涯。

70年代中期，远程战略导弹的研制提上了我国国防建设的议事日程，而弹头烧蚀防热是尚未完全解决的一个重要问题。1975年9月10日，国防科委为了组织协同攻关任务，专门召开了"弹头气动防热"会议。钱学森先生亲自到会做了动员，他把这次协同攻关比喻为"淮海战役"并以"人生能有几次搏"号召大家打好这一仗。这次会议针对我国缺乏大尺度热防护试验设备的实际情况，采纳了吴先生提出的建议，利用火箭发动机喷流进行烧蚀试验。除七机部一院在北京的发动机试车台做试验外，会议还决定由七机部委托701所派出小分队同上海有关单位组成联合烧蚀试验组，利用上海地区的发动机试车条件进行试验。小分队工作内容包括弹头端头防热方案研究（从选材到综合考核）和天线窗等局部结构的防热可靠性考察。

当时力学所原十一室已划归701所建制，701所就决定以十一室为主组织小分队赴沪参试。在我受命担任小分队队长主持这项试验任务后，聘请了林同骥和吴承康二位老先生担任顾问。实践证明，此举非常必要。在此后的试验中，二位先生起到了独特的作用。特别是吴先生，他不仅帮我制定了试验方案，还在局部烧蚀等问题的研究中创新地提出了模拟技术和试验方法，保证了试验任务的顺利完成。

窗口等局部结构烧蚀严重，源自不同接界材料烧蚀不同步产生的台阶，其严重程度取决于二者烧蚀率之比。在研究性试验取得定性结果后，由于发动机喷流的焓值较低，不能使真实防热材料产生足够的烧蚀量,因而试验无法给出定量描述的结果。对此,吴先生提出:在烧蚀机理相同的前提下,选用代用材料,使构成局部结构两种材料烧蚀率的绝对值降低而相对比值不变,以此比值为模拟量进行试验。这样,我们取得了有一定定量意义的结果,再配合其他因素的考核,最后给出天线窗等局部结构防热设计可靠的结论。

对端头进行防热研究的过程中,在采用与实物结构完全一致的缩比模型试验筛选出防热材料的同时,我们发现了端头和后体连接结构破坏的问题。当时,国内的飞行器防热研究尚没有热结构试验的概念。因此,改进结构设计并考察其是否合理适用的试验研究,应不应当纳入联合烧蚀试验组的工作范畴,在小分队内产生了意见分歧。对此,两位老先生旗帜鲜明地表明了态度。林先生说:"我们承担的是国家任务,应以国家利益为重,不分彼此地把工作做完。"吴先生说:"从结构设计上解决问题,没有太大困难。我们同设计单位配合,一定能完成任务。"在老先生们的带动下,小分队很快统一了思想,投入了新的战斗。在综合了吴先生等人的改进意见后,小分队向设计单位提出了改进设计的具体建议,使问题得到了圆满的解决。这项工作不但很好地完成了任务,而且开启了我国热结构试验的先河。

联合烧蚀试验组所确定的端头防热方案和窗口可靠性试验结果,不仅顺利通过了全尺寸实物模型的地面考核试验,还经受了多次飞行试验的检验,从而为我国洲际导弹飞越太平洋试验的成功做出了应有的贡献。在1977年召开的910-2会议上,我代表联合烧蚀试验组做了前两年工作的总结报告。其中最后一部分,关于建设防热试验专用燃气流设备的建议,是专门请吴先生去宣讲的。

20世纪70年代末,十一室回归中国科学院编制。为赶在十一室体制归属变动之前落实防热试验专用燃气流设备的建设,我和吴先生并同701所庄逢甘所长一起组成了三人小组,集中搞调研、跑协作,最后逐一落实了发动机研制、新工艺研究、试车台建设等各方面的协作关系,保证了此后正式立项建设的顺利进行。后来在701所出版的英文版研究文集《空气动力学进展》中,我和吴先生合作发表了一篇题为"火箭发动机喷流试验的模拟方法和应用"的论文,对燃气流试验做了一个简要的总结,也为航天系统的气动热试验技术的进一步发展奠定了基础。

被简称为"910"任务的弹头气动防热联合攻关,在我国第一代远程导弹的几个突出问题解决后,转入新技术的课题研究,其组织形式也进一步完善。具体而言,在910办公室下设立了三个专业组,其中气动物理组的组长单位是力学所,第一任组长就是吴先生。在这个岗位上,吴先生任职多年,其间对再入通信中断等重点课题做了许多开创性的研究。此外,他还组织了利用固体火箭发动机进行粒子云侵蚀的试验研究,这也是一项具有开创性意义的工作。1979年的910-3会议重点讨论了弹头再入大气层时遇到的雨雪冰尘等粒子云的侵蚀问题。由于认识和设备条件所限，当时国内的相关研究很少。上海八机局的吴景福同志提出使用固体火箭发动机喷流进行试验的设想，因为这种喷流内含有大量微小粒子。这个设想得到了吴先生等人的赞同。几个相关单位在会后联合开展了试验研究工作。其中，吴先生主持总体工作并负责技术分析，701所负责做试验，上海八机局提供发动机和试车台，气动研究发展中心提供经费支持。在随后的工作中，对多种典型防热材料进行了烧蚀-侵蚀对比试验，取得了许多重要成果。首先，这是国内首次对真实防热材料进行的烧蚀-侵蚀试验。试验所揭示的侵蚀结果的严重性，使业内各单位认识到这项研究的必要性，促进了我国粒子云侵蚀研究的广泛开展。其次，对几种重要防热材料给出了抗侵蚀性能的定性比较。再次，吴先生采用的研究分析方法，为后续各单位的试验提供了参考。但是，由于固体火箭发动机喷流的粒子参数（粒径、浓度、速度等）不可控，发动机试验无法提供定量结果。因此，701所建设了一座粒子云侵蚀专用的燃气流设备，实现了粒子参数的可控性。对于这套新建专用设备性能参数的选择，我也曾征求过吴先生的意见。

80年代以后，吴先生虽然已同我不在一个单位，但在专业技术方面的重大事项，我仍会去征求他的意见，或者直接请他来做项目评审或鉴定。比如，大功率交流电弧加热器和高频感应设备的引进、临近空间飞行器非烧蚀防热的新途径探索等等，吴先生都给出了十分中肯的意见。在力学所为祝贺吴先生八十大寿举办的学术报告会上，我应邀做了一个题为"高超声速飞行器热防护试验技术概述"的报告，在业界引起强烈反响，以致后来在不同场合又讲了七八次。这篇报告的构思和编写，也受到了吴先生的启发和鼓励。可以说，我在气动热研究领域的工作，自始至终都得到了吴承康先生的帮助和指导，虽然我们没有师生名分，但他实际上就是我的老师。

作者简介

李廷林，中国航天空气动力技术研究院研究员。1964年毕业于中国科学技术大学化学物理系，曾先后在中国科学院力学研究所、航天二院207所、701所和十一院工作。

吴承康院士
——我终身的良师挚友

盛云龙

吴先生是我一生的好老师。他的突然去世使我失去了一个良师挚友。在此纪念吴先生95周年诞辰的日子里,写下我的思念。

我在1959年十五岁时,考入中国科学技术大学,开始是在工程热物理系,后来并入近代力学系,成为三专业学生。吴先生给我们三专业学生讲授了"工程热力学"和"燃烧学"两门主课。吴先生的课程既着重基本概念又生动形象,很受大家欢迎。

我读书成绩门门优秀。三年级上学期在钱学森老师有名的大课"火箭技术概论"中,我是四百多名力学系学生中唯二考得优秀的一个。但是由于长辈的社会关系,我不能报考研究生,不能去保密工厂实习。然而,吴承康老师有教无类,亲自指导我完成了课题为"紊流火焰燃烧文献综述"的毕业论文。他还在自己家中招待过我,至今仍记得当时吴先生手忙脚乱地照顾他刚出生的儿子的情景。论文完成后,吴先生写了评语给予成绩优秀的鼓励,使我在离开校园时感受到人性的温暖。一日为师,终身为父。

1978年,我考取了改革开放后的第一批出国留学生,从而有机会去北京吴先生家中拜访。吴先生依然未改他助人为乐的一贯风格,经历了十五年这么多的人和事,他还在关心着一个已经与他不再相干的学生。他详细询问了我的经历,对我明确表示同情。他对我说,除了科研以外,在中国科大培养一批学生,是他成绩的重要部分。他还建议我,回国后可以考虑到力学所来工作,因为这里有研究室从事全息光学测量,这个研究室是他负责的。1992年以后,我经常回国做学术交流,又有机会拜访吴承康老师。每次他都很高兴,同我自由交谈。我们谈到加拿大,谈到美国,还谈到他本人的经历。我感到吴先生是那样的平易近人,开放健谈,思路敏捷,记性好,交谈中使人处处感到信任和尊重,真是亦师亦友!所以我多次去拜访,但也不过于打扰老师。吴承康先生离世后受到从上到下大范围的人们自发的褒奖和悼念。他以他的人格魅力永远活在我们心中。

作者简介

盛云龙，中国科学技术大学近代力学系59级学生，加拿大拉瓦尔大学光学光电和激光中心荣休教授，美国光学学会荣休会士。

缅怀燃烧学先驱吴承康院士

赵 鹏

我是一名年轻的燃烧学者，2009年本科毕业于中国科学技术大学，2015年于美国普林斯顿大学机械与航天工程系取得博士学位，师从罗忠敬教授，现于美国田纳西大学机械与航天工程系担任副教授。2022壬寅年末，惊闻吴承康院士辞世，深感悲痛。现在正值吴先生九十五华诞之际，特此撰文纪念，回顾过往。

我与吴先生虽素未谋面，但曾经基于吴先生开创的重要方法即Livengood-Wu积分做过一些有益的延伸，使其可以更加精确地捕捉现代发动机中低温化学的影响。作为通讯作者，我在论文 A predictive Livengood-Wu correlation for two-stage ignition (International Journal of Engine Research, 2016, 17: 825-835)发表以后，经过罗忠敬教授的引荐，特别征求了吴先生的意见，希望得到他对此项工作的评价。通过这一次偶然的、平常的工作中的交流，我深刻感受到吴先生对年轻学者的支持和鼓励，以及吴先生谦逊淡泊的人品。吴先生在来信中也详细回顾了自己过往的重要研究经历，以及自己退休后的生活。这让我深切感受到一个杰出知识分子波澜壮阔而又泰然自若的一生。

吴先生收到我们的文章以后，首先热情洋溢地赞扬了我们的工作，他说："So nice to hear from you and to receive the reprint of this interesting paper, which is an important advancement from the original basic idea."（编者译："非常高兴收到你寄来的文章复印件，它是对于我们原始理念的重要进展。"）对我这样一个初出茅庐的年轻人来说，这真是一种莫大的鼓励！吴先生如数家珍地回顾了他关于Livengood-Wu积分的工作经历："…It has been over 60 years since the Livengood-Wu paper first appeared. It was presented at the 5th Combustion Symposium, Yale University, and was my first presentation of a paper at an international conference. Mr. Livengood was a very smart man, very much interested in new methods and phenomena in research, but not much interested in teaching or academic promotion. He was a Research Associate in the Sloan Laboratories for Automotive and Aircraft Engines, MIT, but employed by

DIC (Division of Industrial Cooperation). He had this idea of measuring the instantaneous temperature in the end-gas of a firing engine by the velocity-of-sound method and had the electronic circuits and transducers already built when I went to MIT from Wisconsin in 1952. Prof. C. F. Taylor put me under Livengood to work on the method in a CFR engine. After modifying the engine (together with Sven Eklund, a visiting Swedish Army engineer), I did the testing, data collection and reduction, on motoring and firing engines using reference fuels. It was also Livengood's idea to correlate the data with those in a Rapid-Compression-Machine, using an integration of the inverse of ignition delays at various pressure/temperature states, and we found very good correlation for predicting engine knock with n-heptane, the integral idea was later called the Livengood-Wu integral in literature, and has been quoted often in the literature, especially in recent years, when new ideas such as HCCI are investigated. This work strongly supported the auto-ignition theory of knock, which was in competition with the detonation wave theory then. I was very lucky to have gotten into this most interesting and very important research project as a graduate student, and to work under Livengood. This work formed my thesis for the degree of Mechanical Engineer in 1954……"（编者译："……从关于 Livengood-Wu 积分文章第一次发表到现在，六十多年过去了。那时在耶鲁大学召开了第 5 届燃烧会议，这是我第一次在国际学术会议上宣讲论文。Livengood 先生非常聪慧，他对于研究中出现的新方法、新现象甚感兴趣，但对于教学和学术职位提升却不太在意。他在麻省理工 MIT 的 Sloan 汽车与飞机发动机实验室是一名副研究员，同时又是工业合作部 DIC 的雇员。当我在 1952 年从威斯康辛大学来到麻省理工时，他已经有了采用声速法测量发动机点火时终端气体瞬时温度的想法，而且已经搭建好相应的电子线路和传感器。C. F. Taylor 教授安排我到 Livengood 手下在 CFR 发动机上研究这个方法。在和一位来访的瑞典工程师 Sven Eklund 一起改造了发动机之后，我使用基准燃油在点火开动的发动机上完成了测试、数据采集和分析。Livengood 还提出利用不同压力/温度状态下点火延迟的逆积分，将这些数据和快速压缩机的数据关联起来，这样对于预测使用正庚烷发动机的爆震，我们得到了非常好的相关性，因此这个积分想法在后来的文献中被称为 Livengood-Wu 积分并经常被引用，特别是近年来人们在研究像 HCCI 这样的一些新想法时候。这项工作有力地支持着爆震的自燃说，当时自燃说理论和爆轰波理论是学界并立的两大学派。对我这样一个研究生而言，能够进入如此有趣而又重要的研究课题并且在 Livengood 手

下工作,是十分幸运的事情。这项研究构成了我在1954年获得机械工程师学位的论文……")显而易见,吴先生在讲述自己的成名之作时毫不居功、毫不夸张,客观公正地叙述了每个人的贡献,说明自己的工作主要是测试、数据采集和分析,而且不失时机地表示了自己对导师和合作者的感谢。吴先生这样的胸怀风度和处世原则在这个信息爆炸时代,在科研界充斥着各种"独创"、"重磅"以及"颠覆"等字眼的今天,是多么的难能可贵!吴先生最后也简单提到自己对利用激波管进行化学反应测量的原创性贡献:"Livengood also suggested that I make a shock tube to study ignition delay of fuel-air mixtures. I took it up and did my doctor's thesis on it. I think my idea of using the space behind the reflected shock for the study was quite original. I published the paper in the Chinese Journal of Mechanical Engineering after I came back to China in 1957."(编者译:"Livengood还建议我做一个激波管来研究燃油-空气混合物的点火延迟。我采纳了并以此作为我博士论文的课题。我认为我利用反射激波后的空间进行研究的思路相当具有原创性。在我1957年回国之后,这篇论文发表在《中国机械工程》期刊上。")

吴先生在信中还回顾了他关于层流火焰速度测量的重要工作:"I think I was also very lucky to have come to Northwestern U and worked with Ed in his combustion lab. After some months of teaching the combustion course and using the methods of laminar flame studies and putting together the LDV parts ordered by Miyasaki, I finally hit upon this laminar flame speed measurement method. Actually in the previous combustion symposium, there was a paper from Cornell U which used the LDV to measure axial velocity through the flame, but I thought their method of defining the flame speed was not correct. By using the lowest speed measured in the flame as the flame speed, I was able to find the correlation of this speed with the strain rate. When Ed saw these results, he immediately realized the significance. With years of study and deep understanding of laminar flame propagation, we put these new experimental results together with some previous results and had our paper in the 20th symposium, which is often quoted in the combustion literature, even to this date. The paper clarified the effect of strain rate on flame speed, and suggested the correct method for its measurement."(编者译:"我还认为我来到西北大学和燃烧实验室的Ed一起工作也是十分幸运的。我先讲授了几个礼拜的燃烧课程,而且运用层流火焰研究方法将Miyasaki所购置的LDV部件拼搭起来之后,终于悟出了这个层流火焰速度测量方法。事实上,在以前的燃烧会议上,曾经有一篇康奈尔大学的文章,其中采用了LDV

来测量穿过火焰的轴向速度,但是我认为他们定义火焰速度的方法不正确。通过采用在火焰中测得的最低速度作为火焰速度,我便可以找到这个速度和拉伸率之间的关系。当 Ed 看到这些结果时,他立即理解了其中的意义。用了几年时间,我们研究层流火焰传播现象并加深对这个问题的理解,然后把这些新的实验结果和若干前人结果放在一起进行了比较,并形成了我们的文章发表在第 20 届燃烧会议上,这篇文章在燃烧文献中经常被引用,至今依然。它厘清了拉伸率对火焰速度的影响,并建议了测量火焰速度的正确方法。")应当说,许多年过去了,吴先生对这项工作过程和各种细节依然历历在目,着实令人感动。此外,这封信中提到的 Ed 是罗忠敬教授,吴先生直接给出了罗教授在这项工作中的贡献。吴先生还继续写道:"I consider those two papers the most important and interesting basic combustion studies I had taken part in, and I cherish the opportunities given to me."(编者译:"我认为这两篇论文是我参与过的燃烧基础研究中最重要最有意义的工作。我十分珍惜给予我的这些机遇。")看来,吴先生认为自己在基础燃烧学中最重要的两项工作就是 Livengood-Wu 积分和层流火焰速度的测量方法。从中我深深体会到,即便在各种文献浩如烟海的今天,作为科学工作者的我们依然要特别注意文章的质量。吴先生的文章不算多,可几乎每一篇都是传世经典。这种治学态度值得我们思考、学习和传承!

在信的最后,吴先生提到自己的退休生活:" We are quite well, sometimes going out to the botanic garden of the CAS, but not on these days when Beijing is covered in heavy smog. I go to the institute every day, but not doing much in actual research, other than to handle correspondence, have discussion with colleagues or to attend meetings, still publish a paper or two based on the work of our group. The orchestra I joined in keeps me quite busy performing concerts in and away from Beijing. This orchestra features amateurs who are in high positions otherwise, with the purpose of promoting good music among students and common population."(编者译:"我们现在状态相当好,有时一起去科学院的小花园散步,当然如果雾霾很重时就不外出了。我每天依然去研究所,主要是和同事们讨论问题或参加会议,实质性的研究工作不多了,但还会基于课题组的工作发表一两篇文章。我参加的交响乐团使我一直忙于音乐会的演出,有时在北京,有时在京外。这个乐团是业余性质的,团员们在各个领域有着很高声誉,他们的目的是提高学生和公众的音乐素质。")退休后,吴先生依然每天上班。多才多艺的他在工作之余,发扬兴趣爱好,积极参加乐队演奏,为音乐普及和演奏事业的社会性推广做贡献。

此外，在我于普林斯顿求学过程中，有幸和吴承康院士的早期研究生朱德麟先生一起共事好几年，得到朱老师如师如父的关怀和指导，所以我也算是吴先生的徒孙了。朱老师继承和发扬了吴先生认真工作、精益求精、善于创造、淡泊名利的作风。他经常给我们回忆吴先生的教导，半个多世纪前的往事依然记忆犹新。正是通过朱老师的传承，再加上吴先生信中的直接教诲，先生的严谨治学和处世原则对我的成长和进步起到非常重要的作用，吴先生的热情奉献、刻苦钻研、宽广胸怀、谦逊淡泊和注重品质的风范已经深深根植在我们每个人心里，它必将代代相传、枝繁叶茂。

永远怀念老一辈大科学家吴承康院士！"Old soldiers never die, they just fade away!"（编者译："老兵永远不死，只是慢慢凋零！"）

作者简介

赵鹏，2009年本科毕业于中国科学技术大学热科学与能源工程系，2015年在美国普林斯顿大学机械与航天工程系取得博士学位，现于美国田纳西大学机械与航天工程系和空间研究院担任副教授。

和吴先生相处的几个温馨场景

顾炳武

我是从 1986 年年初开始做吴承康先生的博士研究生的，主攻电弧等离子体发生器。1989 年年中毕业留所工作，1990 年年中出国。在吴先生的指导下学习和工作了四年多。二十多年过去了，先生的大师风范、音容笑貌、关怀指导依然历历在目。

电弧模型

大家都知道，吴先生在高温气体动力学、烧蚀防热、燃烧科学等领域都做出了杰出贡献，取得了一系列开拓性成果。此外，他在低温等离子体科学技术领域也是有着极大贡献的。他建立的电弧等离子体模型已经被许多国家的科技人员用了 20 多年。比如估算电弧辐射的 ArcPro 软件就用了这个模型。前几天，我特别询问生产该软件的公司，确认他们仍在用吴先生的电弧模型，他们的软件也还在世界各地销售。

谦虚低调

吴先生虽是知识渊博的大科学家，在多个领域有杰出的贡献，但为人十分低调，有一些成果可能没有被认识到。我在加拿大的安大略省电力局工作时接待过一个国内来访的电力部代表团，该团领导希望能引进加拿大北部输电系统的快速串弧和短路跟踪技术。我告诉他，这个系统中的电弧计算部分就是根据吴先生的论文来做的，而这个计算的源程序是为吴先生所有的。他很惊讶：为什么国内没有听说过？我给吴先生写了一封信，说明了情况并附上了代表团几位成员的名片，但不清楚后来的情况如何。当时吴先生的论文发表在国际等离子体会议文集已经六年了，可是电力部代表团的那位领导和其他成员似乎并不知道吴先生的创新和贡献以及这项成果能在电力系统应用的情况。我到加拿大以后，能够将这项成果应用于输电系统，又一次表明吴先生的研究从来都是从工程实践的需求中提炼出来的。

治学严谨

记得刚读研究生时,有一次在讨论计算方案时,我把热传导系数当成常数来处理了。吴先生指出了这个问题,并且亲自找了很多参考文献来证明在等离子体中这个系数会随温度、压力、成分、场强和方向等因素变化而不断发生变化。这件事给我留下了深刻的印象。从那之后,我再也不会把物质的一般物性参数当成常数看待,从一个方面确保了研究结果的可靠性。另一个例子是在准备模型计算时,我把描述电弧等离子体动力学性态的方程组展开,足足写了十几页,然后拿出来和吴先生讨论。先生十分认真,一项一项地核对和提问,反复修改后才定案。尽管为此事花了许多时间,但吴先生这种严谨治学的作风,为数值模拟的成功奠定了基础。

英语教学

我对吴先生印象最深之处,就是他的英语特别好。我在读研究生的时候还没有手机,办公室里台式计算机也较少,他常常带着一个小打字机,需要英语的文章、书信、报告等文件时,就三下五除二打印出来了,从没见过他起草稿之类。我入学时,英语较差,口语就更糟糕了。为了快点提高研究生的英语水平,除了让我们在研究生院上英语课之外,吴先生还亲自教授我们英语。他要求研究生每次的汇报和讨论都用英语进行,他逐一地进行纠正和引导,鼓励我们不断改进。针对口语差的问题,他还请夫人黄老师在周末教我们用英语交流,并采用这样奇葩的模式:自愿参加,学费全免,另送西式糕点和纯橙汁。这极大地提高了研究生们学习的积极性和英语水平。我就是在吴先生、黄先生这样亲身指导的帮助下过了英语的口语关。

爱徒如子

每逢节假日,吴先生都会请他的研究生到家里去,大家一起吃烤鸭、西式糕点,喝天然果汁,还一起看录像,这是所里所外远近闻名的一件事情。有一次,师兄弟们都有事不能来,只有我一人出席。先生跟我说:这次他们几个来不了,你要吃什么都行。我说上次那种面包特别好吃。第二天我到他家时,他说:"你喜欢的面包给你准备好了,还有几盘录像带。我们(他和黄老师)打算开车到一个很少有人去的地方爬长城。你可以和我们一起去,也可以在家看录像,自己决定。"我十分感动,选择了在他家吃面包、看录像。吴先生这样关怀和照顾弟子的例子,不胜枚举。

现在,我在太平洋的彼岸,回忆着先生的培养、关怀、照顾和支持,温馨的场景一幕幕浮现在脑海里。这篇短文只记录少数的几幕,键盘已经湿了。吴先生永远和他的弟子在一起。

作者简介

顾炳武,毕业于清华大学工程力学系,分别于1983年和1986年获学士和硕士学位。1986年起师从吴承康院士学习低温等离子体科学技术,1989年获博士学位。毕业后曾任职于中国科学院力学研究所、加拿大安大略省电力局、美国先锋电光源公司和美国环球能源决策公司。现为美国加州阳光公司负责人。

忆念我的吴承康老师

沈 琮

吴承康先生是我的授业恩师,是我最敬爱的老师之一。60多年前,他给我们中国科学技术大学近代力学系三专业(5907-3班)的同学们,先后讲授了"工程热力学"和"燃烧学基础"两门课程。虽然岁月已久,课程内容淡忘,但老师的作风品格、科学精神和师生情谊影响着我的一生。

"热力学"是一门专业基础课,我们是在低年级阶段听讲这门课的,大家十分喜爱。吴老师对于各个基本概念都能清晰严谨、深入浅出、明了易懂地给出讲解,使得我们这些刚刚接触专业的本科生迅速迈入一个新的知识领域。我至今还能忆起吴老师慢条斯理地讲课的情景:仪表堂堂,玉树临风,嗓音浑厚,富有磁性。我还记得"热力学"大考时,吴老师采用了一个极特别的方式:每个同学都是面试。他事先准备一摞试题卡片,我们每人任取一张后回到座位上答题,在教室中做好题后便到吴老师那儿当面回答。回答后,吴老师再出一题,让同学们回答。我抽到的试题内容已经忘记了,只记得是一道概念题。我在答卷纸上只写了三个"因为",两个"所以",一个"结论":因为×××,所以×××;因为×××,所以×××;因为×××,结果是×××。一共只有简短的五六行。因而面试时,我很忐忑,在吴老师看答卷时,我轻声地问:"这样简单答,可以吗?"吴老师笑笑说:"很好,第二题不用答了。"我离开时,又高兴又新奇:一门专业基础课的面试,仅仅历时一分钟!这是我一生中唯一的一次。我也从中体会到,概念正确,明白要点,是吴先生对学生的要求。这对我后来的研究工作也有着潜移默化的深刻影响。的确,我的一辈子都是从事卫星研制的,对工作中遇到的各种概念都努力地去搞正确,这是吴老师教育的结果。

忆及20世纪80年代,吴老师任力学所副所长时,我去他家拜访。在聊天中,我谈及我们同学从事的工作的专业与学校所学相距较大。吴老师则纠正了我的看法,他说:你们在中国科大打下了极好的基础,学习了思维方法,这是最重要的。你们一些同学在航天航空领域工作,从大的范围来说,算是对口的。我听了后,受益很大。我知道吴先生在

60年代初曾暂别了燃烧界,接受钱学森交办的气动防热研究任务,全身心地服务国家的国防事业并做出了重要贡献。现在又在管理岗位上组织领导力学所的科学研究。这就是吴先生所指的"大的范围",只要是为国家、为民族的工作,就是对口的。

2014年,我们5907-3的同学组织了回母校纪念毕业50周年的聚会活动。吴承康老师不顾85岁的高龄,自己开车从中关村到玉泉路,在中国科大的原校址参加了我们的活动。同学们极为高兴和兴奋:时隔将近50年,又见到了自己敬爱的老师!在聚会上,吴承康老师也很高兴,讲话中还说了他学生时代的故事。他很深情地对同学们说:这辈子是做了一些事情,而最值得高兴的一件事就是到中国科大教授了课程,有了这么多的学生,这些学生在不同的领域为国家做出了贡献。吴先生的话使我感动万分,而我想到的是:我们的师生情谊深厚,不只是授课听课的缘分,更是我们一起倾心为国家、为民族复兴奉献了毕生的精力。我们这些吴先生当年的学生,也培养了各自的学生,我相信我们按照吴先生的"为国家、为民族,就是对口"的思想一代一代地传承下去,最终一定会实现中华民族伟大复兴!

永远铭记敬爱的恩师吴承康!

作者简介

沈琮,1964年毕业于中国科学技术大学近代力学系三专业(5907-3),曾履职于中国科学院工程热物理所、力学所、651设计院、航天五院501部、上海卫星工程研究所、航天八院科技委。曾任风云一号气象卫星副总设计师、实践六号A组卫星总设计师。

我在老三组跟随吴先生工作十五年的感触

吴观乐

我在1963年从清华大学毕业后,考取了力学所葛绍岩先生的研究生,但在1968年研究生毕业分配工作时却来到了吴承康先生领导的十一室三组。从此我就在电弧加热器实验室跟随吴先生工作了十余年,直到1983年调离到了国家专利局。我刚到三组时,吴先生还是副研究员,这是他1957年从美国回国时就有的职称,我们把这些"海归"的先生们尊称为"高研"——高级研究员的简称。

虽然被分配到十一室电弧加热器实验室工作,但当时仍处于"文化大革命"前期,科研工作尚处于停顿状态,所以我刚到电弧加热器实验室的前两个月,并没有具体的科研任务,只是熟悉实验室的工作。通过一个多月的了解,知道实验室的主要工作是利用电弧加热器做耐高温材料的烧蚀实验,工作环境比较恶劣,高温烧蚀材料所产生的气体对科研人员身体影响相当大,因而享受甲级劳保。吴先生也和一般组员一样,亲自来实验室参加各项试验。1970年三组调整到七机部二院新成立的207所成为四室的一部分。由于从事导弹再入大气层物理现象研究(640-5工程),我们实验室也扩展为电弧风洞实验室(因为我们已经开始筹划在加热器基础上建设电弧风洞了),下设设备组、测量一组和测量二组。测量二组中,有一个小组主要负责电弧风洞气流参数测量,由邓振瀛、李廷林和我分别进行总焓、总压和静压测量。1974年8月,207所四室被调整到七机部701所,并恢复原来在力学所的代号"十一室",但平时科研工作仍然在中关村力学所大院内。电弧风洞实验室仍习惯性地被称为"三组",整个研究工作仍由吴承康先生负责,由林治楷任组长、李廷林和我任副组长。在此期间,我们参与了东风五号洲际导弹热防护研究的任务,早期在实验室的电弧加热器上对弹头材料进行初步模拟筛选,后期主持在上海地区的火箭喷气发动机试车台上进行弹头模型烧蚀模拟试验。为此,十一室还成立了参加上海发动机试验的小分队,由李廷林任队长,我参与了其中的热流和烧蚀速度测量项目,但主要任务是负责小分队的后勤供应工作。1979年,十一室回归科学院编制,"十一室""三组"等编号均予保留。吴先生除负责三组电弧风洞实验室的业务工作外,同时担任了十一室副主任,主管业务工作并安排我担任三组组长、陈丽芳担任副组长。从20世纪80年代开始,三组接受的课题研究不再局限于国防任务,也可接受非军工方面的任务,例如蒸汽热网管道保温试验研究课题等。

根据我在三组跟随吴先生工作十来年,尤其是从701所回到力学所以后作为三组组长辅助吴先生工作五年的体会,吴先生在与组里研究人员相处时具有三个特点:一是知人善任,用其所长,并给予肯定;二是为年轻人创造条件,以使其快速成长;三是对学术观点不同者宽容大度,任其自由成长。

首先说说"知人善任,用其所长,并给予肯定"的特点,这里可以举这样几个例子。例如,他对于刘大有、关德相等从外组转来的研究生,为发挥他们特长就安排一些偏重理论的研究工作;他基于闫明山在摄影技术方面的特长,请他参加了上海发动机的粒子云侵蚀试验。另一个例子是,在由701所回到力学所后评科研津贴(一级、二级和三级)时,被评上的科研人员并不多,我被评为三级,我觉得自己没有做出什么科研成果,感到有些受之有愧,但吴先生肯定了我在为电弧风洞实验室做的组织工作和为小分队做的后勤保障工作,鼓励我今后继续努力,将工作做得更好。

其次谈谈"为年轻人创造条件,以使其快速成长"的特点,我个人对此深有体会。由于在七机部的七八年里,我虽然为组里做了不少组织工作,但未做出什么突出的科研成果,因而回到力学所后吴先生就安排我做粒子云侵蚀试验的调研工作,以提高我理论研究水平;后来,又针对我是传热专业的研究生情况,让我负责由力学所牵头、上海硅酸盐研究所和北京燕山石化公司参与的蒸汽热网管道保温技术项目,以提高我理论联系实际工作的能力;再后来,1983年他在美国进行学术访问时又为我联系到了去美国学习进修的机会(尽管因我调到专利局而未成行)。甚至,当我意欲调往国家专利局工作时,吴先生在多次挽留之后,还是尊重我个人意愿同意了。这些个人的经历,使我深深体会到吴先生一直关怀年轻人的成长,让他们能够得到一个适宜的工作环境。

最后,关于"对学术观点不同者宽容大度,任其自由成长",主要是在与吴先生讨论组内工作安排时体会到的。吴先生对我说:我们要做好本组计划内工作,但也要允许组内学术观点不同的同志开展他们想研究的课题,只要不影响组内工作即可。他还具体地指示我:每年计划上报经费时,对于学术观点不同的同志,只要在合理范围内就按他们的需要上报,他们每月所要的器材、物资也要及时申领,若所需使用的仪器在使用时出现矛盾,要好好协调,错开使用时间,不要影响双方工作。多年之后,我更越发体会到这就是大师的风范:吴先生从不排斥不同的学术观点,从不限制持有不同学术观点的同志开展工作。正因为如此,在三组里,这些同志的工作也取得了很好的进展。

在纪念吴承康先生九十五华诞之际,我不禁回忆起追随吴先生工作十余年的情形,吴先生十余年来给予的精心培养永远铭记于心。同时,我对吴先生还产生了出自内心的深深歉意,我后来离开了三组,未能追随他干到退休,为此深感惭愧。

作者简介

吴观乐,1963年清华大学工程力学数学系工程热物理专业毕业后,在中国科学院力学研究所取得研究生学位。1968—1983年在力学研究所十一室三组工作。1983年调至专利局(现为国家知识产权局)工作,直至2000年退休。

一位永远前行的科学大师

吴宗善

我在1962年从北京航空学院飞机系实验气体动力学专业毕业后,就来到中国科学院力学研究所十一室三组。在此后的十多年里,除到五七干校下放劳动一年外,都是在吴先生领导的三组里从事实验工作的,我个人的工作主要在实验设备的研制方面。当时我们三组承担的任务是发展一种高温热源,对材料进行烧蚀实验研究。在吴先生的建议下,我们采用了电弧加热器方案。那时,国防部老五院是在苏联专家指导下采用电弧风洞方案。

20世纪60年代初,我只是在吴先生领导下的一名普通工作人员,对于研究任务的背景细节并不了解。直到最近读到吴先生所写的《中程导弹弹头防热实验工作》中的回忆文字,才了解到他是如何按照国家重大需求在不断探索、深入研究的,这真是一位永远前行的科学大家!

我们知道,吴先生的专业是燃烧学,1961年年底经钱学森所长安排转入弹头防热实验工作。对吴先生而言,这是一个全新的领域,但他义无反顾地全身心地投入到了这个国防任务中,经过调研,于1962年提出了自主研制大功率电弧加热器并采用平头试件亚声速射流的实验方案。正如吴先生自己所说:"这种看法与当时一般认为要用高超声速电弧风洞模拟试验的看法是不同的。"这个方案得到了时任常务副所长郭永怀先生的大力支持。从此,吴先生就率领三组砥砺前行,为中国的航天事业而奋战了。

为什么三组要开始研制功率为90千瓦的H3B加热器?因为我们要做烧蚀实验,但是H3A的石墨电极对气流的污染严重,于是我们就开始研制H3B。这是我国第一台自行设计的水冷铜电极电弧加热器,经过960次调试后才基本定型。在调试过程中,对电弧伏安特性、热效率与冷却损失、电极烧损、射流污染以及流场参数都进行了细致的研究,因而定型后的稳定性、重复性很好。但是它的功率对于弹头烧蚀试验而言就太低了,这台设备后来被建筑材料研究院调拨去了。

所以,吴先生就组织我们开始研制H3C加热器,其功率增加了10倍,为920千瓦。

经历了一年时间的数百次的调试和初步烧蚀试验，其性能已达到开展东风三号气动防热试验的要求。因此，在1964年1月13日的113会议上，老五院744部队的司令庄逢甘正式向我们下达了28号任务。按照吴先生的部署，三组发展了各项气流参数与烧蚀参数的测量系统，从而在1964年年底为DF-3弹头材料做了大量的烧蚀实验，提供了我国第一批弹头材料的"有效烧蚀热"数据。对此，七机部曾给所里一封正式公函，说明"烧蚀实验工作在中程导弹研制中起了重要作用"。

但吴先生并未满足已有的成绩，他领导三组继续前行，又研制了H3E加热器。它利用轴向磁场使电弧高速旋转，提高了电位梯度并减少了电极烧损。经过800多次调试，获得了5个不同的稳定工作点，气流焓值可以在1000—3200卡/克的范围内调节。为了解决电弧旋转导致的气流不均匀问题，还设计了不同型式的喷嘴（如45°斜喷嘴、单偏及双偏喷嘴），这些在国外文献里都是找不到的。在1966年年底，使用H3E加热器为5个协作单位进行了400多次实验，给型号部门又提供了一大批科学数据。

三组在1966年还接受了651任务和6405任务，任务需要产生超声速实验气流，而前面所有加热器的出口射流都是亚声速的，所以吴先生决定建设电弧风洞。这时发现H3E加热器不能满足要求了，因为高速旋转的径向电弧的热效率很低。新的电弧结构应当是什么样的？通过调研，我们决定配置径向磁场，使轴向电弧的弧根能够高速旋转并形成轴向跳弧。这是H4加热器的创新，它在1968年点火成功并与同时完成的电弧风洞本体进行了联调及吹风试验。

然而吴先生并未停步，在1972年又安排我们进一步提高H4加热器的性能。经过细致的调试，加热器的性能参数有了大幅提高：流量为9—14克/秒，总压为5—10大气压，总焓为2000—4500卡/克，热效率为60%—70%。对此进展，吴先生依然不满足。我们便开始了1.5兆瓦电弧风洞的建设，它的能源来自920千瓦和580千瓦两台直流电机的串联运行。这座电弧风洞是当时我国能够开展实验的、功率最高的电弧风洞，是再入大气层物理现象（6405任务）和再入通信中断减轻技术（910任务）研究的一个重要模拟设备，为我国洲际导弹的研制成功做出了贡献。

使我感触最深的是，吴先生作为大科学家，不仅给我们提出了研究思路、技术路线和实施方案，还总是亲力亲为，和我们三组的同志们一起奋斗。记得在920千瓦电弧风洞的建设中，我们进行了大规模的实验室改造工程，自力更生、自己动手，大干几个月，建成了80立方米的冷却水池，安装了有3台高压水泵的供水系统、有3台H-9真空泵的真空系统和有36个气瓶的气源系统，构建了由加热器、喷管、试验段、扩压器、冷却器与真空罐组成的整个风洞本体，直到12月26日吹风试验成功。在这个改造工程中，吴先生一直和三组同志并肩劳动，没有丝毫架子。

吴先生对于科学不懈探索的精神，永远激励着我们！

作者简介

吴宗善，1962年毕业于北京航空学院飞机系实验气体动力学专业，同年被分配到中国科学院力学研究所十一室三组工作，一直从事电弧加热器的设备研制工作。1978年年底转入七机部701所，参与了专用的煤油-液氧燃气流设备的研制等工作，1999年年底退休。

回眸和吴承康老师的交往亲历

吴国庭

我是1959年考入中国科学技术大学工程热物理系的。吴承康先生先后教了我"热力学""燃烧学基础"两门课程。学习了吴先生的课程后,我的最大的感受是:吴先生非常重视知识的基本概念和原理以及它们的应用技巧。他不主张死记硬背很多公式,但要求我们牢记清晰的专业概念,掌握基本原理和公式的应用范围。记得在中国科学技术大学习期间的一次考试中,他对我们说:你们脑子背了那么多的公式,比我所掌握的公式还多,但是光记公式有什么用?你们要知道哪些领域有公式并且在找到后会灵活应用这些公式。我一直牢牢记得他的这个教诲,并力图用于实际工作。

吴先生不仅在我于中国科大学习期间教导了我正确的治学方法,而且在我毕业以后参加工作的60多年中也不断地给予我指导,使我终身受惠于他的教育。由于我和吴先生在工作的专业和领域方面比较接近,遇到问题时便常常求教于他。20世纪70年代初期,我参加返回式卫星的研制工作,卫星再入大气层期间要承受巨大的气动加热,解决返回舱壳体的防热问题,使卫星安全回到地面是摆在我们面前的重要使命。我知道吴先生在我国导弹烧蚀防热研究中做出过很大的贡献,因此经常去请教他有关烧蚀的问题,他总是毫不保留地传授自己的经验体会。所以可以说,我国返回式卫星的研制成功其实也隐含着吴先生的不少实际的指导。

20世纪80年代初,我获得了公派去美国做访问学者的机会。机会是有了,但对于一个像我这样从未出过国的人来说,要实际走出国门却困难重重:选择哪所学校?考虑什么专业?我又求教于吴先生,这些他都一一指点,并亲自为我写了推荐信,甚至拿出自己的打印机给我使用。后来,在我出国的前夕,他还亲切地告诉我到了国外要注意的事项,专门叮咛道:在国外不要只注重专业知识的学习,更要学习西方学者处理问题的方法。特别使我感动的是,吴先生不厌其烦地指点了我到国外以后要注意的各种生活细节,比如在国外遇到了困难该怎么解决,需要找哪些人等。我印象最深刻的是,他鼓励我要胆大要自信,并说:按我们中国人的勤奋和学识,与西方学者共事是没有问题的。吴先生这种关爱弟子胜似亲人的风范,在美工作的时日里一直鼓励着我。

1987年,我在美国完成了学术访问工作后回到了国内。过了几年,我就参加了中国载人飞船的研制工作。在这个过程中,同样受到了吴先生的多次指导。为了研制飞船的烧蚀防热结构,绵阳的29基地和北京的701所都开始发展大型的等离子烧蚀风洞。我是烧蚀风洞的主要用户,一直关注这些大型设备的建设进程。吴先生是电弧加热器和电弧风洞方面的权威专家,多年来积累了许多宝贵的经验,建设部门在许多有关烧蚀风洞的方案和关键部件的重要细节等方面,都采纳了吴先生的意见。我本人虽然没有直接参加这些风洞设备的建设,却是中国烧蚀风洞研制的见证人和第一批受益者。在这些设备上开展模拟试验所获得的科学数据,对中国载人飞船的研制成功起了举足轻重作用,其中吴先生的专业意见是功不可没的。

到了21世纪开始的时候,北京航天空气动力研究院开始研究一种新概念的防热系统,取名为"疏导式防热"。这是针对高速飞行器在临近空间大气层内长程飞行需求而提出的一种非烧蚀热防护技术。这个课题在方案筛选制定、关键技术攻关等研究的多年工作中,吴先生作为专家组成员发挥了相当大的作用。我本人也是这个课题的专家组成员之一,经常跟吴先生一起讨论疏导式防热涉及的科学技术问题。其中,他的对于物理概念的掌握和对处理技术问题的实事求是精神,以及注重基础研究的理念给予我很大的影响。他特别认为这项研究防热系统中将单纯的措施改为阻隔加疏导热量以提高防热效果的想法很有创意。吴先生这种对科学问题的理解,使我受益匪浅并切实体会到大师的学识底蕴。

应当说,吴先生在20世纪60—80年代我国中程导弹、返回式卫星、战略导弹的研制过程中,以及新世纪载人飞船的研制过程中,都发挥了不小的作用。但吴先生从不宣扬自己,他为人谦虚谨慎,非常低调,从来不在任何场合标榜自己的功劳。我作为一个后辈,将先生的高风亮节铭刻在心,更知我们应该处处虚心谨慎。

还有一些小故事,也可从中看出吴先生的勤奋好学、理论与实践相结合的作风。20世纪70年代初,我跟吴先生参加同一个学术会议。他家在中关村,而开会的地方是华侨饭店,他每天都骑着一辆装有小小汽油发动机的自行车,来回于家与会场之间,这在当时北京的马路上是非常少见的。这辆小型的机动自行车竟是吴先生用自行车和旧货店里淘来的小汽油发动机组装成的。一位经常接吴先生和我出去开会的汽车司机还对我讲过一个故事:有一次,吴先生坐他的车从外面回来,下车时吴先生说"你回去应该检查一下你的发动机",并具体指出了哪个地方可能有毛病。结果一检查,果然在那个部位发现了故障。我非常好奇:吴先生怎么对汽车发动机有那么大的爱好?为什么有那么丰富的实践经验？有一次，我就问他这些技能和知识是从何而来的，他笑着对我说：许多经验从中学时就开始了。原来他父亲是位医生，抗战以后，美国人在上海留下了很多破旧的吉普车，他父亲买了一辆。他后来竟然将那辆破旧汽车，一个零件一个零件地拆卸下来，然后再一个一个地组装上去。在这样的整个过程中，尚为青年的吴先生就把整个汽车发动机的每个零件、每个细节都演练了一遍。当然，后来他在大学里又进一步学习了发动机理论。我想，注重实践知识并勤于动手动脑，这是他成为这方面的专家的一个原因。

2022年12月，吴先生不幸驾鹤仙逝，我十分悲痛，不由得细细回顾我这60余年来跟吴先生的一些交往。现在又逢吴先生95岁诞辰纪念，回眸亲历，令人心扉跌宕。是的，学生吴国庭永远怀念敬爱的老师吴承康先生！

作者简介

吴国庭，中国空间技术研究院研究员，先后参加我国返回式卫星和载人飞船的研制工作，担任防热结构研制负责人。1985—1987年作为访问学者在美国明尼苏达大学机械工程系进行先进防热技术研究。2003—2017年先后任载人飞船、月球和深空探测型号专家组成员。

忆吴承康院士两三事

洪传玉

2022年11月14日,我们原十一室三组的一些老同事,通过腾讯视频会议给吴先生过了93岁生日。当时吴先生精神饱满,谈笑风生,还告诉我们他刚刚体检完,身体很好,没大毛病,我们都为他高兴。不料12月26日竟传来噩耗:吴先生仙逝了。这让我痛彻心扉,根本不能接受这个事实!今年恰逢吴先生95岁诞辰之际,脑海里不由得浮现出一些往事。

我在吴先生手下工作了30多年,他是我的恩师、长辈和朋友。下面是我记忆深刻的几件事情:

① 力学所为完成导弹回地防热材料的研究任务,1959年秋李敏华先生向科学院提出,向成都工学院(现在的四川大学)要一名学高分子材料的应届毕业生。当时毕业分配已结束,学校认为科学院要人,学校必须给,就把我从分配到上海改为调到力学所,到所后开始在十二室李敏华先生手下工作。1961年十一室和十二室曾经短暂合并但很快又分开,所里决定将防热材料的研究任务留在十一室。后来听说,在1961年5月18日,钱学森所长召开了518会议,确定力学所今后配合型号部门开展基础性、前瞻性、探索性研究,因而制定了101—105任务。十一室承担102任务"导弹气动力问题研究"。在时任主任林同骥先生的领导下,以中远程导弹弹头的再入烧蚀防热为基本研究内容,开始和老五院相关部门协作攻关。钱所长亲自把吴承康先生请来,主持烧蚀防热实验研究任务,从此我就在吴先生手下工作了30多年。我是学高分子材料的,对空气动力学的认识是一片空白,什么都不懂,吴先生为了弥补我这方面知识的不足,让我到清华大学力学系去旁听了很多门课程(如流体力学、工程热力学、传热学等),这才使我入了点门。

② 我感触很深的是吴先生在用人方面既重视用人之长又注意助人成长。在1962年以后开展的材料烧蚀实验中,吴先生把烧蚀速度的测量和烧蚀机理的实验研究(用摄影和高速摄影记录下材料烧蚀的全过程)交给我负责完成。但是从方案的制定到具体的实验,吴先生都亲自参加讨论并进行指导。例如烧蚀速度的测量中,时间的精准测量

是关键,吴先生巧妙地提出用钟摆的原理来记录时间,并指导阎明山设计研制成功精准测量时间的设备,该设备一直在烧蚀实验中使用。此外,烧蚀实验所用的模型和材料都是协作单位提供的(如七机部703所、建材研究院、化学所等),和这些单位的联系事情,吴先生都交给我来负责;提供给这些单位的实验数据,吴先生都要亲自过目,一一核查后才能提交。

③ 1964年920千瓦电弧加热器研制成功,我们开始采用亚声速射流开展中程导弹弹头防热材料的驻点烧蚀试验,先后在1964年年底到1966年年底完成了大量的试验测试。1965年三组大部分同志都去农村参加"四清"运动,只留下吴先生和少数几个同志坚守岗位,这一年虽然人手少、困难多,但在吴先生的领导下,大家加班加点,以实验室为家,几乎每天工作到12点以后,顺利完成了各项任务。我们在5个不同来流条件下,进行了400多次点火吹风试验,为5家协作单位提供了材料"有效烧蚀热"的数据。对于各种材料的烧蚀过程,我们还拍成了一部名叫《烧蚀研究》的电影(摄影者为阎明山,由八一电影制片厂冲洗完成)。这些都为东风三号研制成功做出了切切实实的贡献。

④ 吴先生对待下属总是十分和蔼可亲,我在吴先生手下工作30多年,从来没见过吴先生对谁发过火、红过脸。而且,吴先生在生活上对手下的同志也是关怀备至。1966年所里分配给我和阎明山一间住房,房内除一张床和一个方桌外什么家具都没有。吴先生看到后,主动将他从美国带回国的一个玻璃钢做的大箱子送给了我们。这让我们非常感动,至今不忘,那是我们家当时唯一的家具,既可装衣服又可当台面!这箱子一直在我家放了几十年。

⑤ 1975年我和吴先生一起到河南平顶山五七干校劳动。我们十一室的几个同志在一个生产小组里,吴先生和大家同吃同住同劳动,没有一点架子,苦活、累活、脏活都是抢着干。他和大家关系很融洽,就像朋友一样。当时干校条件比较艰苦,先生夫人黄兰洁先生经常给吴先生寄来巧克力(这在当时是非常珍贵和稀有的),其他同志家中寄的则是最便宜的话梅糖。吴先生想给我们吃巧克力,但又怕我们不好意思要,于是就故意说他在北京没吃过话梅糖,要用巧克力跟我们换话梅糖。这件小小的事情,让我深切感受到吴先生的高贵人品。

⑥ 吴先生为人一直十分低调。他从1961年来到三组,就是国外归来的高研,组里的成员大多数是大学本科的研究实习员和中技校的实验员,还有从部队转业的复员军人。但吴先生对待每个组员,都是亦师亦友般关爱有加。我们也从来没有听到吴先生在社会和媒体上宣扬过自己。吴先生和我叔叔(洪樹霖)是上海南洋模范中学的同班同学,他们在北京有个同学会,吴先生身居高位,但一点没架子,经常参加他们的同学会。

往事历历在目,吴先生的音容笑貌就在眼前,斯人已去,但风范永存,吴先生永远活在我们心中!

作者简介

洪传玉,高级工程师。1959年毕业于成都工学院(现四川大学),同年被分配到中国科学院力学研究所工作。1961年以后在吴承康先生领导下从事弹头材料烧蚀防热试验等多项研究。1997年2月退休。

回顾在十一室三组当研究助手的经历

王永光

1961年，我从北京科技学校毕业并被分配到力学所工作。当年，和我一起到吴承康院士领导的十一室三组的还有何蔚琅同学，我们这些中专生是给大学生们做辅助工作的。何蔚琅先是给洪传玉当助手，从事烧蚀速度的测量，后来又给顾世杰当助手，从事表面温度的测试。我则是给王殿儒当助手，从事总焓测量工作。

当时，吴承康先生正领导着三组科研人员，承担钱学森先生在1961年亲自制定的102任务，到1964年又接受了28号任务，任务目的都是为我国中程导弹弹头的防热设计提供科学依据。吴先生带领我们三组的全体同志自力更生、自主研制，建成了920千瓦电弧加热器，搭建了10套高温测试装置，给出了国内第一批有效烧蚀热的科学数据，为东风三号导弹的研发成功做出了贡献。在这些研究任务中，我们科技学校的学生起到了科学家的助手的作用。同时，科研的辅助性工作，大大丰富了我的专业知识，所学所见也提升了我的工作能力。

在三组里，我们这些中专生和大学生们合作得很密切。例如，我所在的测量组是负责气流总焓测定的，吴先生任命留苏回来的王殿儒担任组长，他负责理论分析和探针设计等工作。我作为组员，在王殿儒直接领导下，负责数据获取和仪表维护等工作。在20世纪60年代，大功率电弧加热器射流的总焓测量还是一项前沿课题，因为探针要放置在上千度的高温气流里，不仅不能失效还要给出数据，当时能够参考的资料很少。后来，王殿儒告诉我，当年我们做的总焓探针，美国是在1968年才见诸刊物的。

当然，我是实验员，主要和王殿儒沟通工作中出现的问题，很少有机会向吴先生当面汇报自己做的具体工作，但是也不时地得到过吴先生的帮助和指导。例如，总焓测量中的温度测量需要以零摄氏度为温标，而获得水的零摄氏度的温标，最容易的手段就是使用蒸馏水的冰水混合液。可是在60年代初期，我们实验室里没有冰箱。当吴先生了解到这一情况后，二话不说就亲自为我解决了这个难题：每到我们组要做实验的前一天，吴先生就到实验室来取走我从海淀买来的蒸馏水，然后带回家在他从美国带回来的冰箱里冻成冰块,第二天再亲自带给我,这样我们做实验时就有了可靠的温标。由于实验中参数的重复性很重要,这些冰块应当在相同的环境条件下形成,所以在很长的一段时间里,吴先生总是按时地把冰块带到实验室……这件事使我十分感动:吴先生是从美国回来的高级研究人员,他没有一点点架子,如此地关爱我们这些普普通通的实验人员,这才是大科学家的风范!

又如,我们的总焓测试系统曾采用一个真空钟罩,用于测定总焓探针吸入的气体流量。这个气体流量是确定总焓的重要参数,但它的数值很小,所以每次实验前都必须采用真空检漏仪来检测一遍,确保没有漏气。可是每到要做实验时,系统往往会出现问题:真空检漏仪的测试结果总是不稳定。为了排除泄漏问题,我就得加夜班,否则第二天的实验就做不成了,那就会影响设备组等一大批操作人员。记得那时候我的思想压力特别大,真希望能够在实验室搭个床,做累了可以休息,太晚了可以睡觉。而且经常在想一个问题:维持一个系统的真空确实太麻烦了,能不能有更简单易行的办法呢?有一次,吴先生在实验室看到我在真空系统的测量车旁,就询问我实验中还有哪些问题,我向他讲了真空钟罩实际操作过程中的一些问题。吴先生仔细看了看测量车,耐心地帮我分析了情况,也直率地提出了自己的看法。此后,王殿儒通知我,真空钟罩系统的测试,已经被其他更为简便的测试方式取代了。这件事给我留下的印象就是吴先生真是见多识广,真是"大智慧"啊!

是的,吴先生是名副其实的大科学家,但为人十分低调。他从不宣扬自己,也从不要求人家尊重他。可是,他对我们组里的每一个人都很尊重,包括我们这些从事科研辅助工作的中专生、复员军人等等。他总是尽力地帮助大家,在工作中,乃至在生活上。记得在20世纪60年代,北京的电力条件很差,由于中关村电网的限制,我们的加热器只能在夜间运行,而且都是安排在半夜里(晚上11点以后),那时北京的暖气供应也不足,到了夜晚实验室里很冷,大家都是任劳任怨地开展着试验。设备组的马秀忠是刚从南方来的一名中专生,没有御寒的冬衣,吴先生就从家里拿来一件当时少见的羽绒服给他穿。要知道,马秀忠天天是和电机的水电系统打交道,等冬日过后返还时那件羽绒服已经沾满了油污……吴先生虽然低调,但敢于坚持真理。记得20世纪在哈尔滨曾有个"水变油"项目搞得沸沸扬扬,中国科学院请吴先生任组长带队去甄别真伪。吴先生知道他们背后有人支持,甚至是高层领导。他带着专家们亲自做实验,揭露了项目主持人的欺骗行径,并如实地向院里汇报。吴先生后来跟我说起这件事时,气愤地讲:那个人就是依靠变魔术,骗取1100万元集资款。这件事显示了他那嫉恶如仇的品质。依据吴先生的实验报告,公安部立即把那个骗子抓捕起来,为民除了害。

回顾在十一室三组的经历,我感到十分的幸运。我既能够得到王殿儒的具体指导和亲授,又能够得到吴先生的关爱和教诲,从而逐步成长为一名高级工程师。尽管吴先生已离我们而去,但他的精神与风范将永垂不朽!

作者简介

王永光,1961年从中国科学院北京科技学校毕业并被分配到力学研究所十一室三组工作。在1963年吴承康先生领导的弹头回地烧蚀防热的试验研究任务中,作为工程师助手参加并完成了王殿儒承担的总焓测量项目。

吴承康先生永远活在我们心中

卫景彬

2022年12月26日,身在大洋彼岸,惊闻恩师吴先生在北京逝世,十分震惊,万分悲痛。吴先生怎么会离开我们？先生没有走,恩师的光辉和精神,永远指引我们前行！在2024年吴先生九十五寿辰之时,大师的风范和形象又即刻涌现在我心中：

> 敬重恩师,
> 腹有诗书,胸有韬略。
> 开拓领域,
> 高屋建瓴,独有见地。
> 一身学问,
> 一丝不苟,追究真谛。
> 对待学生,
> 温声细语,言行教诲。
> 对待同事,
> 体贴入微,关怀备至。
> 对于恶行,
> 严厉批评,即刻制止。
> 敬重恩师,
> 先生犹在,永远楷模。

回想自1982年起,在吴先生教导下工作,直接关怀下成长,40多年来一幕幕画面又展现在眼前。现实的生活极为丰富,语言文字表达会顿失精彩,下面的几段回忆也只能是生活片段的一些条理和骨感的描述。

1. 中国燃烧界第一个刊物诞生(1982)

考取吴先生的博士研究生之前,我十分荣幸曾有一个天赐机会得到吴先生耳提面命的教诲。事情是这样的：中国燃烧界基于研究发展的形势急需办一份涵盖面广泛的中国燃烧杂志，以便从事燃烧的中国科技人员有渠道发表自己的研究、教学和技术工作成果，交流日新月异的信息。清华大学傅维标教授与天津大学校长史绍熙先生以及力学所副所长吴承康先生多次研究商榷，经过一段时间筹备，于1982年创刊出版了中国的《燃烧科学与技术》杂志。史先生当时的设想为：开始先一年出版两期，再到一年四期，然后办成双月刊，最好是月刊。《燃烧科学与技术》直接向全国征集论文，还兼有译文、国内外动态介绍等。《燃烧科学与技术》设立了编辑部，聘请天津大学校长、中国工程热物理学会的燃烧学会主席史绍熙教授任总编辑，中国科学院力学研究所副所长吴承康先生、清华大学傅维标教授、中国科学技术大学程久生教授以及北京航空学院吴寿生教授任副总编，还任命了与五位总编同单位的十四位编辑。编辑部设在清华大学工程热物理教研室，傅维标教授主持常务工作，让我协助征稿、出版等日常事宜。每篇提交的论文送三位专家审定，但对于杂志征文定稿中各篇文章英文摘要的审定，总编史先生特别指出：要切记亲自把每篇论文的英文摘要报送给吴先生修改和审定，还指出只出国进修一两年的编辑的英文水平还不足以胜任。1987年下半年后，由于其他工作以及出国事宜，我就退出了《燃烧科学与技术》的日常事务工作。

在1982—1987年间，遵照史先生和编辑部指示，每篇文章由三位专家审定专业内容之后，我把拟出版的文章当面呈送吴先生审定英文摘要，这样就有了直接聆听吴先生耳提面命教导的机会。吴先生对工作精益求精，逐个字母逐个符号地审定修改每篇文章的英文摘要，使我深受教益；吴先生的英文修养与造诣的高超水平，使我顶礼膜拜，深感终生难及。

李佩先生对吴先生的英文水平大加赞扬。李佩先生是北京英语协会主席，中国科学院研究生院英语老师。在2009年力学研究所为吴先生八十寿辰举办的庆祝报告会上，李佩先生说：吴承康先生的英语修养和水平是非常高的。她还举例说：在一本拟出版的书中，我委托他的那部分工作精益求精，语言精美无暇，一点儿不用再做修改。

相比之下，李佩老师在研究生英语课上曾对我说：你回学校告诉清华的老师，清华的英语教学必须认真改进了。对于李佩老师之言我深有体会，当时清华英语教师的水平和英语教学的水平亟待提高。李佩先生的话语虽然直接，但正确且中肯。

2. 大速差鉴定会（1984）

1984年12月22日，"大速差同向射流燃烧方法与燃烧器"鉴定会在清华大学工字厅东厅举行，报告会之后与会者参观了中国科学院力学研究所燃烧实验台燃烧试验操作演示。与会者对于这项新发明的燃烧技术有点震动。鉴定会之前的9月11日下午,清华大学傅维标教授和安徽省电力局科技处陈以理处长在吴先生办公室讨论报告会的准备工作,拟定吴先生做第一个报告《关于大速差同向射流燃烧技术》。该报告要向鉴定会说明,经委托香港检索系统全球联网检索得出结论,该项专利发明为国内外首创;傅维标老师做第二个报告《大速差燃烧技术的燃烧机理》;陈以理工程师做第三个报告《大速差燃烧技术在马鞍山电站现场运行》。

9月11日那天下午,恰巧是我报考吴先生研究生的燃烧学科目的考试时间。我去考场时从吴先生办公室门口经过,打过招呼就进到设在力学所大楼二楼半的考场去了。后来我被告知,吴先生当时诙谐地说:小卫刚在清华讲完燃烧课又来考我的燃烧科目了,我则说赴考的燃烧是高量级的。后来吴先生还告诉我:他们三位在讨论之后,觉得在没有应用传统的稳定装置情况下,怎么突然就发明了一种仅用射流的新型同向射流稳定强化燃烧技术?仅有三个报告还似乎有点不完全,应当有个报告交代发现这项发明的研究过程。吴先生问傅维标老师:"是否卫景彬比较了解改进的全过程?"傅维标说:"是的,小卫参加了全面工作,从1981年在清华设计最初的燃烧室,到在七机部211厂实验中的多次改型,以及在力学所热态实验台进行的大量试验,直到参加安徽电厂的现场试验。"于是吴先生提出"应当增加一个报告",决定由我作一个报告《大速差同向燃烧技术的研究过程》并将其安排为第二个报告。吴先生考虑问题的角度和方法非常值得我们学习,他从实事求是的角度,以及邀请来的专家和鉴定人员审视问题的角度考虑,就把鉴定会上可能产生的一大疑问事前解决了。我也感谢他给了我一个作报告的机会,使我得到了锻炼。

转年即1985年,中国工程热物理学会召开年会,燃烧学会下属于中国工程热物理学会。吴先生让我把在鉴定会上的报告内容投稿给燃烧年会,他说:把一个发明的研究过程作为文章报告一下,会对年轻研究生和学者有不少的启发。鉴定会邀请的都是知名专家,而燃烧年会有众多青年研究人员与会。开会前,吴先生又和我仔细讨论了幻灯片的内容,并让我进行了试讲。吴先生还专门对我说:力学所过去没有人参加过工程热物理学会年会,你是第一次代表力学所参加。他不仅让我做好充分的准备,还专门叮嘱我要注意的一些事项。感谢恩师,不但传我燃烧知识,而且教我学术领域智慧。

3. 博士生的报考(1984)

从我计划报考吴先生研究生起,就体会到了吴先生对学生无微不至的关怀。我是从清华大学考取吴先生博士研究生的,考试在1984年9月10—12日期间进行。在报考之前的一段时间里,我一直在安徽省电力局及其所属电站出差,当时一起出差的还有进行课题合作的力学研究所几位研究人员。我们的工作就是在电站现场试验大速差燃烧技术的工业应用。和孙文超老师讨论报考研究生的时候,我把报考吴先生研究生的愿望也告诉了陈丽芳老师,她随即和吴先生联系。吴先生询问了研究生办公室赵泉琳老师,解决了我出差在外地而造成的工作、报考、考试之间的时间矛盾困扰。11月,我到力学所报到之后,赵泉琳老师告诉我,吴先生和陈丽芳老师还预先帮我交了报名费10元。吴先生,真是一心为学生着想的恩师!在此时,我已经深深感到,吴先生是我一生的贵人。

4. 先生温馨一谈(1984)

我完成吴先生博士研究生的考试之后,于当年10月份到天津大学参加一个中美燃烧会议。到会后,知道吴先生已经录取我为研究生了,很多认识的与会者都祝贺我,这成了我参加这次会议的最大喜讯和收获。更令我欣喜的是吴先生也与会,现在有机会亲耳聆听吴先生的许多教导!这次和吴先生那个极为温馨的谈话一直铭记心头,那是会议中一次午餐时刻,我和吴先生被安排在一桌,我紧挨着吴先生的座位而坐。上菜之后,吴先生担心我客气,饿着了,吃不好,就小声对我说,开会吃会餐,只要是你想吃的就不要客气,不用让,抓紧时间吃,吃饭过后,谁也不记得谁。这么温馨的一谈,关怀温暖直入人心!吴先生是那么有名的大科学家,竟如此理解我们年轻晚辈,更加彰显了大师的宽阔胸怀。

5. 我的工资恩遇(1984)

在回忆我读博士期间每月工资问题前,先汇报一段小插曲。我被录取后,清华大学工程力学系工程热物理专业主任过增元和副主任傅维标两位老师专程到吴所长(吴先生时任力学所副所长)办公室,讨论我在读研期间的工作安排。过老师说,我读博士期间为在职研究生,在清华的专业讲课和一些社会工作不能停掉,下学期还要安排担任教研组主任助理。吴先生说,过去有中国科学院外的在职研究生,但今年起只有科学院内在职一说,另外念博士期间,最好能给学生充足的时间。

我于11月报到之后不久,赶上国家进行工资改革。这时我的工资是按我原来讲师职称的,还是按研究生的?吴先生说:你不用考虑,我们会考虑安排的。后来所财务告诉我说:力学所所长和所学术委员会主任郑哲敏先生,还有力学所副所长和所学位委员会主任吴承康先生,共同签署了一份文件,我们就按文件办理。我一看月工资比工资改革后讲师(清华的级别:助教—讲师—副教授—教授)的工资还要多几块。我深深体会到,吴先生不但在学业上指导我的科研,也十分关心我的生活,解决了我进行研究工作的后顾之忧。我一直说,这是我的工资恩遇。

6. 课题经费申请(1985)

吴先生和我讨论了我的博士生研究课题,确定为用冷热态实验、计算机数值模拟和理论推导方法,深入详细地研究大速差同向射流燃烧技术的机理。这种新型燃烧方法在实验中被发现,在工业上应用也有效,但机理不清楚,才刚开始研究。在鉴定会期间,无论国家主管部门,还是专家学者,都提出必须组织力量深入全面地研究其稳定和强化燃烧的优化机理问题。

正好这时可以向中国科学院自然科学基金会申请研究课题经费,1984/1985年度是中国科学院管理自然科学基金的最后年度,之后便移交国家科学技术委员会管理,后来是国家自然科学基金委员会管理。当时下发的通知说,如要申报课题,最高经费申请不可高于30万元。吴先生让我写个课题申报初稿,在课题报告初稿中,我申报了30万元经费。吴先生说,我们核算一下,是否可以压缩一下?我先压缩至28万元,后又压缩至25万元。吴先生依然说,我们再讨论讨论看。这次压缩至20万元。最后,我们将申报的课题内容略做压缩,经费也定为15万元。

在与吴先生讨论课题申报的过程中,我亲身感受到吴先生认真负责、实事求是、严于律己的高贵品质和高尚风格,他是我从事科学研究工作永远的楷模。

7. 研究意外创新(1985)

我的博士论文课题是"深入研究大速差同向射流燃烧方法的机理"。这种新型燃烧方法于1984年12月通过了鉴定会鉴定。1985年年初,我们计划用LDA激光测速仪对模型燃烧室的速度场和湍流场进行详细测试。为了简化,我首先设计一个二维模型燃烧室,然后升级模拟三维燃烧室。请力学所工厂加工制造了模型燃烧室,时值力学所丹迪激光公司代理的丹麦激光公司制造的三维激光测速仪正好在力学所举办展览,丹迪公司杨大铮经理说,允许我们免费使用一个月,并派来专家杨家寿老师调试光路部分,李广达老师负责数据处理的电子仪器部分。

按照设想,二维燃烧室模型的基础流场在燃烧室的横截面上流速分布是对称的。但是精致LDA激光测速仪的测量结果却显示横截面流速不对称,完全不是原来设想的对称剖面!几次实验结果均如此。为此我还找到所工厂的厂长咨询,怀疑模型燃烧室加工不够对称,但是机械加工的模型非常对称。李广达老师又核实了激光测速仪的数据记录,也是准确无误。我向吴先生汇报了这种结果并展开了讨论:会不会测量结果是对的,而原来设想有什么问题?吴先生说"可能就是这样",并鼓励我再多试几次看看,进一步确证一下测试结果的正确性。

后来经过多次测试、认真研究,我们发现测试结果符合事实。它的基本原理是:在一个二维模型燃烧室封闭空间中,射入一个横向贯穿的二维射流,则该射流的上下两侧形成两个回流区,两个回流区不等的压差就将射流稳定地推向一侧,而形成不对称的流场,而且对于初始和边界条件相同的实验,不对称流场的流型相同。令人惊喜的是,由这样一个意想不到的发现,我们进而发明了另一种新型的"扁平/偏置射流燃烧方法和燃烧器"。吴先生在研究中大力支持抓住苗头的发现,不拘泥于原本的设想,这种创新研究的伟大精神一直激励和鼓励着我的科研探索。

这个新发现由力学所专利代理办公室申报了发明专利"扁平射流火焰稳定方法和燃烧器"。该技术得到了工业部门重视和应用,记忆犹新的是:在被邀请参加于陕西秦岭电站召开的全国20万千瓦机组年会时,在摆满花坛的工厂大门口前站立的工程技术人员让我先介绍一下该技术,并拿来粉笔让我写在地上。技术工人还幽默地给扁平射流技术起了个工业名字——大风铲燃烧室。我的博士论文课题也更新为"大速差同向射流燃烧方法研究和扁平射流燃烧方法研究"。

8. 小实验台建立(1986)

在十一室三组实验小楼的三楼,吴先生办公室隔壁的大房间里,我们要建立一个小型热态实验台。因为实验台体积小,容易随时安排实验,容易获取实验数据,也容易出成果、发表文章。另外,按照量纲分析,小型热态实验燃烧器的表面积/体积散热比较大,所以一旦小型燃烧器实验成功,那么大型燃烧器只要合理设计便容易成功。吴先生对此非常支持,并亲自讨论方案,指导如何建立小型实验台,而且高兴地对人说:过去曾有人问我,我隔壁的大房间留着干什么用,我说留给我今后的研究生用,现在就用上了,而且出成果了。

在建立实验台及其辅助设备时,我们请了力学所工厂退休职工组建的施工队来施工。施工队在小楼后面往楼顶吊装设备时,由于安全施工没有安排妥当,把一楼等离子体实验室的大型窗户玻璃打碎了,施工带队的段师傅很后悔没有用木板把玻璃窗挡一下。我当时也非常恼火:他们太不小心了!这时吴先生过来了,他对施工队的恶劣施工行为怒不可遏,吼他们"干不了就走人",并责令他们下午立即把损坏的玻璃换掉。这是我唯一一次见到吴先生发这么大的火。吴先生爱护学生与憎恶破坏行为,态度十分分明!我知道吴先生这是站在第一线来保护学生。这种爱护弟子的做法,深深印刻在我的心中,成了我今后主持工作处理问题时主持正义、敢于负责的榜样。我也下定决心:现在一定要把科研做好,这才是对恩师的最好报答。

9. 吴先生家的师生聚会(1985,1986,1987,1988)

在每年的十一假期期间,吴先生和夫人黄先生都把我们这些研究生请到家中,吃烤鸭,吃点心,吃午餐,看录像带,过节日。吴先生亲手把巧克力块送到每个人手中。照例,每年都是王宏宇等同学到白石桥路专卖店买烤鸭,吴先生指定我片烤鸭肉片。大家在吴先生家中度过师生情谊浓浓、非常热闹、非常有意义的节日。这种情景永远留在我的记忆中,先生视弟子真是如同亲人一般!

有一年十一假期,我和爱人带着女儿、儿子一起去吴先生家参加我们的师生聚会。我女儿正在跟着清华附小老师学钢琴,看到吴先生家的钢琴盖打开着,就坐到那儿弹起钢琴来。吴先生见后非常高兴,自己拿起小提琴,站在小朋友后面伴奏起来。这对小学生女儿是巨大的鼓舞,更使我们感动非常:吴先生不仅关心自己的学生一代,还爱护儿童,关心儿童一代的发展。这又从另一个层面展示了大师的风范。

10. 难忘论文答辩(1988)

在吴先生精心指导下,我完成了博士论文工作。我写论文没有用计算机或打字机打印,我问吴先生手写的论文可否,另外送给各位专家手写论文审阅是否不够礼貌。吴先生说:手写更尊重审阅者,过去很多学生都手写论文,打印时有错容易修改,手写出错不容易修改,可能一个字出错一张纸就要重写一遍。吴先生谆谆教导我说,手写要非常认真才行。我在方格纸上用蘸水笔蘸着黑墨水,小心翼翼,先思考,后下笔,手写完成了论文。论文内容包括大速差燃烧和扁平射流燃烧两种方法的研究,论文最后一章还包含了山西大同电厂的鉴定报告和评语,他们从用户角度成功将扁平射流燃烧技术应用在当时最大型的20万千瓦电站锅炉上。我衷心感谢恩师在论文完成中的谆谆教导和悉心教诲。

论文写好,贴上图、表和公式,复印、装订了30份。与吴先生商定交付审阅的燃烧专家名单,共寄送24份给有关高校、研究单位、国家能委、电力部等部门的著名燃烧学者专家。不久就陆续有23份评价很高的回执寄回来了。仅有西安交通大学许晋源教授没有回复信息。过了几天,毕业于浙江大学而工作分别在河南省电力局、电力试验所和发电站的几位人员来所,说要应用我们研究的扁平射流燃烧新技术,并说他们带着西安交通大学许晋源教授给他们写的一封介绍信。令人惊奇的是,他们还带着我那本呈送给许教授评审的博士论文。他们说,许教授说他不用写评语了,直接找力学所应用我们研究的新技术就是最好的评语。

所有回执齐全,于是进行了论文答辩。答辩结束之后,答辩委员会的一位教授说,他们对吴先生撰写的论文评语初稿不满意,认为评价太低了,经过几次修改,提高了评价,大家才给予通过,所以答辩委员会的讨论花去较多时间。我觉得这正是吴先生自己,也是吴先生言传身教学生要低调行事、谦虚谨慎的一贯作风。

后来我的论文被摘要刊登在中国科学院优秀博士论文集上。更使我想不到的是,在博士论文答辩之后我随即被提升为副研究员。我知道自己还差得甚远,这是所领导和吴先生的关心和指导的结果,是在为我压点重担,我唯有进一步虚心学习、努力工作,方能报答吴先生对我的培养之恩。

11. 先生夸奖之词(1988)

博士论文答辩后,力学所行政和党委领导决定任命我担任力学所新技术公司的经理,接替力学所党委副书记刘守熹的总经理职务,管理所公司工作。所领导告诉我说,征求吴先生对我任命的看法时,吴先生说:所领导选对人了,卫景彬工作能力强,特别能团结各种人一起积极工作。他还举例说,在课题研究工作中,因为涉及不少方面,无论是联系丹迪激光公司和力学所九室测量模型燃烧室的工作,还是联系车间加工、家属联队施工的工作,还是同数值计算同事一块工作,都合作得很好。吴先生一贯低调行事,也示范我们学生谦虚低调,这次吴先生对学生毫不吝啬的夸奖之词实在意外!我知道吴先生这是在鼓励我在新岗位上要大胆工作,但我明白自己尚远,轻不压秤。后来在所里的全体干部会上,所长郑先生让我这个新科经理介绍一下对所公司发展的设想,自己虽然说了对公司的展望,但心中一片战战兢兢,现在都忘记当时具体说了什么。只有一条记在心中,就是一定要开动脑筋、想尽办法、努力工作,把所公司办好。

12. 先生低调寿辰(1989,1999,2009,2019)

吴先生对自己过生日之事一向不予张扬,从来行事低调。

1989年吴先生过六十大寿。六十大寿,人生一轮,是应当好好庆祝一下的。但是吴先生没有举办任何活动。那天我到吴先生家,呈献恩师一套各种字体的"寿"字漆盘,但是却发现吴先生正在做木工,亲手制作一个精致的茶几。这使我非常感动。

1999年吴先生七十大寿时我与吴先生联系,请他到美国来过生日,因为这里的弟子们期待有一次机会为吴先生举办一次生日聚会。结果,吴先生告知我们,他已经到美国来看孩子了,和家人过了一个轻松的生日,没有通知任何其他人。

2009年吴先生八十大寿时,力学所决定举办一次较大规模的学术报告会,以祝贺吴先生诞辰。我回国到力学所礼堂参加了这场庆贺吴先生诞辰的报告会,那天我和肖林奎老师坐在会场较后排听会。吴先生看到我们后,竟然走到我们那排,热情地握手、打招呼,还聊了一会儿。吴先生平易近人、平等待人的作风,又一次深深地感动了我们。

2019年吴先生九十大寿,依然低调行事,没有举办什么活动。朱德麟学长告诉我说,吴先生九十诞辰那天就和去看望他的过去一起工作的几位同事小聚了一下。

13. 鼓励一如既往(1994)

我出国后,吴先生的鼓励与支持一如既往。这里记述两件事,以表达对吴先生的永远感谢。

我在葡萄牙高等技术学院工作期间,德国燃烧学会主席、德国基金会主席、哥廷根大学 Wagner 教授邀请我到德国哥廷根大学物理化学学院工作一些时间,并寄来了洪堡奖学金的表格。吴先生作为专家给我写了很好的推荐意见,吴先生对学生的支持一如既往。我对吴先生说,我在国外一直做燃烧研究,不过每个地方的具体燃烧研究对象不相同,这有好处,既扩展在不同具体领域燃烧研究的知识,也有利于尊重各地知识产权的保护。在德国进行了爆震方面的研究,有别于当时各国进行的闭口系统爆震实验,我们进行的是较有实用价值的开口爆震实验和理论分析。吴先生鼓励我说,做些实际研究工作比什么都好。

另外一件事是,我计划1994年到美国参加第25届国际燃烧年会并进行其他几项学术访问活动,其中包括计划访问美国海军空战中心推进研究部(Department of the Naval Air Warfare Center, Propulsion Research Section),这次访问是应海军推进研究部主任 Dr. Schadow 邀请安排的。海军部有个规定,任何外国人,包括北大西洋公约组织(NATO)成员国人员,访问美国海军实验室,都需要通过外事途径办理一个手续,即访问者的国家外交部发出公函给其驻美国大使馆,驻美国大使馆再发文给美国海军部,海军部批复给研究中心,研究中心则可安排参观访问活动。我当时在葡萄牙,所以公函由中国驻葡萄牙大使馆起始执笔,为此大使馆派专人回国调查,然后成文、发公函寄给了中国驻美国华盛顿大使馆。中国驻葡萄牙大使馆让我看了一遍函件复印件,上面写着我是"中国燃烧学会秘书长"。我立即说:我不是秘书长,尽管我做过燃烧学会青年分会和北京分会的理事,我也曾作为燃烧杂志编委协助总编和副总编工作,不过秘书长一说是搞错了。但是大使和参赞告诉我,他们专程回国调查的,应当不会错,还说我出国在外可能没接到任命通知。尽管我不知道回国调查的细节,但我能肯定的是吴先生、史先生和清华的老师们都支持我这次访问,这也是对我的一如既往的鼓励。后来 Dr. Schadow 说,推进研究中心没有收到过海军部批复文件,因此最终这次访问没有成行。但吴先生的支持,我一直记在心间。

14. 吴先生弟子群(2022)

原先我们每个研究生同学和吴先生都保持着各种不同方式的联系,我记得和吴先生进行邮件交谈时,吴先生发邮件的速度快捷、语言生动,我都望尘莫及,好生感动!2022年,张宏标同学通过王宏宇同学表示,希望与吴先生建立微信联系。朱德麟曾有所担心:吴先生年事已高,回复大家每个人的微信,是否会太累?建议先征求一下吴先生的意见。结果吴先生表示:非常乐意与学生们用微信聊天!于是我们十多名身在国外处在不同职位的研究生和吴先生一起构建了一个"吴先生弟子群"。借助这个微信群,大家和吴先生微信聊天、微信视频。吴先生虽然已九十多岁高龄,依然思维敏捷,和弟子们共同欢声笑语,聊聊工作,畅谈天下。我们仿佛又回到在力学所读研究生的时光,犹如又一次在吴先生家中欢度十一假期聚会,也如同又一次在吴先生的办公室召开课题组讨论周会。通过通信便捷的微信工具,大家再次亲身感受到吴先生平易近人的大师风范。这一次次的微信交谈,便成了我们和吴先生共度时光且留在脑海中最后的也是永远的鲜活生动的记忆。

生活和工作就是这样由一个个故事构成的,深切怀念恩师,对吴先生有说不完的科研指导感怀和言不尽的关怀爱护感恩。这仅仅是从工作和生活中摘记的几段在吴先生教导下工作、在吴先生关怀下生活的亲身经历片段纪实。我永远缅怀吴先生,恩师吴先生永远活在我们心中!

作者简介

卫景彬,1970年毕业于清华大学工程力学数学系工程热物理专业,并留校工作。1988年于中国科学院力学研究所获得博士学位,师从吴承康先生,毕业后留所工作。自1990年起,赴国外多所大学从事燃烧学研究和教学工作。2015年于美国加州州立大学戴维斯分校退休。

纪念吴承康先生

吕明身

我与吴承康先生第一次打交道是1985年3月下旬的一天下午,在力学所主楼的312会议室里。那天是"爆炸处理水下软基"课题的论证会,郑哲敏所长主持会议,主管科研的副所长吴承康先生参会。

课题负责人张建华第一个汇报。他首先介绍了按照国家的战略需求,连云港要建设成为欧亚大陆的桥头堡。然后介绍了在建的连云港西大堤在桥头堡中处于第一重要地位但由于"卡脖子"难题正处于停工现状,而且建设、设计、施工三方联合调研组的调研结果很不乐观。因为美国一个坦克团曾在沼泽地爆炸处理软基,但最终失败了,所以我国十余家单位均认为该项工程的研究经费达千万元量级并且至少要有五年时间的计划安排。最后介绍了课题组的"爆炸抛淤"方案以及与调研方达成的合作意向。

听完汇报,郑先生挠了挠头,暗示这种情况下立项比较为难,便问张建华:"成功和失败可能性是多少?"回答是:"各百分之五十。"郑先生无奈地仰了一下身体,说道:"就是没把握嘛!"随后不由自主地叹了口气并直抒胸臆:"失败了是很丢人的!"课题组成员赵成福赶紧抢答:"百分之八十,百分之八十的成功把握。"参会的人都笑了,不过那是透着苦涩的哄笑。"那是你,我就是郑先生说的没把握。"张建华再次表态,然后又补了一句,"人干事,并不都是有把握才干的。"

这时,吴承康先生发言了:"张建华有勇气干,应该肯定。"然后面向郑先生说:"按风险课题立项?一次性投资五万元?"郑先生表示赞成。吴先生又向大家提出了要求:"这不是实验室的实验课题,要到工地现场找合适场地做实验。我们以找到西大是实用的施工工艺技术为目标。此外,研究队伍要完备,还要跟合作方商量好。"郑先生再次表示赞成。

尽管那次论证会已经过去37年多了,但就像昨天才发生一般展现在我的眼前。为何如此?那时我调到科技处做科技管理工作还不到半年,见到吴先生能这么到位地决策棘手课题,十分佩服,尊敬之情油然而生,而且终生难忘。我认为:吴先生深知力学所爆炸力学研究室的实力,也深知具备做好这个课题的必要条件,所以敢于做出这样的决策,这也是力学所设立的第一个风险课题。这使我联系爆炸力学研究室科研工作和管理这个课题的勇气陡然增加。很有必要说明的是,在后来面对来自建港指挥部在任指挥的挑战时,我代表力学所严肃表态:"力学所与贵方的合作,不仅承担了技术风险,也承担了试验失败的经济风险。我们应该做的事是扎扎实实把必要条件转化成充分条件,让成果用到西大堤上。"如果没有这次论证会垫底,我做不到这种程度。

我与吴先生第二次打交道是在1985年5月初。记得在3月中旬,所学术委员会审议拟报科学院科技成果奖励的项目,张建华申报的项目没有通过审议。他申报的是参与国家某工程的有关工作成果。没有通过的原因很简单:该工程是"国家储存非民用物品"的洞库建设项目,而实验研究项目是在洞库工程中实施的。时任所长兼学术委员会主任的郑哲敏先生提出了强烈的反对意见,认为就不该在国家重点工程上安排这种1∶1的实验项目,安排缩比模型性质的实验研究项目方为妥当。

在与张建华一起出差连云港的回京路上,得知了该工程要开鉴定会的信息,我便要求参会。他答应了,并从上衣口袋里掏出了一张邀请函。鉴定会在西安召开,主持人是穿军装的钱七虎先生。鉴定的项目不止一个,但张建华的项目是核心项目,钱七虎先生和专家们对该项目完成质量的评价甚好。张建华工作最成功之处在于:不仅是对自己实验测得数据通过自编程序拟合得很成功,而且对其他课题组的实验数据由第三方用该程序去拟合也很成功。这对工程修改设计有重要参考价值。回所后,我写了一个简单的报告,说明了情况,建议所里向院里补报该项成果奖。该报告得到了郑哲敏所长和吴承康副所长的重视,共同签字同意补报。最终,该项成果由力学所牵头,与武汉岩土所的申报奖项合并,获得了中国科学院科技进步三等奖。

此事我并未放在心上,觉得只不过是做了自己分内该做的事情而已。有一天上午,我去给科技处处长姜伟送文件时,恰好吴承康副所长也在,他们好像正在商量什么事。见到我,吴先生笑容满面地告知我:"郑先生很满意,夸你实事求是,科技管理工作应该这样做。"随后,吴先生又说:"小吕啊,科技人员实事求是反映情况,不仅是科技管理工作的基本功,更是可贵的品质,希望你这样坚持下去。"回顾科技管理工作的职业生涯,吴先生的这几句话我始终牢记在心并在工作中努力这样做。如今想想:吴先生的这几句话,对科技管理岗位上的工作人员不是也具有普遍和现实意义吗?

我与吴先生最后一次打交道是在2009年的一天下午,那时我已经过了59岁,临近退休了。吴先生参与工作的一个课题结题了,需要科技处从事院地合作的同志代表所里起草一份评价意见。这个课题是科学院当年的"援疆项目",即采用新疆煤炭资源制取乙炔的工作。说句心里话,我个人并不赞成煤炭制乙炔,因为制造乙炔的工艺挺多,应该从中选优——技术与经济俱优才是。煤炭完全可以在"煤化工"领域干些其他事情嘛。

我带着疑惑到吴先生办公室去拜访他。

吴先生听了我的疑惑,直言不讳:"我赞成你的看法。"然后问我在科技处现在从事什么工作。我告诉他从事科学院和地方的科技合作工作。吴先生十分诚恳地告诫我:在管理工作中,自己的定位很重要,决策层不需要你参与决策只需要你执行,执行就行了。对与错,是与非,都不参与。然后又说他在这个项目上就是这么定位的。记得他的原话大意是:"院里和新疆地方决策煤制乙炔,我不置可否。但工艺过程中炉子会结焦,我们做我们能做并且肯定会做好的事情,就是气脉冲除焦、除灰。"我的疑惑完全释然了,不仅心中有了写结题评价意见的谱,而且对职能部门参与管理时的定位也更加明确。吴先生那天聊兴很浓,谈起了大量他从事过的科研项目。其中最吸引我的不是他最终获得巨大成功的科研成果,而是他在完成科研工作中一路走过来的心路历程与思维方式。我听得过于专注,不时陷入沉思。吴先生终于问了一句:"想什么呢?是不是还有事要忙?"我回过神来,赶紧否认:"吴先生,我在想,您刚才说的许多科研方法和思维方式具有很高价值,是应该流传下来的,肯定对后人有重要的启示意义。您看,西方有人写了爱因斯坦,也有人跟冯·卡门合作写了冯·卡门。这些书能引人入胜,让人百看不厌,这样的内容占了很大部分是根本原因。我觉得国家应该在这方面安排跟你们合作,写写你们的心路历程和科研境界。"吴先生显然被我的思绪打动了,沉默了片刻之后说:"小吕,感谢你能这么想。时间不早了,我们以后经常聊聊,我很高兴。"那天下午,我俩竟然聊了接近三个小时。遗憾的是,我们再没机会如此畅快地聊"闲篇"了。

退休后,我不常去所里,但老伴常去。每次遇到吴先生,吴先生都不忘托付我老伴:"代我向小吕问好。"这让人十分感动。

吴先生走了,往事历历在目,他确实活在了我的心中。吴先生,我想告知您:在我心目中,您不仅是科学家群体中的精品,您还是人中精品。见贤思齐,向您学习没有止境。今年适逢吴先生95周年诞辰,谨以此文,纪念吴承康先生。

作者简介

吕明身,1977年2月从北京大学汉中分校力学系固体力学专业毕业,并被分配到中国科学院力学研究所工作,曾任科技处处长、综合办主任、921-2微重力流体物理分系统副指挥兼质管员等职。2010年10月退休后任中国科学院老科协力学所分会理事,担任过山东大海集团高级顾问。

吴承康先生和烧蚀实验

王殿儒

20世纪60年代初,我国高速空气动力学实验研究是按照国防部和科学院两套系统来安排的。国防部第五研究院(人们一般称之为"老五院")成立于1956年10月,钱学森为第一任院长。老五院下设两个分院,一分院的第三研究室从事空气动力学研究。他们的人员属于部队编制,都穿军服。1964年11月以老五院为基础,成立了七机部,空气动力研究室发展为北京空气动力研究所,代号701所,依然属于部队编制。直到1982年5月,七机部改名为航天部,才脱离了部队系统。庄逢甘先生一直负责国防系统的空气动力学领域的工作,公开称谓是庄副院长,军内则是庄副司令。科学院系统就是力学所,先于老五院成立,第一任所长是钱学森先生。在力学所,从事空气动力学研究的主要是十一室,办公小楼的周围设有围墙。因此被称为"十一室小院"。力学所虽然非部队建制,但属于保密单位,大门有军人值守,而十一室小院还有一道门,也有军人二十四小时值守,真可谓"保密的重地"!还值得一提的是,当时力学所党政领导中处级以上干部大多是从军队团级以上单位复员转业来的,一水儿的黄呢子军大衣,其中有延安抗大的、经历过长征的老红军,还有一位在长征路上曾经给毛主席挑过书箱。我是学工程热物理的,1962年从苏联学成回国。我们专业同批回来的共有六人,国防部和科学院都抢着要人,据说当时钱学森先生说:国防部和科学院各一半!于是,我就来到力学所小院,在吴承康先生领导下做烧蚀实验研究。

这项研究的目的是为导弹弹头防热材料提供"有效烧蚀热"数据。当时我国拟定要研制中程导弹,烧蚀防热问题是摆在科技人员面前的一个重大课题。大家知道,有效烧蚀热是导弹再入大气层过程的一个材料性能参数,是确保导弹安全穿越大气层屏障必不可少的重要参数。因为依据这个参数,导弹设计部门就可以确定保护弹体的烧蚀层厚度。一般而言,有效烧蚀热的数据可以用理论分析计算和地面模拟实验两种方法获得,但是理论分析难度极大,而在当时的科技水平下,实验上以连续稠密超高速流的方式模拟再入的热物理环境在工程上也是很难做到的。用电弧加热射流模拟弹头再入地球大气层的驻点气动热问题是把高温高速气动问题用工程热物理问题处理的一个有效方法。国防系统研究人员开始走的是尽可能接近弹头实际烧蚀状况的稠密高超声速烧蚀环境的方案,工程上难度甚大,以至于无法实施!烧蚀实验任务来到力学所小院后,交由吴承康先生牵头。吴先生有很深的工程热物理领域的学识和经历,在深入调研的基础上,他提出了用电弧加热器亚声速射流模拟弹头驻点再入环境的有效烧蚀热测量的工程热物理方案,简称"电弧加热器方案"。这个方案建立在严谨的科学分析基础上,又适合中国国情和现实条件,因而是当时唯一可行的研究方案。我们奋战几年后,终于为国防部门提交了我国第一批有效烧蚀热数据,为 DF-3 导弹研制成功做出了贡献。

为了开展这一研究,吴先生领导下的十一室三组积极行动起来,有关人员一分为二,分别编入加热器组和实验组。

加热器组负责建设大功率电弧加热器,以便提供烧蚀实验所需的高温气流。为了满足中程导弹弹头驻点再入环境的模拟,大家自力更生、自主研发,从无到有地建成了当时国内功率最大的 920 千瓦电弧加热器。加热器组除工程设计加工外,主要遇到的问题是如何稳定燃弧。因为当时的电源是利用现有的直流电机,它是一种硬特性电源,而电弧的伏安特性是下降型软特性,两者找不到统一的稳定工作点。限于当时的电器水平,只好采用水冷电阻和饱和电抗器组合,最终获得了能反复重复启动的电弧加热器,供实验所需。张伯寅、吴宗善、朱宗厚、邓华球和纪崇甲等许多同仁都夜以继日地为此而奋斗过!

实验组则根据不同测试项目又细分成许多不同的测量小组,具体有:① 热流小组,由邓振浧、程淑华组成,负责提供计算有效烧蚀热的热流值;② 射流温度组,由赵庶陶负责提供射流的温度数据,以便和气体比热相乘获取射流的焓值,进一步乘以气流量获取射向试件的总热量,再进一步结合烧蚀速度确定有效烧蚀热;③ 试件温度组,由顾世杰、何蔚琅组成,负责获取试件通过热辐射发散掉的热量;④ 试件观测和烧蚀速度组,由洪传玉、闫明山组成,负责对不同烧蚀材料烧蚀现象进行影像观测,并负责对试件烧蚀速度进行测量;⑤ 总焓组,由王殿儒、王永光组成,负责对射流总焓值进行测量。实验组的任务是测定有效烧蚀热的数值,当时考虑有两条技术路线。第一条路线是用热流除以烧蚀速度,该方案当时没有完成。第二条路线是用电弧射流总焓除以烧蚀速度。经过参加实验的同志们夜以继日的艰苦奋斗,终于得到准确度可靠的气流总焓实验结果,并获得了科学院创新成果奖。

有效烧蚀热的实验结果交到国防部门后,获得了高度评价,他们正式致函力学所表示感谢。当时由于保密要求,我们不能公开庆祝,但是由衷的喜悦之情尽显于参加实验人们的笑脸上。特别值得回忆的是,这种喜悦之情还出现在那些由军队来力学所的书记、处长们的脸上。若干年之后,庄副司令想调我去绵阳气动中心工作时,还提起了当年有效烧蚀热和总焓测量的事!

时光流转,如白驹过隙。60年过去了,吴先生领导我们三组开展烧蚀实验的情景依然历历在目。期待年轻一代的科技工作者传承与弘扬老一辈科学家的精神,在中华民族伟大复兴的新征程上奋勇前行!

作者简介

王殿儒,1962年从莫斯科动力学院工程热物理专业毕业后回国,被分配到中国科学院力学所工作。改革开放初期创办了北京长城钛金公司并在北京理工大学任教授级高工,专注于电弧和电弧等离子体研究和应用60余年至今。

对人生难忘的老师吴承康院士的点滴记忆

赵玉琦

中国科学技术大学成立后的一年里,《人民日报》等大报陆续发表了著名科学家钱学森等大师写的文章,介绍了有关中国科大的数学、物理、化学、生物等系别情况,他们分别担任着这些学系的系主任。中国科大各系的专业主讲老师也都是国内著名学者,大多数是从美国回国的科学家。这样一所尖端科学的大学深深吸引了全国各地即将报考大学的年轻人!1959年我高中毕业,在填报的四个志愿中,毅然决然地放弃了将清华大学作为第一志愿,而将中国科大排在了第一位。我"喜理偏工",当时填报了04系——"物理热工系"(该系于1961年并入07系,成为近代力学系的三专业——"喷气动力热物理")。考上中国科大后,我如愿地成为了5907-3专业的一名学生。

近代力学系三专业的专业基础课和专业课主要由吴仲华、吴文、吴承康和葛绍岩等几位在20世纪50年代归国的教授讲授。这给了我聆听吴承康老师讲课和指导的条件和机会。吴承康老师教过我们"工程热力学"和"燃烧学"两门课程。他讲课的特点是概念清晰易懂,而且叙述严谨周密,充分体现了一位真才实学科学家的深厚积淀。他把自己融会贯通的知识,毫无保留地哺乳给学生们,让人感到甘雨淋心般的畅快通透!比如,他在热力学课上讲解"焓"的概念时,首先给出它的学术内涵:"焓"是体系"内能"和所处环境下"压力势能"的总和;然后就给出一个生动的比喻:这就好比"马"是一个概念,"车"也是一个概念,而"马车"就是两个概念合成的一个新概念。就是这样,吴老师讲授的热力学各种概念,都让我们感到清晰、准确、形象,既能正确掌握又易于记忆。特别是对毕业后主要从事航空发动机研制工作的我,离不开这些气动热力学基本概念,真是受益匪浅,终生难忘!后来,吴老师还告知我们:要深刻准确理解物理概念,必须多读书。他说他本人的热力学概念的建立就受益于王竹溪写的《热力学》这本书。因而,我记得了"多读书"的重要性,这对我日后工作的进展也具有十分裨益的作用。

记得入学中国科大第一年,我们班的每位同学都参加了科研课题。我参加的课题研究正好是吴承康老师亲自指导的"钠线法测高温物体温度",同在这个科研课题组里的还有潘伟雄、耿梅芬等同学。吴老师给我们介绍了钠线法的基本原理,并指出测量高温气体的难度所在。他让我们自己动手搭建实验台,并要求我们自己想办法实现高温物体温度的测量。虽然没有实现原来设定的目标,但这次经历为我五年后顺利完成毕业论文奠定了基础。

吴承康老师是从美国学成归来的高级研究员,但他却平易近人,对学生有求必应,让人感到十分亲切!记得有一年,我们系自编自导活报剧"肯尼迪的两手",准备五一国际劳动节在颐和园演出。李守玉同学扮演的日本青年需要一套西装,可当时中国科大学生中难有西装可寻,我们就想到吴老师。我陪李守玉来到吴老师家,告知要借西装的情况,老师立即打开大衣柜,为我们挑选了一件他出国留学时穿的西服,并说"这套适合青年穿"。拿着西服,我俩高高兴兴地离开吴老师家。这种关爱弟子的行为,我至今难忘。

毕业后,我被分配到洛阳国防部六院五所。"文化大革命"初期我来北京出差,顺便到力学所看看老师和同学。那时,正常的工作和科研秩序都受到影响,上班不太正常,我没找到一个同学。正好遇到所里的一个人,问了一下,知道吴承康老师天天来上班,办公室在力学所大院的东北角。我果然在位于力学所东北部的食堂附近,看到一栋三层小楼。在楼上的一个大房间里,我看到吴老师坐在房子西北的角落,一个人正静静地伏面看书。空空荡荡的房屋,一个人,一张桌,他依然钻研着学问,思考着下一阶段的科研活动!这个画面深深地印刻在我的脑海里,一次次无声地教育并鞭策我:无论面对何种环境,都不能忘记作为一个知识分子的责任!是的,别人两三年的时间都晃过去了,你却在积累储备知识和能力,工作开展起来后,肯定会走在别人的前面。

20世纪70年代初期,我开始从事航空发动机叶轮机械三元流的工程应用和涡轮叶片可控涡设计的研究工作。我和科学院计算所三室的王平洽老师合作,恰好吴承康老师的夫人黄兰洁老师也在三室,而且她和王平洽是好朋友。两位老师的办公桌相邻,黄老师则正和清华大学合作,进行叶轮机械两相流研究。这样,我就和黄老师也有了较多的接触和交流,还请过王平洽、黄兰洁、张耀科等计算所的专家到608所参观指导和举办讲学活动。通过三四年的密切接触,我深切感受到了黄兰洁老师学识深厚、工作认真、为人正直、坦率真诚的品格。吴老师和黄老师是一家子,这从一个侧面充分体现了"不是一家人,不入一家门"的俗语。

具体到业务工作中,我和吴承康老师有过两次接触。一次是应邀参加中国科学院工程热物理所航空发动机先进部件预先研究开题评审会,吴老师也是评审专家。在听完热物所的报告后,吴老师发言指出:除了要讲明部件研究指标参数,还应介绍它的相关背景,并要给出所发展研究的发动机总体参数。吴老师的评审意见真是画龙点睛,使我感到这样才能说明部件研究的目的性,并且得知结合为整体的可能性和实用性!另一次是应邀参加北京航空航天大学发动机系关于未来试验设备发展建设方案的评审会。会议中北航四系的老师汇报之后,专家们进行了深入讨论,并按照分工分别对有关项目提出具体的评审意见。我负责对北航高歌教授项目提出评审意见,这个项目涉及"真空能"的试验研究,超出了传统科学认知。为此,我又专门请教了吴承康老师。他说:我们要遵守科学试验证实的物理原理,科学总要发展,人对世界的认知也会更新。这一番教导使我能够更好、更全面地看待高歌老师的项目,为提出恰当的评审意见奠定了基础。第二天我和高老师交换了意见,他也向我介绍了国防科委在一些新奇现象研究方面对他的支持。这使我进一步认识到吴老师作为一个科学大家的远见卓识。

吴承康老师不但把他的真才实学传授给了后辈学子,而且他的严谨认真的学风、虚怀若谷的人品、求真务实的精神、脚踏实地的风格,始终感染激励着我们。他是一位我们终生敬重、永远难忘的恩师!

作者简介

赵玉琦,1964年从中国科学技术大学近代力学系三专业毕业后,被分配到国防部六院五所工作。先后在航空部612所、608所和发动机局任职。2000年从中国航空工业总公司退休。

学界泰斗，仁厚长者

林 烈

2022年12月25日是令我们每一个人无比痛心的一天，那一天，敬爱的吴承康院士永远离开了我们。但先生在生前为国家所做出的重大贡献，人们永远不会忘记，先生的音容笑貌也会永远留在我们每一个人的心中。转眼又到了吴先生95周年诞辰的时刻，他作为学界泰斗、仁厚长者的形象又展现在我眼前。

1966年我从浙江大学电机系毕业后，于1967年年底来力学所报到，从此就一直在吴先生的领导下工作，直至2007年退休。几十年来，与吴先生在工作和生活中的相处和近距离的接触，使我感触良多，许多情景至今还历历在目。

离开学校走上工作岗位，既兴奋也忐忑，一切都很陌生。我报到后，所人事处告知我在十一室三组工作。当时在力学所的大院里，十一室是单独一个小院，室内的几个课题组都在从事和国防相关的研究工作，因此小院门口有部队的警卫站岗，凭证出入。十一室的办公区是一栋三层的小楼，三组的办公室在三层朝北的两个大房间里，大约有20人在此工作。我到组后，吴先生亲自带着我去看实验室，给我介绍课题组大致情况及实验室里的各种设备、仪器的名称和性能。当时正值隆冬，天气寒冷，我是南方人，吴先生问我：初次来北京是否习惯？吴先生对我这个刚出校门的学生关心照顾，毫无架子，第一次接触就使我深受感动。

20世纪60年代初，吴先生就开始从事弹头防热材料的实验研究，建成了国内首台大型电弧加热器，研究工作取得了非常好的成绩，为我国中程导弹的研制成功做出了重要的贡献。后来在此基础上，吴先生又领导我们三组建成了1兆瓦直流电弧等离子体风洞。20世纪70年代初，三组划入七机部，并在湖南的三线筹建相关设备。当时在吴先生的指导下，我组同志设计了一台16兆瓦电弧等离子体风洞，在当时国内相关部门里，此设备的功率是最大的，性能也是最好的，后来由于体制调整，该设备移交给了四川的气动中心。我来所较晚，来所后去农场劳动，回来后又去湘西搞三线建设，真正地做一点工作是从70年代后期开始的。

先生的研究领域涉及较广，我主要跟随吴先生做了一些和热等离子体技术相关的研究工作。这些课题涉及电弧等离子体、高频感应等离子体及大气压非平衡等离子体。

特别是，20世纪70年代晚期，我参加了吴先生主持的关于飞行器再入大气层物理现象的研究。后来根据相关方面的要求，我们具体研究如何改善飞行器再入大气层时的通信中断问题，又称为再入通信中断减轻技术研究。三组是一个大组，大组内还分成几个小课题组，搞再入物理的小组内有朱宗厚、王柏懿及戚隆溪等同志，我是组内参加工作最晚的。当时我们在实验室的一台30千瓦小型电弧风洞中开展了一系列实验研究，工作中大家相互配合，研究工作进行得很顺利。经过数年的努力，我们最终总结出了改善飞行器再入通信中断的几种方案，有的方案最后被型号部门采用，我们的工作也得到了他们的肯定。

到了90年代，我们在吴先生的指导下，成功研制了250千瓦纯氧电弧等离子体发生器。后来，吴先生申请到了原国防科工委的一个关于高温气流中材料表面催化特性的研究课题，由于做材料表面催化特性的实验，气流本身必须非常干净，但电弧等离子体存在电极烧损的问题，因而不适合做这方面的实验，吴先生就提出采用高频等离子体。这样我们就和老六室的部分同志一起，用六室原有的高频设备及我组的小风洞本体，组装了一台小功率高频等离子体风洞，用很少的科研经费完成了任务，对此原国防科工委的同志也很满意。

我们除了承接一些国防任务，也做了一些国家自然科学基金委的课题。在吴先生的主持下，我们承接了关于电极烧损机理方面的研究课题，具体研究电极材料、电极冷却、弧根运动、进气室结构及磁场配置等因素和电极烧损的关系，从理论到实验做了大量的工作，为研制长寿命的电弧等离子体发生器打下了一定的基础。

我并非来自力学专业，和等离子体相关的这类研究课题，虽然也涉及电动力学及电工学中的一些问题，但更多的是和流体力学有关，吴先生对我进入这个领域提供了许多帮助。他对我们所做的每一项工作，都检查得非常仔细，要求也很严。有一次我参加了一项国防课题的研究，具体研究液体射流进入高速气流后的雾化特性，在做了大量实验研究以后，我写了一个总结报告，其中我推导了一个有关雾化特性的表达式，吴先生在审查报告时，竟然也亲自推导了一遍以进行核实。吴先生这种严谨、认真的治学态度使我深受感动。吴先生精通英文，我们在写英文论文或工作报告时，有时用词不当，吴先生便逐字逐句地修改，文章中单位、符号有错，吴先生也会仔细认真地改正。有一次我写好了一篇报告，就莽莽撞撞去吴先生家中求教，当时吴先生正在吃晚饭，他也毫不责怪，放下手中的饭碗后，就亲自动笔为我修改。

我们实验室等离子体发生器的供电电源，原来是一套直流发电机组，后来改成了可控硅电源，当时由马秀忠负责改造工作。这套电源也同时兼顾为一三五室（现在属于工程热物理研究所）的一台设备供电。他们的这套设备在我们实验大厅的东侧。但这套电源在对他们的设备供电时，经常出现不稳定现象，这使两边的同志都很伤脑筋。后来吴先生亲自带着马秀忠和我去检查，由于电源和那台设备之间的距离长达几十米，所有连线都安放在地沟中，检查起来非常不易，要知道那时吴先生已经是力学所的副所长了。

我和马秀忠经过一条线一条线、一个接头一个接头的反复检查,终于发现了问题,排除了问题后,那台设备的工作基本就正常了。后来吴先生听说问题得到解决了,也非常高兴,并告诫我们:在工作中一定要一丝不苟、认真踏实,这样才能不出问题。

吴先生是我们三组的创始人和主持人,但他从来不是高高在上,总是和组员们一起并肩奋战。在长期的科研工作中,他曾经多次反复告诫我们:一项工作要做好,需要各种专业人员的配合和共同努力。他同时也经常亲切鼓励组内同志,希望大家安心在实验室工作。我们三组就是在吴先生主导下的一个团结奋进的研究团队。和等离子体相关的课题,大部分都需要开展实验研究,吴先生的年龄比我们大得多,但他经常亲自下实验室和我们一起工作。有一次我和几位同事在实验室绕制等离子体发生器的磁场线圈,但总是绕得不太理想,吴先生见到后亲自为我们示范,最后终于成功地制成了理想的等离子体磁场线圈。搞课题经常需要和外单位联系及交流,有时候为了使效果好一些,我们就拉着吴先生一起去外单位出差,吴先生也从不拒绝。有一次我们和吴先生一起去沈阳601所谈一项课题,那时吴先生已70多岁了,但和我们一样来回都坐硬卧,一路上和我们谈天说地,丝毫没有院士的架子。

吴先生长期担任中国等离子体学会的主任委员,并主持召开了多次国际及全国等离子体领域里的学术交流会。1997年,吴先生在北京饭店主持召开了第13届国际等离子体化学会议,参加会议的代表很多,许多来自国外,组织工作十分繁忙,非常辛苦,吴先生都是亲力亲为,为那次会议的成功召开付出了巨大的努力。

在日常生活中,吴先生对组内的同志也非常关心和照顾。1989年,我得了阑尾炎,在中关村医院做了手术,术后由于感染在医院又住了一段时间。当时临近年终,所里工作繁忙,但吴先生还是到医院来看望了我,给了我很大的鼓励。我出院后,在办公室,吴先生还和我做了一次长谈,为我介绍了许多医学方面的知识。吴先生的父亲及姐姐都是著名的大夫,吴先生本身的医学知识也很深厚。这使我十分感动。

吴先生知识渊博、多才多艺、待人诚恳、提携后辈,是学界的泰斗,也是一位仁厚的长者。先生的突然离去,是我国科技界的重大损失。吴先生的精神永远活在我们的心中,引导年轻一辈砥砺前行。

作者简介

林烈,1966年毕业于浙江大学电机工程系,1967年被分配到力学所工作。1992年作为公派访问学者赴英国Heriot-Watt大学从事研究工作半年。2007年退休。

为吴承康教授当助教的点滴回忆

陆维德

2022年惊悉吴承康先生辞世，2024年又逢先生九十五诞辰纪念，在此写一点永不忘怀的回忆，以表达对吴先生的怀念与感恩。

吴承康先生从美国回来后，就在由吴仲华教授领导的中国科学院动力研究室（简称"动力室"）工作。我在1957年毕业于清华大学动力机械系热力发电专业后被分配到动力室传热学研究组。1960年9月我从动力室调到中国科学技术大学物理热工系任助教，第一次教学任务是在1961年春为吴承康教授给58级学生讲授的热力学课程当辅导老师。

经过1952年院系调整，当时的清华大学是工科大学，培养目标是工程技术人员。我在清华读过"工程热力学"这门专业课，期终考试成绩是满分，因此自认为在中国科大辅导这门课应该得心应手。

吴承康先生来科大兼职授课，我们很快就熟络起来。他在讲第一堂课前对我说："我编写的热力学教材主要参考的是MIT（美国麻省理工学院）机械工程系J. H. Keenan教授著的 Thermodynamics 1941年版，你在备课时要认真阅读这本书。"

我从校图书馆借到了这本书，翻阅首页看到英文就发怵。我在清华五年学的是俄文，中学就读于在上海的美国卫理公会教会学校，英文是有点基础的。就这样，书中许多单词，特别是专业词汇几乎要挨个查字典。除了英文专业词汇的缺失，外加在清华学的工程热力学在后续课程注重热力循环的分析，如 $p\text{-}V$ 图和 $T\text{-}S$ 图，最难懂的热力学第二定律在脑海中已荡然无存，要读Keenan教授的书，困难重重。

值得庆幸的是，吴先生的课安排在第二大节，他从中关村乘早上七点的班车来到玉泉路校本部，八点就出现在我们的办公室。我就利用第一大节空课的时间怀着忐忑的心情向吴先生请教书中遇到的各种难点，从英文到书的内容。从我的提问中，先生定会感觉到以我的基础要读懂这本书确有困难，但他仍然以师长对学生的爱护，循循善诱、耐心地解答和引导。吴先生不断地强调Keenan教授写的热力学第一章Definitions（各项定义）的重要性。该书首先定义了热力学是一门热、功与系统参数间关系的科学，接着给出了温度、压力、系统和边界、功与热和系统的状态参数等各项严格的定义。在这后面,才展开阐述热力学第一定律和第二定律及其他章节。吴先生在给我答疑与讨论过程中,反复地应用了这些极其重要的定义,引导我读懂了 Keenan 教授写的热力学教科书的内容,一步步引领我进入经典热力学的殿堂。

吴先生讲课语言表达简洁,条理清晰,由浅入深。讲课中,他多次应用这些基本定义。一些以往难以理解的概念如热力学第二定律和状态参数"熵",经过吴先生的讲解就易于理解了。

吴先生上完课后就赶着乘班车回中关村,由我来答疑。在学生提问的过程中,我发现他们思想活跃且基础扎实。他们在数学、物理、空气动力学等学科的知识明显比我在清华学的多且深。对于他们提出的那些我从未思考过的问题,我实事求是地与他们一起讨论,未解决的问题请教了吴先生后再给学生正确的答案。我在中国科大第一次的教学实践就是这样在吴承康先生的指导与帮助下完成的。

虽然只与吴先生共事了一个学期,却让我终身受益。非但把我从教学上引入了门,而且为我日后在专业上的成长和成就奠定了基础。在我后来给葛绍岩先生开的传热学基础与传热学专门化课程当助教时,由于重视了搞懂基本概念,用好数学的工具,阅读英文也有所长进,感觉轻松很多而且也有了胜任感。

我在中国科大为两位先生当助教、与学生共同成长,他们的严谨治学、为人谦逊为我今后的人生树立了榜样。在两位先生的栽培下,我在 1964 年步上讲台为热物理专业 60 级开了传热学基础课。

以这些不能忘怀的点滴回忆缅怀吴承康先生,也借此机会缅怀葛绍岩先生。

作者简介

陆维德,1957 年毕业于清华大学动力机械系热力发电设备专业。1957—1960 年任职于中国科学院动力室传热学研究组。1960—1977 年在中国科学技术大学物理热工系任教。1977—1994 年在北京市太阳能研究所从事太阳能热利用的应用研究,曾任太阳能热利用研究室主任、副所长、所学术委员会主任。1985 年晋升为研究员。1995 年退休。

吴承康院士和中国科学技术大学工程热物理

过明道

1961年秋,我毕业后被分配至中国科学技术大学(以下简称"中国科大")。办完手续后,人事处让我去近代力学系(代号07系)报到,系里安排我到三专业的燃烧专门化工作。这样,我就开始了在中国科大教学和科研的四十余年生涯。

这里要说明的是,"三专业"在1958年中国科大成立时为吴仲华院士担任系主任的"物理热工系"(代号04系)。1961年,就在即将开设专业基础课和专业课时,04系并入钱学森院士为系主任的07系(原称为"力学与力学工程系"),合并后更名为"近代力学系"(仍保留07系代号)。于是,物理热工系成为07系三专业,即"喷气发动机热物理专业",仍由吴仲华院士主持业务。三专业下设三个专门化:气动、传热和燃烧。它们分别由力学所三位研究员负责,其中负责气动专门化的是吴文先生,负责传热专门化的是葛绍岩先生,负责燃烧专门化的是吴承康先生,直至中国科大迁往合肥。由此,我就在吴承康先生的指导下工作,多年来深受先生的教诲,一生受益匪浅,终生难忘。

20世纪60年代初期,正是筹建专业的时候,整个专业的教学计划和教学大纲由吴仲华院士亲自制定。燃烧专门化的教学计划和大纲以及燃烧教学实验室的规划,则由吴承康先生亲自制定。所以,吴承康先生是中国科大"工程热物理"的创建人之一。

不仅如此,吴承康先生还亲手编写"热力学"和"燃烧学基础"两门课程的讲义,并亲自为学生们讲授"热力学"和"燃烧学基础"。他讲课重点突出,逻辑性强,条理分明,深入浅出。他对我说:讲课事先要充分准备,深入理解基本概念、理论和方法,融会贯通,还要力求讲出它们之间的逻辑关系,不能照本宣科。

在吴承康先生的规划与指导下,燃烧教学实验室在短短的时间内就建成了,并赶上了58级、59级的课程需要。实验室开出了包括燃料燃烧特性测定、火焰传播速度测定、钠线回转法测量火焰温度和液滴燃烧模型在内的六个教学实验。这些工作得到了清华大学傅维彪教授在内的兄弟院校的肯定,大家称赞这是开设实验最多最好的燃烧教学实验室。

吴承康先生反复教导我们：教学实验一定要严格；仪器设备的档次要不低于0.5级，必须稳定可靠；每个实验都要预先反复校验，获得可靠稳定数据后，才能开出；对学生要严格要求，实验结果要由指导教师审核后才能通过；不合要求的必须重做。有这样的严师教导，后生们（包括本科生和年轻教师）才可能成长为有用之才。

学校迁到合肥后，吴承康先生仍一贯关心学校的发展。他曾专程到合肥为近代力学系的学生讲授"实验空气动力学"课程。他还十分关心我们的科研工作。他说：科研不单单是完成一项工作任务，不能完成了就放下了，还要尽可能深入地做下去。这样，就会在工作中不断提高自己。我在大颗粒煤热解模型工作中就是按吴先生的教导步步深入的：先从大颗粒煤热解过程实验开始，然后给出不稳定传热模型，在明确大颗粒煤热解机理后便建立了热解模型。对于我们承担的中国科学院"酯化植物油燃料中试"项目，他也十分支持。在主持鉴定这个项目时，他不像大多数专家那样只是审阅课题组提交的鉴定材料，还不辞辛劳远赴淮南现场，深入车间仔细视察生产设备和工艺流程，并登舟观察酯化植物油燃料运行特性。这种严格严密、一丝不苟的作风实在令我们所有人敬佩不已。

吴承康先生不仅为国家的科研事业做出了重大贡献，同时还为中国的教学事业做出了重要贡献。除了是中国科大工程热物理学科的奠基人，他还担任过学校火灾科学国家重点实验室的学术委员会主任。他学识渊博，治学严谨，多才多艺，为人低调，诲人不倦，和蔼可亲，平易近人，关心青年教师的成长，广受师生爱戴和尊敬。他对中国科大的贡献将永远铭刻在我们科大人的心中。

作者简介

过明道，中国科学技术大学热科学和能源工程系退休教授。曾任燃烧实验室副主任，气动和燃烧教研室主任，系学术委员会委员。

怀念我敬重的科学家
——吴承康先生

後晓淮

大约在40年前,我的课题组用等离子体聚合的方法改性高分子材料表面。当时国内做等离子体化学的人很少,经同行介绍,我被推荐到中国力学学会等离子体专业委员会工作,这才有幸与吴承康先生相识。当我得知吴先生在20世纪50年代就获得美国麻省理工学院的博士学位,但他为了新中国的建设,义无反顾地放弃了在国外的优厚待遇,回到了当时还是一穷二白的祖国时,立刻对他产生了一种敬畏之情。

在1988年4月上旬的一天,我和同事们乘飞机在成都机场降落,准备参加第1届中日等离子体化学讨论会。但由于天气,晚到了好几个小时,天阴沉沉、雾蒙蒙的,而且说好了要接我们去温江的大巴也没到,大家无奈地在机场等着。机场的工作人员也都不知去向了。此时,我们中有个人带了几个苹果,就大家一起分享了。当我们看见吴先生离我们不远时,也顺手给了他一个,他二话没说,就高高兴兴地接过苹果吃了起来。这使我们对吴先生立刻产生了亲近感,拉近了与我们之间的距离。

那时,国内正值科学的春天。在吴先生的推动下,为深入了解国际上在该领域的研究现状,使我们尽快与国际接轨,他主持召开了多届国际等离子体化学讨论会,如1988年4月在我国成都、1990年6月在日本东京、1992年9月在我国南京、1994年9月在韩国大田等。同时,吴先生还主持多次全国等离子体科学技术讨论会。在这些会议上,以及在筹备过程中,与吴先生的多次接触交流,使我大开了眼界,增强了信心。

起初我们在这个领域工作时,与日本学术界交流较多。有一位经常来我们实验室的日本教授总是说,等离子体有辐射,男青年做这个工作将来只能生女孩。因为他年纪看起来与我相仿,已经有了几个女儿。当时,我们组做这项工作的大部分是刚分来的大学生和正做毕业论文的在校学生,几乎全是男孩。我知道日本人十分重男轻女,与当时中国的情形相似,所以特别担心日本教授的话会影响我们的实验工作,但又不好直说。有次在吴先生面前,我当着组里人的面就问他是否有这回事。吴先生直截了当地回答说:这没有任何科学根据。几年后,这几个男学生结婚生子,后代基本上是男孩,吴先生的这句话帮我解决了大问题,我对吴先生的为人就更加佩服了。

当时,国内关于等离子体化学方面的专著较少。一些人写了书,想让吴先生写序言或推荐出版。吴先生都会认真阅读,严格把关,鼓励作者的学术积极性,并提出尖锐的建设性意见。吴先生对学术问题的严谨态度,是我终身学习的榜样。

吴先生在处理一些具体问题上也有大智慧。给我印象最深的是,在东京召开第2届中日等离子体化学讨论会时,有两位韩国研究员在日本的实验室工作,也参加了会议,他们也希望参加下届在南京的会议。但是,当时中韩之间没有建交,我感到很为难,担心他们来中国的签证办不下来。回国后不久,吴先生帮我想出了一个绝妙的办法:他让那两位韩国研究员和日本研究员以同一机构的名义去办理签证,结果顺利地办下来了。这两位韩国研究员很有才干,两年后中韩建交了,他们就协助举办了1994年9月在韩国大田召开的中日韩三国等离子体化学讨论会。这样一件事情反映出吴先生不仅在学术上是一个了不起的科学家,在处理复杂人际问题时也是足智多谋的,既坚持了原则,又推进了工作。

为了纪念吴先生95周年诞辰,凭着记忆写了以上一些感受。吴先生是我在工作中遇到过的最崇敬的科学家之一。吴先生的音容笑貌总是在脑海闪现,他永远活在我的心中。

作者简介

後晓淮,研究员,1963年从中国科学技术大学高分子系毕业,同年被分配至中国科学院化学研究所工作,直至2001年退休。

吴承康院士
——我学习和工作的引路人和好导师

陈义良

2022年年底,吴承康院士仙逝的噩耗传来,让人泪目。吴老师是中国科学技术大学近代力学系三专业同学所敬重的老师,也是我在学生时代和工作历程中的引路人和好导师。2024年恰值吴先生95周年诞辰,我想用自己经历的几件事来表达我对吴老师的思念。

在学生时代,吴老师给我们开设了"工程热力学"和"燃烧学"两门课程。在教学中,吴老师兢兢业业,循循善诱,让我们这些初学专业的本科生们逐渐懂得了工程热物理学科的真谛。可以毫不夸张地说,吴老师讲课的内容让我开始热爱工程热物理这门学科。在"工程热力学"课程中,吴老师对每一个概念都做出了细致的说明。我记得他在介绍"㶲"的概念时,先给出了"㶲"的定义,然后仔细分析了㶲和能量两个概念之间的联系和区分。听了他的讲解后,让我们初步掌握了动力工程中的科学奥妙。在"燃烧学"课程中,吴老师指出:燃烧是很复杂的物理和化学过程,要学会分析其中的控制过程,才能逐渐掌握事物的本质和特性。他还用从中关村84号楼到中关村食堂就餐这种日常生活中常见的示例,来说明控制过程的定义和确定,真是深入浅出,引人入胜!

那时我们中国科大的本科论文都是由力学所的研究人员来指导的,我的论文导师是林鸿荪先生。记得林老师让我计算化学反应流在拉瓦尔喷管内的流动,这个课题的背景是火箭发动机,在它的尾喷管内流动是伴随有化学反应的,而且化学反应的激烈程度会影响喷管内马赫数的分布。但是在喷管喉部处马赫数等于1,计算很难通过。我就用吴先生教过的热力学函数之间的关系对喉部附近的流动进行了分析。为了确认这个结果,林先生还让他的助手从头到尾地推导了一遍,发现没有毛病。因此,我得到了林先生的肯定与好评。但我想,这得益于吴先生对我们的教导。

中国科大迁到合肥以后,吴老师曾多次到合肥,与系领导和教研室教员讨论教学计划和课程设置。给我印象最深的是,吴老师指出在教学改革中要抓基本概念的阐述和课程联系实际两个问题。课程要密切联系实际，但只有基本概念清楚了才能更好地联系实际。记得吴老师当时采用有人提出"水变油"的谬论作为例子来说明，对这种缺乏基本概念的现象进行了批驳。所以，我更加明确了教学联系实际和基本概念的清楚论述是对教员的基本要求，在以后的教学中一直注意按照吴老师的意见去做。

1978年，我承接了航空部某研究所"加力燃烧室计算"的研究课题，遇到了较大的困难。吴老师得知这一情况后，在一个炎热的夏日，在力学所二层小楼的办公室内约见了我。这间办公室的窗户朝西，房间没有装空调。吴老师汗流浃背地询问了我在该课题中取得的进展和存在的困难，帮我分析了问题的症结并指出进一步研究的方向。吴老师指出，燃烧学原先是一门实验性的科学，但在计算机的应用发展以后理论分析也已经成为燃烧学研究中的重要途径，对燃烧的理论分析要从湍流燃烧模型、计算机应用几个方面着手。吴老师还从他自己研究的课题经费中拨出两万元，来支持我的工作。在吴老师的关心和帮助下，我顺利完成了该课题的研究，通过了研究所的验收，并获得了好评。

2014年，中国科学院在编写《中国学科发展战略》一书的"流体动力学"篇章时，吴承康院士和清华大学周力行教授推荐我撰写"燃烧和反应流"一章，吴老师不仅给我提供了参考资料，还对最后定稿的内容进行了仔细的修改。

我深深地感谢吴老师对我的提携、关心和指导。我永远怀念吴老师！

作者简介

陈义良，1959—1964年就读于中国科学技术大学近代力学系，1964年毕业后留校任教，直至2006年退休。

忆往事，念恩师

纪崇甲

1955年高考，我考取了天津大学动力机械系内燃机专业。在一次课堂上，我的老师林大渊为我们讲述这样一件事：一位姓吴的中国留学生，以优异的成绩完成了研究生论文，获得了美国麻省理工学院内燃机专业的博士学位。这位姓吴的博士，竟成为我以后改行步入等离子体技术领域的恩师——吴承康先生！

大学五年毕业后，我被分配到中国科学院动力研究室，吴仲华先生是主任，吴承康先生也在动力室。20世纪60年代初，在贯彻毛主席提出的"调整、巩固、充实、提高"八字方针过程中，动力室并入了力学研究所，并演化为力学所一室。我在一室内燃机研究组，先后参加燃油掺水和原油/渣油直接在柴油机上燃用的应用研究任务。其中原油/渣油直接在柴油机上燃用技术研发成功后，被列入1964年中国科学院重大科技成果，后来还获得了1978年全国科学大会奖。1965年6月前后，内燃机研究组撤销，归国的美国麻省理工学院硕士关允庭先生和我被调入十一室，从此我便进入吴承康先生领导的研究组工作。我真的来到了我向往许久的地方！记得，大约在1964年年底，我曾经在力学所大楼一楼楼梯下的黑板上，看见用粉笔写的几个字：祝贺十一室点火成功！这几个大字在我的心中激荡不已，因为大家知道这是指吴先生主持完成了大型电弧加热器的研制。

大概是在1965年下半年的某一天，我来十一室三组报到了。走到十一室小院的大门口，看到有解放军站岗，我拿出工作证检验后，就上了二楼办公室，秘书又把我送上三楼最东边北侧的大房间里。当时，吴先生坐在靠北面窗口第一排。吴先生握手欢迎我这个新来的年轻人，并安排我坐在紧靠他座位的第二排。记得那天吴先生对我说："你和老关，都是内燃机专业毕业的。内燃机专业的学生，学习内容特别多，包括材料力学、水力学、空气动力学、工程热力学，还有数学的微积分、复变函数，等等。"接着他话锋一转，语重心长地讲:"内燃机专业的学生是万金油,行行都懂,但都不深!所以要好好补一补基础,另外应该多动手,不怕吃苦,多动脑筋。这样就可以做成好多事业!"这时,我心里盘旋着这样的话语:我真的是梦想成真了!一个学内燃机专业的年轻人从此就要搞航天事业了,奇迹啊!在先生的鼓励与鞭策下,我一步步迈入了电弧等离子体技术的新领域,开始了研究电弧加热器的新征程!我下定决心:要牢记吴先生的亲切教导,扎扎实实地走下去!

吴先生带领我来到了实验室,看见张伯寅、吴宗善等人在实验室外面缠绕线圈,一盘一盘的像张大饼。吴先生告诉我:这是磁场线圈,当电流通过时周围空间会产生磁场,轴向磁力线将驱动径向的电弧弧根绕着电极内壁迅速旋转,这个驱动力叫劳尔伦兹力。他还说,否则弧根只能停在一个点上,电极材料受热太严重,就可能把电极烧穿而损坏整个等离子体发生器。噢!我明白了:不能让弧根停在一个点上,否则会烧坏电极,整个发生器就完蛋了!从此,每天上班后,张伯寅和吴宗善就教我如何拆装电弧加热器。这个 H4 加热器的阴极寿命不到 30 分钟,阳极寿命不到 8 分钟。烧坏后,冷却水哗哗地漏得满地全是,即使用铅桶接着一会儿就溢出来。这时大家只能停工,动手更换阳极或阴极。H4 加热器的阴极外形像个大乌龟,是一个采用三路进水和三路回水冷却的电极,重量高达十几公斤,而烧坏的地方往往只是一个小缝或小洞,但"大乌龟"就这样报废了。我很心疼,太浪费了!于是,我穿着工作服,扛着损坏的电极去力学所工厂找熊师傅,用银焊焊接好破缝后再扛回实验室。然后,我小心翼翼地用小刮刀、小锉刀修复好焊接处,看起来又是光光滑滑、平平整整的啦!可是,加热器装好后,刚刚一起弧,马上就灭弧漏水了,拆开后一看,漏水的地方就在原来洞缝处。真是气死人啦!

我决心要搞明白其中的缘由,首先分析了焊缝为何被烧坏,原来阴极上的电弧弧根是热负荷最大处,它总是在冷却效果差、温度较高的地方。银焊后,虽然结构不漏水了,但银焊条的焊液冷却后,其导热系数远比阴极的纯紫铜材料小得多,因而焊缝处的温度较高,弧根就在那里生存,所以一起弧就又烧坏了!接着,我又用锯子锯开阴极,发现三路进水和三路出水竟然都是径向的!天哪,怎么可以这样设计?这样怎么能保证电弧在阴极扫过的面得到均匀的冷却呢?于是,我向吴先生汇报并建议:是否应该改进冷却管路的设计?我提出采用三路切向进水方案,并采用导水套,以使水旋转起来且提高流速,这样可以保证电弧扫过的金属电极内壁表面得到均匀的冷却。此外,我还建议:整个阴极都不采用焊接工艺,连接部位采用 O 形橡皮圈密封。吴先生特别赞同我的建议,并说：我们搞内燃机的汽缸头设计时，必须使所有的金属表面上的水流速度均匀，才能增加汽缸头的寿命。吴先生支持我改进阴极设计，通过试验，紫铜阴极寿命可达4—5小时，阳极寿命也提高到1小时以上。而且，新设计使更换电极的过程大大简化，当紫铜阴极寿命达到极限时，拆卸与安装都很方便，阴极外套仍可继续使用。这样不仅节约了时间，还大大降低了成本。

改革开放以后，我在吴先生的指导下，从事一系列等离子体发生器的研发工作，目标是在国民经济主战场上应用。一开始，我们听到力学所二室采用金刚石钻头在石头上打孔的信息，吴先生就叫我设计H5发生器。这个发生器采用锆金属做阴极头，镶嵌在紫铜阴极座内，因为金属锆可以在空气介质中工作。记得是在一天晚上，启动发生器后，等离子体火焰喷向一块石头上，熔化的液体飞溅出来，形成耀眼的火舌！然而几分钟后，石块由于受热膨胀开裂了！试验并未成功。我们接着研发H6发生器，仍然是采用锆金属做阴极头，阴极座的紫铜本体直径是24毫米。因为按照国家标准，有直径25毫米的紫铜棒，这样最节省材料。直至现在，阴极仍然是直径24毫米的紫铜座。这个H6加热器曾用于导弹防热材料高硅氧物性的检测，那时航天部每年送来样品。我们将陆显洁设计的测温探头埋在样品尾部中心，观察温度的变化，以确定材料的稳定性。此后，我们应冶金部提出的要求，研究采用氢气做介质的大功率等离子体发生器，目的是还原四氯化钛以制取金属钛。吴先生指导我设计一种叠片式发生器，这就是H7。初试那天，朱德麟说：还是请吴先生来现场为好。下午三点左右，吴先生到了现场。但是我们启动点火瞬间，就灭弧漏水了。以后的几次试验依然失败了，不过失败是成功之母。我和吴先生一起分析原因，原来叠片内孔很难做到同心和圆滑无毛刺，而电弧阳极弧根总是本能地跳在有毛刺造成的紊流位置。所以加热器的电弧通道，一定要有很好的光洁度。这对我今后在提高等离子体发生器的寿命方面提供了明确的方向。随后，大连化物所要求力学所设计50千瓦氩等离子体发生器，作为他们所研制的激光器的热源。这是我们实验室第一次采用氩气做介质，我很好地完成了这项任务。在实验室进行全面的伏安特性曲线测试后，表明性能完全符合合同要求。半年后，大连化物所打来电话说：做了半年多的试验，累计运行快100小时，发生器仍然能正常运行。前面采用氢气介质的H7发生器失败了，但我在吴先生的指导下，在没有一分钱科研经费支持而只支付了力学所工厂的加工费和材料费的情况下，研发成功一个台阶型阳极的氢等离子体发生器，它的焓值、功率和热效率均高于美国TAFA公司的氢等离子体发生器的性能指标。而且它在实验室共运行了 100 小时,从而达到了工业实际应用的水平。在吴先生主持的全国第一次等离子体技术会议上,他带领与会者参观了这个氢等离子体大火焰的演示。而且以这项科研成果完成的论文,由我在 1986 年的国际等离子体科学与技术会议上宣讲。这篇演讲的英文文稿,吴先生做了多次的修改与润笔,在演讲会场吴先生还亲自给我打援手,帮助解答代表们提出的问题。会后,我还参加了在人民大会堂举行的晚宴,和法国专家在一个桌上合影留念。

在吴先生于 1983 年出国考察期间,应塘沽化工厂的要求,我开始研制 100 千瓦的纯氧等离子体发生器。该厂计划建造年产 1.5 万吨钛白生产线,当时他们已经采用了力学所六室研发的高频纯氧等离子体发生器,但是由于功率较小、热效率较低,所以希望力学所再研制直流等离子体发生器,并提供 10 万元经费。在项目上马会上,我做了报告。时任所长薛明伦认为这个课题不可能完成,因为电极会氧化。然而,一年后,在同一个房间,我做了纯氧等离子体发生器的结题报告,在纯氧介质下,发生器连续稳定运行了 10 小时。我是如何实现的呢?原来,我采用了氩气做阴极保护气并采用银铜合金做阳极,因而电极烧损率极低。汇报会后,薛所长拍着我的肩膀说:"老纪啊,你真是一个萝卜一个坑,踏踏实实苦干的啊!"

回顾在十一室三组数十年间,在吴先生的指导下,我专心致志不断钻研,使得发生器的热效率和电极寿命都达到了工业应用水平,阴电极和阳电极的寿命都可以超过 1000 小时。正是积累了这样的基础,1986 年退休前后,我依然能够利用等离子体技术,带领一批年轻人开展纳微米材料制备研究,继续为人民服务。这些年来,陆续建成了 1 条球形二氧化硅生产线和 3 条三氧化二锑生产线。我感激吴先生的培养!

最近几年,我又将等离子体技术应用于纳米材料碳 60 的制备。利用这项技术,相关单位已经在北京昌平区建立了国内第一条富勒烯生产线。与国际上传统的电弧放电法相比,不但产量提高了 10 倍,而且环境污染小、产品无杂质,适合医疗药物的应用。目前我已经设定了下一个目标:制备富勒醇(碳 82)。这种产品对治疗肝癌有特效,但是价格昂贵,据悉国际市场价为每克 1 万美元,如果做成针剂将更贵。我决心利用等离子体技术,提高富勒醇的产量和质量,让人民百姓治病用得起,并以此告慰吴先生的在天之灵。

是的,吴先生是我的恩师。和吴先生共事的经历,使我深深感受到他那爱国敬业的高尚品格。他早年赴美求学取得学位,在相对富裕的地方工作,却下决心回到祖国,又服从组织安排参加祖国的航空航天事业。他从来没有大专家架子,经常来到实验室里,穿着工作服,和我们这些普通的大学生、中专生们一起干活,亲自锯锉各种零件,累得满头大汗,真是令人敬佩!我也特别理解吴先生这种家国情怀,我在抗日战争时期,亲眼看见和经历了日本军队进村烧杀抢掠的情景。我们都经历过国破家亡,因而把建设一个国强民富的新中国作为我们毕生的使命。吴先生,您的学生一定会沿着您的足迹砥砺前行,生命不息,奋斗不止!

作者简介

纪崇甲,1960年毕业于天津大学动力机械系内燃机专业并被分配至中国科学院动力研究室,1960年进入力学所。1965年调至十一室三组,在吴承康先生指导下从事等离子体发生器研发工作,1986年退休后直至现在仍然在开展采用等离子体发生器制备材料的工业应用研究。

缅怀吴承康先生

白以龙

2022年年底突然传来噩耗，吴承康先生不幸染病，驾鹤西去，离开了我们。闻此消息，我万分震惊，更是充满了难以言表的离别之情。

按说，我和吴先生专业方向相距甚远。加之，我入所时（1964年），他又已是海外归来的高研，还是（希望没有记错）同级研究生关德相的导师，因此，我觉得和吴先生距离极远。

改革开放伊始，我们研究生们开始恶补英文，特别是口语。但是，那时几乎没有使用英语进行口语交流的机会。大家情急之下，想到了吴先生，但是，因为过去没有接触过，又怕请不动。记不得是谁自告奋勇，居然一请就把吴先生请来了。吴先生不但有一口标准、流利的好英文，而且从科学交流、日常沟通、言行举止等诸多方面带我们进入英语的口语语境，使我们很快从英语的口语盲变成口语比较得体的、可以与人沟通的交流学者！

我和吴先生在科研业务上接触比较多的一次是力学所材料特种工艺实验室的筹建。那时，所领导想抓住国家和科学院引入世界银行贷款、筹建国家级实验室的机遇，将力学所里已经有一定工作基础的研究团队组合起来。当时，气动法制铝粉、激光毛化钢板、等离子体技术镀膜与制粉等等，是力学所具有特长和技术积累的、又是国家发展急需的、但却是非常规的材料工艺技术，应当有可能组建成材料特种工艺实验室。时间紧迫，所里决定请在等离子体技术上卓有成就的吴先生出马，担此重任。面临可能的激烈竞争，吴先生毫不推脱，迎难而上，在很短时间内完成了筹建需要的文件和报告，并且在院里的初评中排名相当不错。但是，我们当天晚上太大意了！在第二天的终评中，我们被原来排在后面的竞争者反超，失去了世界银行的资助，只得到了院里的有限的支持。面临这个不利的局面，吴先生没有气馁，继续领导这个实验室向前发展，后来，气动法制铝粉、激光毛化钢板、等离子体技术镀膜等，都做出了非常好又能够产业化的成果。

吴先生不仅学术成就丰硕，还兴趣广泛。他爱好自驾车，我们力学学会在秦皇岛开会，他自己竟然从北京开车去；多年以后，我有一次坐出租车行驶在中关村大街上，突然司机对我说:"你看,旁边开那辆车的人是个老头子了!"我一看是吴先生,便说:"我认识,他都八十多岁了。"司机听了,直竖大拇指!吴先生更是中国科学院乐团里的第一小提琴手,我们合唱团唱歌,吴先生也常来助兴,给我们大增光彩!

吴先生的去世,使我们失去了一位学识渊博、勇于承当、成就卓越、温文儒雅、平易近人的老师、长者!吴先生安息!

作者简介

白以龙,1963年毕业于中国科学技术大学力学系,1963—1967年在中国科学院力学研究所读研究生。历任研究实习员、助理研究员、副研究员、研究员。曾任力学研究所副所长、非线性力学国家重点实验室主任、国家自然科学基金委员会数理科学部主任、中国力学学会理事长等职。1991年当选中国科学院院士。

工作的导师，为人的表率

姚康庄

吴承康院士带着一系列的科研成果和慈祥长者的形象离我们而去，极为怀念。吴先生是一位良师，我在20世纪60年代初至世纪末的近四十年时间，一直相随其后，领受教诲，接受指导；又在日常生活中，以其真诚、严谨的品格作为我的表率。我与吴先生同在力学所十一室工作几十年，纵然研究课题有别，直接联系不是很多，但在20世纪80年代初的高浓度水煤浆项目以及参与力学所科研管理工作期间，有过很多交集。在此纪念吴先生95周年诞辰之际，我通过以下三个方面的回顾来表达对吴先生的怀念和敬意。

第一个方面。自1983年起，作为中国科学院能委六五攻关项目和煤炭部、原国家经贸委攻关项目，力学所在吴承康院士主持下从事了长达十二年的水煤浆燃烧技术研究和高浓度水煤浆远距离输送技术研究。我参与的是后一个项目，在科学院能委经费支持下，建立了管道输运实验室及相关测试设备。吴先生虽然主要从事水煤浆燃烧，但对我们管道输运研究也十分关心，多次到我们实验室了解建设和运行的情况，特别提醒我们注意水煤浆输运中的非牛顿流体特性，室里也安排由范椿同志专门开展水煤浆触变性研究。我们通过实验和分析，对不同煤种合理的输运浓度、压力泵的启动特性和泵送压力波动等有了进一步的认识。吴先生在主持水煤浆燃烧项目研究中，特别注意与实际工业应用相结合，课题组以北京印染厂的15吨/时蒸汽锅炉为目标，研发了强化型水煤浆燃烧器，并在此锅炉上进行了100小时的运行试验，通过了院组织的鉴定。后来又拓展到20吨/时锅炉水煤浆燃烧工业化研究。吴先生主持的这个项目获1989年度中国科学院科技进步二等奖。

第二个方面。1984年夏，吴先生来实验室找我，在了解了我当时科研工作情况后，就是否愿意去所业务处(后改称科技处)从事科研管理工作征询我的意见。当时我感到甚为突然，毫无思想准备。原来，1984年2月，力学所进入了一个新的发展阶段：继第一任所长钱学森之后，郑哲敏院士被任命为力学所第二任所长，韩林为党委书记，副所长是吴承康和俞鸿儒两位院士,吴先生分管科研和教育。他见我未表态,特别对我强调说:国家进入改革开放时期,科技改革也已经起步,所内各管理部门急需补充较为年轻的人员,很期待我能顾全大局转岗从事管理工作。与吴先生在十一室共事多年,我深知他在学术上造诣很深,为人十分真诚,行事低调,是一位很容易相处的长者。几天后,我表示愿意接受他的建议。此后经所领导研究决定,我便于当年国庆后去业务处上班,协助姜伟处长开展工作。在吴先生任职副所长的四年期间,他是我们业务处的直接领导。1985年和1986年国家相继发布了《关于科学技术体制改革的决定》和《关于科学技术拨款管理的暂行规定》等文件,强调科学研究要面向经济建设,科研经费要分类管理并实现多样化。这对我们原有科技体制是一个极大的冲击。在郑哲敏院士总体把控下,吴先生带领我们逐步建立了一套科研新体制。当时提出了三项目标:把主要力量引导到主战场,组织高技术跟踪,保持基础性研究的精干力量;确定了五项科研优先发展领域,成立课题组;规定了课题组长有一定的自主权、课题实行分类管理和动态管理、课题经费全程管理和精细核算等一系列革新措施。这样,我们从初始的困惑和不适应中逐渐走了出来,以我们的各项改革举措跟上了国家改革的步伐。在研究生教育方面,为跟上全国改革的形势,吴先生也做出了很大的改进。从1985年开始,力学所试行优秀硕士研究生提前攻读博士学位的政策,一般情况下,他们将比常规培养方式提前一年获得博士学位,提高了读研效率。吴先生还注重扩大研究生生源和质量,曾派我去中国科学技术大学近代力学系了解毕业生情况,举行座谈会,介绍力学所情况。也是在那时,我接触和认识了朱兆祥先生。在吴先生领导下工作的这几年,我得到了非常多的帮助,锻炼了管理能力,提高了工作水平。

第三个方面。1975年"文化大革命"末期,还属于七机部编制的十一室部分人员被安排到河南平顶山七机部的"五七"干校劳动一整年。吴先生和我同属这一批学员。这一年,我和吴先生以及室内同去的人员朝夕相处,同吃同住同劳动同学习。原七机部的学员两派斗争仍很激烈,我们和吴先生商定坚决不参与他们的派性斗争。吴先生的年龄比我们大得多,也从没有到过农村,但无论插秧、割稻或是其他农活,他都和我们一样出工出力。我们这个连队曾经轮流去菜园种一个月菜、去食堂干一个月伙夫,吴先生依然和我们一样挑水担肥、烧火炒菜。有时我们想尽力帮他一把,减轻一些劳动强度,但他总是谢绝我们的好意,尽力而为。干校劳动的后期,正好赶上全国"批水浒",我们当然也得学习文件、参加大批判,但私下里对这种批判并不买账。有一次我和吴先生一起边干活边发牢骚:这"文化大革命"批走资派,怎么批到宋江头上了?干校有时也组织一些文体活动,这时吴先生总是会被推上舞台,呈献他演奏小提琴的绝活,引来喝彩声一片,为大家艰苦的劳动生活带来一些暖意。

斯人虽去,风范永存!吴先生永远留在我的心中。

作者简介

姚康庄,1961年7月于上海交通大学力学系毕业,同年至中国科学院力学研究所十一室从事高速空气动力学研究,曾先后参与再入气动物理研究与弹道靶研制、实验研究等项目。1984年后转岗从事科研管理工作。

科学大家，风范永存

王柏懿

1964年8月，我从中国科学技术大学毕业后，被分配到了中国科学院力学研究所工作。报到后，知道所里安排我在十一室三组，当时三组的业务领导是吴承康先生。但是，尚未入组工作，我就被派遣到山西参加"四清"运动去了，连续两年分别在洪洞和永济的农村，直到1966年"文化大革命"爆发，才紧急调回北京，到所里参加运动。从此，我就在吴先生的领导下开始了数十年的科研生涯。

不过，我和吴先生的结缘，还可以追溯到更早一些，即我在中国科大做学生的时光。其实，我在中国科大近代力学系读的是一专业——高速空气动力学专业，所以不像力学系三专业的同学听过吴先生讲授的专业课。但是，我们做本科毕业论文时，所有学生的论文课题都是由力学所的老师指定并予以指导。一专业对口的研究室是十一室，那时吴先生已经在十一室从事中程导弹弹头气动防热研究了，所以他成为了我毕业论文的导师。1964年春季开学后，吴先生就接见了我，告诉我论文是关于电磁加速高超声速风洞喷管流场的计算问题。他介绍了电弧加热器和电弧风洞在气动防热等领域的功用，说明了研制电磁加速高超声速风洞的意义。喉管熔蚀、辐射损失、气流污染等问题使得电弧风洞在提高试验气体的总焓、马赫数等性能参数方面受到了限制，因此可以在喷管喉部的下游采用一个横向电磁加速器来实现增加总焓的目的。但是，这个题目对我来说，太难了！因为我在本科的专业课中从来没学过电磁流体力学。吴先生大概看出了我的为难，就告诉我：这个论文是要求你做数值计算，已经为你邀请了六室的胡文瑞老师来具体指导。我后来知道胡老师曾经给出过电磁流体的一维变截面管道流动一般解，还发展了一个级数求解方法。这样，我便有了信心，也深为吴先生这种悉心关爱学生的做法所感动。到了7月初，我就顺利通过了答辩，吴先生给了"优秀"的评价。正是吴先生的这个论文课题的安排，将我引导进入了等离子体领域。后来开始科技管理工作时，我又深切体会到了吴先生的学术眼光高远，在920千瓦电弧加热器尚在研制中的1964年年初就考虑到未来风洞的建设与发展，而且洞悉到常规电弧风洞存在的问题并考虑探索新的技术途径,这就是一位科学大家的高瞻远瞩!

如前所述,我真正进入三组工作,已经是"文化大革命"爆发以后了。十年"文革"期间,科研工作时时受到干扰,但我们在吴先生领导下依然开展了若干与航天器研制相关的基础性研究任务,也使我在科研生涯的起步阶段就受到了较好的训练,从而在以后的工作中少走了许多弯路。

1966年年初,中程导弹弹头材料的烧蚀试验已经成功结束,但吴先生在此时又接受了卫星回收方案研究的任务。1965年,中国科学院开始了研制人造卫星的651任务,力学所设立了651室从事卫星总体和温控系统的研究,科学院则成立了651设计院。吴先生在1989年2月撰写的一篇回忆文字中,这样写道:"1966年1月上旬,651设计院负责人杨刚毅同志向我布置了卫星回收方案的工作。1月11日,钱骥同志向我和王先林谈了我国卫星规划情况,并要求我们向设计院提出卫星回收方案。……经过调研、分析计算和研究讨论,提出了卫星回收方案,包括轨道选择、姿态控制、反推火箭启动、下降轨道、再入大气层动力与外形、烧蚀防热、近地回收等部分,其中尤以下降轨道、再入气动力和防热几部分工作更为深入,提出的方案更为具体。……方案曾向赵九章同志汇报。以后由于体制变动,力学所不再继续这项工作。有关报告由651设计院接管,烧蚀试验方案等材料曾由我和郑之初向701所做过一次详细介绍,并将全部材料交给701所。以后我国第一颗回收卫星的回收方案,除卫星轨道角度跟我们原来考虑的不太一样外,其他主要内容都跟我们于1968年提出的相同。"进入三组工作后,吴先生分配给我的第一项任务就是卫星回收方案的调研。记得在1966—1968年间,我和郑之初、刘大有等同志在一个小办公室里收集、阅读相关文献,探讨可能的技术方案。那时我刚刚开始做科研,不要说没有工作积累,就是读英文资料都很困难,常常是一个上午下来,只"啃"下小小的一段文字,因为中学和大学里学的都是俄文啊!我想,卫星回收方案的形成是吴先生和十一室老同志们的功劳,我大概没有什么贡献。但是,我要感谢吴先生的是,通过这项工作,我开始步入中国的航天领域,并为之奋斗了一生。我没有赶上为我国中程导弹的研制出力,但通过再入通信中断减轻技术的研究,为我国远程导弹的研制成功出了一份力,是吴先生将我"领进门"的!当时,我不过是一个没有任何科研经历的本科毕业生,吴先生就让我参与这项重要的调研任务,我由此学会了怎样查文献读文献,学会了如何分析前人的工作,学会了怎样规划今后的任务,这些都是以后自己从事科研所必须具备的本事。

应当说,我在三组从事的主要工作是随后的6405任务和910任务,它们都是在吴先生领导下完成的。前者是为反导系统研制服务的再入大气层物理现象研究,后者是为第一代战略导弹研制服务的再入通信问题研究,相关研究前后持续了将近20年。它们都超出了通常的气动力学所界定的研究范围,因而被称为"气动物理"。在从事"气动物理"研究工作中,我感受到吴先生对我们年轻人的信任,他从不强迫我们按照他的想法去做什么,总是耐心地听取我们的意见并给予支持。为了开展6405任务,吴先生决定建设1兆瓦电弧风洞,在三组同志们齐心协力建设H4电弧加热器和电弧风洞的过程中,我不仅受到了在大型气动设备上从事试验研究的训练,还逐步寻找到了自己科研工作的主攻方向——等离子体诊断技术,选择以静电探针为主要手段测定试验气流中的电子密度。吴先生放手让我探索这个三组从来没有开展过的测量项目,而且在仪器配备、材料购置和人力安排上都给予了支持,这样不仅能满足6405任务的需求,还在910任务中发挥了重要作用。记得在1969年前后,吴先生就组织嵇震宇、林治楷和我一起研制一套小型简易的试验装置,包括小型低密度电弧风洞、高强直流电磁铁和相应的诊断工具(静电探针和微波透射仪),通过试验证实了横向磁场能够有效地降低气流中的电子密度。这项工作也使我受到一次较为全面的训练,不仅完成了参数测量任务,也细致地接触到了试验装置建设的许多细节。

当然,应当说明的是,910任务是全国有关部门参与的一个大规模的联合攻关项目,为研制我国第一代战略导弹而设立,从1975年开始,前期主要是攻克气动防热问题,由十一室烧蚀小分队采用吴先生提出的火箭发动机燃气流技术途径,考核并确立了东五弹头的设计方案,所以他是一位功臣。做完这项任务后,吴先生马不停蹄地在1979年担任了910攻关办公室气动物理专业组的组长,这时的攻关目标则是解决再入通信中断问题,这便是所谓的"黑障"。于是,我们三组在吴先生的领导下全力以赴从事再入通信中断的减轻技术研究。我与朱宗厚、林烈等同志一起探讨了化学减轻技术,进行了24种固态烧蚀材料和4种液态亲电子材料的筛选试验,为型号部门提供了科学数据。这些工作先后获得了中国科学院科技进步二等奖和国家科技进步三等奖。更有趣的是,我1985年在加拿大多伦多大学宇航研究院做访问学者期间,发现我在《力学学报》上发表的3篇论文竟然被译成英文并收入美国国防部的AD报告中(编号分别为AD-A120581,AD-A128275,AD-A165862)!

今天,当我回顾在吴先生领导下从事科研项目的经历时,觉得有一件事十分对不起先生:在启动再入通信中断问题研究时,吴先生曾和我个别谈话,希望我担任三组开展这项研究的负责人,但是基于个人原因,我婉拒了。尽管我当时表示"一定会全力以赴地做好每一项科研工作",不过显然这种格局太低了,所以我一直很内疚。可是,吴先生一点也没有勉强我,依然如故地支持我工作。不久后,我通过文献调研,和陆志云、李荫亭等同志提出了减轻再入通信中断的技术途径、再入通信中断的化学减轻技术等报告,吴先生均予以认可并组织实施。随着研究的深入,我也开始接受一些外单位的协作任务。例如,我采用圆柱探针完成了三组所有试验设备上的电子密度测试以后,又按照型号部门的要求发展了平面探针,完成了在七机部发动机喷流中的电子密度测试任务;又如,我曾独立与有关部门开展了等离子体鞘套的电波传播特性研究、再入等离子体对弹头天线阻抗特性的影响等课题。对于这些协作课题,吴先生也是毫无保留地支持,从来不加干涉,只要是和910任务相关的课题,都放手让我去干。现在看来,这的确是帮助青年科技工作者快速成长的好方式。

还有一件事情,也是记忆在心的。在20世纪70年代末,我国开始派遣留学生出国留学、进修。我属于出国较晚的,在1984—1986年间赴加拿大多伦多大学做访问学者两年。当时国家已经出台了"自费公派"的政策,我申请到该校宇航研究院I. I. Glass教授的资助,因而是"自费",但走的是研究所公派的渠道。申请时,吴先生高兴地给我写了推荐信,并深情地告诫我:"一定要学成回国啊!"对此,我一直铭记于心。在加拿大进修期间,我又步入了一个新的研究领域——两相流动,合作导师给我的研究课题是"含灰气体边界层的数值计算"。在三组工作的20年里,我基本是做实验研究,伴以必要的理论分析,但从来没有编制过程序也没有上过计算机,而且合作导师本人也从未从事过数值模拟研究。困难可想而知,但想到吴先生的嘱托,我坚持努力,终于在两年的时间里完成了3篇UTIAS报告(其中1篇被选编入美国国防部报告AD-A175006)。所以,可以说,Glass教授对我的工作还是满意的,记得他曾对来访的日本教授高山和喜开玩笑地引荐我说:"这是我的中国女儿!"到了1986年4月,我手头还有一篇待投稿的正式论文在准备中,可是我的访学时间到期了,Glass教授对我说:"如果愿意留下工作,我还可以资助你。"想到吴先生的嘱托,我婉拒了,我说:"文章,我一定会完成的。但按期回国是我的承诺。"是啊,吴先生他们老一辈科学大家们在国家还是一穷二白的情况下都义无反顾地回国报效,我有什么理由滞留不归呢? 我回到所里报到时,看到了吴先生满意的笑容。此外,我在国内还实现了另一个承诺:完成和Glass教授合作的论文。以中国科学院力学研究所王柏懿为第一作者的这篇文章,最终在流体力学顶级期刊 *Journal of Fluid Mechanics* 上发表了。

最后,我想说的是,吴先生身为科学大家,处世却十分低调,从来不宣扬自己的业绩,我曾亲历过这样两件事。一件事是2009年我承接了编写力学所志的任务后,中国科大科技史系的一名硕士生找到我要做研究生课题,我便安排她采访力学所若干资深研究员以收集研究所早期科研工作的口述历史资料。采访工作结束后,她觉得吴先生从事的中程导弹弹头的烧蚀防热工作很有意义,于是写成了文章并投送给《力学与实践》杂志,后来这篇文章虽经编辑部审稿通过,但征询吴先生本人意见时却被否定了,他不同意宣传自己。另一件事也和中国科大科技史系有关,他们在 2013 年承接了中国科协的老科学家(吴承康院士)学术成长资料采集工程项目。2019 年我接到吴先生的邮件,邮件中写道:"前几年科协开展采集老科学家资料的工作,所里也让我参加被采集。由汪志荣老师对我进行了多次采访,并调查了我从小到大的种种事情,收集了不少详细资料。最近他来找我,给我看了他们写的一份总结报告目录,还说希望发表。虽然我过去参加过不少任务,但不过是一些具体的事情,我觉得不适合公开发表。"吴先生又一次表达了不希望公开宣传的意愿,他认为已有的业绩"不过是一些具体事情"而已!这从一个侧面诠释了吴先生作为科学大家的风度。

在此纪念吴先生 95 周年诞辰的时刻,我想对吴先生说:您是我们后辈学子永远学习的榜样!

作者简介

王柏懿,1964 年毕业于中国科学技术大学近代力学系,并被分配到中国科学院力学研究所十一室工作,在吴承康先生领导下从事高速高温气体动力学、等离子体诊断技术等领域的研究,2001 年退休。

大师垂范，学者楷模

柳绮年

2022年年末，无疑是我一生中最悲伤的岁月，敬爱的吴承康先生离我们而去，怎不令人悲痛？至今，一年多的时光过去，我们又迎来了吴先生95周年诞辰的日子，更加深了我对这位学者楷模的怀念。

中国科学院力学研究所成立初期，除钱学森、郭永怀两位大师外，在十一室还有林同骥、卞荫贵和吴承康几位先生，带领我们的科研团队前进。吴承康是这三位中年纪最轻、来十一室最晚的一位先生，他的专业背景是燃烧学。1961年，钱所长调他来主持烧蚀防热实验研究，于是就进入了十一室三组，随后吴先生率领团队在航天飞行器的气动热、气动物理研究中取得了一系列成果。在改革开放后，吴先生又带领团队研究了水煤浆燃烧技术、气脉冲除灰技术等，为我国清洁能源的发展提供了新的技术途径。几十年间，吴先生在燃烧、等离子体、航天器再入、能源等领域都做出了重要贡献，获得多项国家级和中国科学院等部委级的大奖。吴先生于1991年当选中国科学院院士，但他没有一点架子，在工作中和大家打成一片，许多同事都直呼他"老吴"，他也很乐意。从这件小事里，我感受到了吴先生虚怀若谷的大家风范。

20世纪90年代初，力学所为了适应改革开放的新形势，进入国民经济主战场，决定组建材料加工特种工艺研究中心，以把科研中比较成熟的技术推向市场。所里聘请吴先生担任中心主任，承蒙先生的信任，他找我谈话数次，邀我担任他的副手。我担心自己的业务水平和管理能力不足，开始时婉拒了先生的美意，后来经几位好友鼓励和所领导批准，我接下此重任。在吴先生指导下，我分担了中心的组织管理和行政工作，但是重要事情都和他商量决定。吴先生对中心的工作十分上心，亲自指导中心的研发工作，那时我们每年的年末都会举办年会。在中心年会上，吴先生不仅肯定各个课题的成绩，还会提出对今后研究工作的具体建议。数年相处中，我和吴先生配合默契，合作得很愉快。吴先生就是这样，对于组织交办的任何工作都是全力以赴、认真完成。

吴先生刚正不阿、诚恳谦虚待人的品格是得到公认的，而且他从不提个人的要求。

自20世纪60年代以来,吴先生一家四口住在中关村的小三居室,两个儿子长大后,实在太拥挤了。而且在"文革"期间,曾要求住三居室的同志腾出一个居室给无房职工住,他也没有怨言。就这样,二十多年来他每天踏着楼梯上下步行到四楼的住房里。直到20世纪90年代中期,所里才给吴先生补了一间一居室的单元房,在一层带个小院,吴先生就非常满足了。尤其是他夫人黄兰洁先生,利用小院养花,美化生活,还邀请邻居前去欣赏。2000年北京市修建四环路,要穿越中关村内,路北的小区面临拆迁,吴先生的小院也在动迁之列,黄先生很着急给我打电话,打听什么地方可以买房,我提供的信息也不合适,我请他们找所里想办法,被他们拒绝了。吴先生说这是他们家庭的私事,不能麻烦组织。2004年,中国科学院在中关村建了新科祥园小区,吴先生以"院士"身份入住,一家从此得以安居。几年前,黄兰洁先生不幸罹患阿尔茨海默病,他们两个孩子均在国外,吴先生悉心照料夫人,延缓了病情的发展。2019年吴先生迎来九十大寿,我和同事去为他祝寿,黄先生也非常高兴,和我们欢聚一堂,还分享了生日蛋糕。不料,2022年年末的严冬时节,新冠病毒竟然无情地夺去了吴先生的生命,真是令人唏嘘不已。

吴先生学识渊博,他对每一名学生都潜心指导,对许多青年科研人员都倾心帮助,因而在科研实践中锻炼培养了一批科研骨干人才。我的同事浦以康曾给我讲过她和吴先生的两次交往经历,让我感受到吴先生总是不遗余力地教诲、帮助年轻学子。

在"文革"后期开始抓革命促生产时,浦以康有一次以私人身份,到吴先生家里向他求教热力学原理如何在工程问题中应用的问题。具体地讲,就是如何估算出激波风洞所能获得的超声气流的各项参数。当时她并不是吴先生课题组成员,但先生却热诚相助,花了很长时间不厌其烦地给她解释。浦以康收获颇丰,再三感谢。吴先生则谦虚地表示:"自己因工作中长时间不接触这方面研究,知识也荒废了不少,如以后有问题还愿意相助。"浦以康说:对于这件事,一直记忆深刻,至今不能忘却。

在改革开放时期,浦以康曾在加拿大麦吉尔大学力学系的知名教授 Dr. Lee 名下攻读博士学位。后来由于学术分歧,导师让她向学校提出放弃攻读博士学位。就这样半途而废吗?浦以康深陷孤立无援的痛苦境地。正好时任力学所副所长的吴先生到加拿大访问。他细心地听取了浦以康介绍的情况,最后表示:"你的事自己决定,我都支持。"就像吃了定心丸一样,浦以康感到有了坚持下去的力量。接着,吴先生又说道:"如果感到压力太大,或者国内家里事多需要你,你也不要勉强自己非坚持到底不可。但你若决定再留一段时间完成想做成的事,可以再待一段时间,不过50岁之前要回到所里去报到。再晚了,你回所后的处境会很尴尬。"听到这里,浦以康不禁热泪盈眶,只有亲人才会说出这样的话语啊!在吴先生的支持下,浦以康经过不懈努力完成了论文,通过了"无导师答辩",获得了博士学位!回所后又继续为祖国的科研事业奋斗了十余年。

这里记述的浦以康的两次经历,仅仅是吴先生在学术和精神上对诸多年轻学子真诚教诲的两个事例。我和吴先生的专业不同,没有在他领导的课题组里工作过,所以我和先生也少有学术交流,但先生对我的工作却了解甚深!在我申请研究员提职的推荐函中,他一一列出了我在流体力学研究方面的工作,并给予了中肯的评价,其中还特别肯定了我在材料工艺中心的工作,对我是极大的鼓励,使我深感吴先生的"知遇之恩",我对先生更加崇敬了!

吴先生的英语极好,而且乐于帮助我们这些英语不甚自如的后辈承接外事活动,他在和外宾交谈中幽默有趣,总是使接待气氛非常活跃。我曾于1983—1985年在美国南加利福尼亚大学宇航工程系任访问学者,1993年该系的Tony Maxworthy教授(我在美国访问时的合作导师)访问力学所,我负责接待,特别请了吴先生出席宴会,他高兴地接受了邀请。吴先生和外宾交流甚欢,侃侃而谈,宴会的氛围自始至终充满了融洽和愉悦。由于吴先生的介入,外事接待活动的质量大大提高,加强了国外学者对力学所以及我们工作的了解。

吴承康先生这样一位德高望重的科学家,以他的言行身教为我们后辈学子树立了学习的榜样。斯人已逝,风范长存,吴先生永远活在我们心中!

作者简介

柳绮年,1960年毕业于北京航空学院飞机设计专业,同年被分配至中国科学院力学研究所工作。历任课题组长、项目组长、研究室副主任等。在超声速风洞、激波风洞、化学流体力学、地球物理流体力学、微重力流体物理等领域从事实验研究。曾获中国科学院自然科学二等奖,并享受国务院颁发政府特殊津贴。

毕生践行科学家精神的楷模

李家春

2022年12月25日,吴承康先生不幸离我们而去,令人十分悲痛。但他的音容笑貌、学术成就、崇高品德依然驻留在我们心中。

此时此刻,62年前刚到力学所读研的情景历历在目。1962年秋,我们第一届全国统招的研究生10人到力学所报到,被安排在主楼四室的212办公室学习,当时四室的主任是潘发良。我们的导师都是国外归来的知名学者,学术成就卓著但培养风格迥异。吴先生在我们心目中是学识渊博、年轻有为的专家,尤其羡慕他的学生能较早参加课题,他们研制仪器装备能力也尤为突出。

据说,在1961年我国航天型号任务进入关键阶段之际,力学所承担了热防护的重大课题。因当时实验室条件简陋,迫切需要研制模拟高温热环境的装备。吴承康先生大胆提出采用国际上刚兴起的电弧加热器的想法,得到了郭永怀先生的支持。于是,他带领团队克服了设计、控制、测试等难题,自力更生建成我国首台920千瓦电弧加热器,并与理论组合作圆满完成了烧蚀防热的任务。得知这个消息时,我已经在力学所读研了。1966年,吴承康先生承担了我国人造卫星回收方案的调研课题,包括轨道选择、姿态控制、反推火箭发射、气动力/热、烧蚀防热、近地回收等部分的研究。其中关于下降轨道、气动力计算及防热方案的成果详尽深入。随后,吴先生领导团队投入到郭先生主持的导弹再入大气层物理现象研究项目中,自主研制了1兆瓦电弧风洞,为我国反导系统的建设开展前瞻性探索。

1970年5月,力学所原十一室部分人员调整到七机部组建了207所后,吴先生课题组继续从事再入大气层物理现象的研究。1974年划归七机部701所后,国家正在组织远程导弹研制的联合攻关,烧蚀防热的试验参数需要进一步提高。这时,吴先生又提出了利用大型火箭发动机的燃气流进行试验的技术途径,得到了专家组和技术部门一致的认可。经过三年现场试验分析,终于解决了其中的防热材料选择、热结构设计等技术问题。随后吴先生还领导团队开展了再入通信中断问题的研究。1979年回到力学所后,他继续为航天研究部门的大功率电弧加热器设计、临近空间飞行器疏导式热防护方案等工作提供建设性意见。吴先生的专长是燃烧科学,但这段经历说明他能急国家所急,担国家之责,为"两弹一星"事业做出了杰出贡献,这展现了他的家国情怀和真才实学。

20世纪80年代改革开放以后,力学所的研究方向拓展到国家经济建设诸多领域,吴先生根据自己的专长和国家需求,立即转向能源工程的相关领域研究。他曾在所里做过"能源问题展望"的学术报告,结合学科发展趋势和我国国情实际提出了未来能源领域的重点研究方向。随后,他和研究团队在预燃室采用非对称射流技术实现了水煤浆和煤粉点火和稳燃,并实际应用于火电厂工程。20世纪90年代,我在力学所新成立的环境力学研究室工作,这个研究室局限于自然环境研究,因而我们感到势单力薄。后来,研究所决定组建环境科学技术中心,经工程科学部筹划,吴先生从事环境污染研究的团队也纳入了环境力学实验室机构。因为有了吴先生这个主心骨,力学所的环境力学这门新兴学科得到了全面发展,从而扩大了在学术界的影响力。其中,工业环境力学团队以工程科学思想为指导,紧密联系产业界,在等离子体处理固废、电厂锅炉除灰、余热利用发电以及工业炉窑节能等多个项目中取得显著成效。

吴先生在国际燃烧界享有盛誉。早在20世纪50年代,他针对爆震机理的学术争议,提出了Livengood-Wu"爆震累积临界值"的概念,给出了爆震发生的定量准则。到了20世纪80年代初,他在美国西北大学访问工作期间,用激光测速法测定了真正一维层流火焰传播速度,揭示了以往测量数据分散的真正原因是火焰拉伸和组分扩散,并在第20届国际燃烧会议做大会邀请报告,引发了火焰拉伸和化学动力学对火焰结构和动力学影响的后续研究。美国能源部燃烧前沿研究中心主任、国际燃烧会议前主席、普林斯顿大学戈达德讲座教授罗忠敬院士(C. K. Law)评价说:"His mastery of the subjects and his creativity in blazing new paths are legendary in the global scientific community." "His mild manner and sincere modesty have forever inspired us all-not just how to be a scholar, but also how to live with grace." (编者译:"在全球的科学界,他对于学科的精通掌控以及对于展现新途径的创造力是一个奇迹。""他的温和举止和真诚谦逊是一种美德,永远激励我们所有的人:不仅要成为一名学者,而且要优雅地生活。")

吴先生还积极推动等离子体学科的研究和应用,曾连续四届担任中国力学学会的等离子体科学与技术专业委员会主任长达20年(1988—2007年),并多次组织国际和亚太地区等离子体科学的学术交流活动。在他的努力下,第13届等离子体化学国际学术会议（ISPC-13）于1997年8月在北京成功召开，得到美国明尼苏达大学E. Pfender教授等国际等离子体界专家学者的高度赞誉，促进了我国等离子体学科和工业应用的稳步发展。

吴先生是我们的良师益友，与吴先生交流往往受益匪浅。尤其是他在近90岁高龄时还亲自为《中国大百科全书（第三版）·力学》卷撰写"等离子体动力学"条目，热情支持我们的工作，令人感动。

数十年来，吴先生始终服务人民，勇于创新，严谨治学，提携后学，毕生践行科学家精神，这将激励年轻一代的学者继续为我国科学事业的繁荣昌盛不懈努力！

作者简介

李家春，中国科学院力学研究所研究员。长期从事流体力学研究，在应用数学、流体力学基础、环境力学、海洋工程等领域取得研究成果，曾获国家科技进步特等奖（团体）、周培源力学奖、李佩教学名师奖等奖项。曾任中国力学学会理事长、IUTAM理事、亚洲流体力学委员会主席、《力学快报》主编等职。2003年当选中国科学院院士。

回忆和吴承康老师的几次际遇

郑敏樟

中国科学技术大学创建于1958年,吴承康先生曾是中国科大创建初期的主讲老师之一。他曾为力学系(07系)三专业的前三届学生开讲过"燃烧学""热力学"等课程。我是07系三专业60级(第三届)学生,上过吴老师主讲的燃烧基础课。吴老师知识十分渊博,他自编的教材,理论联系实际,深入浅出,通过一些常见燃烧过程的分析,使同学们领会到了燃烧理论的方方面面。例如,大众日常所用蜂窝煤炉的燃烧过程分析令我一辈子不忘。尽管在我毕业后从事的科研工作中鲜少用到燃烧方面的知识,但吴老师教给我们分析解决问题的方法令我受益匪浅。

在中国科大除了上过吴老师的燃烧课,我和吴老师没有近距离接触过。毕业后我进入中国科学院力学研究所651室从事东方红一号卫星温控系统的研制,因为与吴老师不在同一个研究室,所以没见过面。不久,651室划归中国科学院新组建的651设计院,1968年又并入新五院(即现在的中国空间技术研究院),与吴老师离得越来越远了。然而,后来的两次际遇,让我近距离地感受到吴老师的人格魅力。

在东方红一号和实践一号两颗卫星先后成功上天之后,首届空间热物理学术会议于1972年在北京举行,吴老师应邀出席。我代表东方红一号卫星温控组做了"东方红一号卫星热设计及评价"的报告。对于我国第一颗卫星及其温控系统研发成功,吴老师非常兴奋,在发言中热情赞赏我们做了开创性的工作。为了了解更多情况,会下又和我促膝长谈。当他知道中国科大力学系三专业前三届毕业生有30多位加入651室,是卫星温控系统研制的主力军后,作为曾经教过我们的老师更是高兴得连连称赞:不简单,不简单!

1975年我到平顶山七机部五七干校劳动锻炼,和吴老师不期而遇并"同学"一年。这一期干校学员将近一百人,有七机部各单位的机关干部和科技人员。我是最年轻的一个,吴老师是科技人员中最年长者,也是唯一的留美归国博士专家。我们在"文革"后期一个特别的干校里共同度过了一年,这是我空前绝后的一段经历。将近半世纪过去,虽然五七干校的经历早已淡忘,领导、同学的名字几乎忘光,但对干校"老吴"依然记忆犹新。他乐观,友善,实在,敬业,热爱生活。当年老吴年近半百,和大家一样参加劳动,做好分配给他的工作:我记得那年河南暴雨成灾,干校大片农田菜地被淹,老吴和大家一样冒雨抢挖排水沟的身影;我记得夏收时,有一天我和班里几人值夜班看场子,竟然是老吴半夜起火给我们做了夜宵,原来当时老吴那个班轮值炊事班,那一碗西红柿蛋花面汤加热馒头超好吃,我至今不忘。1974年邓公复出,整顿各行各业,所以我们干校的气氛比较轻松。老吴是一位业余小提琴好手,晚饭后常能听到《我的祖国》等优美的小提琴曲从他宿舍里飘出。他成为干校学员连最受欢迎的人,每次连队活动时都要请他拉一曲。尽管时日久远,我的脑海里仍然常常会显出这样的画面:一片片金灿灿的稻田,一块块绿油油的菜地瓜田,一群群学员随着老吴的琴声高唱《我的祖国》,此时此景真是难以忘怀!我还记得参观平顶山水库时,我们在水库边一处洁净沙滩附近游泳,看着蓝天白云和清澈湖水,老吴动情地对我说,这里比他去过的夏威夷海滩好看得多⋯⋯

离开干校后,我们回到各自单位,加之我于1978年离开航天部门,参与筹建北京市太阳能研究所,此后再也没见过吴老师。不过我常通过一些渠道得到吴老师的情况。比如,原北京太阳能所副所长陆维德教授曾在中国科大任教多年,并在1961年担任吴承康先生为58级开设的"热力学"课程助教。她表示和吴先生相处一学期受益匪浅,对她求学和做人均有深远影响。这是我们所有和吴先生交往过的人们的共同感受。

吴承康先生是我尊敬的老师,他对人友善,诲人不倦;对己严格,做事认真。他热爱生活,无论环境多艰难都积极乐观。虽然和吴先生相处时间不长,但他对我一生的待人处世原则都有着深刻影响。尊敬的吴承康老师永远活在我心中!

作 者 简 介

郑敏樟,1965年8月于中国科学技术大学力学系三专业毕业后,先后在航天部五院、北京市太阳能研究所工作。1990年8月应邀赴新西兰坎特伯雷大学化工系从事客座研究,后定居新西兰基督城。

我在力学所十一室三组的日子

顾世杰

1960年,我从北京航空学院毕业后,被分配到中国科学院力学研究所十一室三组工作。在1957年8月,苏联研发成功了远程洲际导弹,半年之后美国也成功地发射了洲际导弹,全世界的科技焦点聚集在高超声速飞行器再入大气层这个难题上。我们力学所十一室自然也把科研重点放在高超声速空气动力学这门学科上,特别是固体力学室和流体力学室的研究人员热情很高。他们在查找国外文献的基础上,纷纷自行研究高温热源,如大口径的氧乙炔焊枪、三相交流电弧加热器。还有一些同志则与所外的厂家合作,研制玻璃纤维增强的酚醛树脂烧蚀模型。而所里的高级研究人员则在钱学森所长和郭永怀副所长的领导下,每周六都要召开飞行器再入大气层研讨会,详情则不对外泄露。

到了1961年的春夏之间,十一室的主任助理王永德同志向大家转达了郭所长的意见,大意是:大家的科研热情很高,做了许多工作;但是深度和广度都还不够,希望同志们在今年内要认真地查阅资料,各个课题组都要撰写论证报告。这个时候,党中央发布了《关于自然科学研究机构当前工作的十四条意见》文件,聂荣臻副总理在人民大会堂召开了贯彻十四条的大会,我们中国科学院的科研人员有将近一半应邀参加了会议。大会对科研人员提出了奋斗目标,要求每一个科研工作者要明确自己的专业方向。

力学所在贯彻十四条时,确定了每一位科研人员的科研方向,安定了每一个人的心思。就在这时,从所的高层又透露出一些振奋人心的消息,据说在所里的研讨会上钱所长肯定了飞行器再入大气层的问题就是一个空气动力学问题。换句话说,这个问题就是我们力学所应该研究的问题,这个消息极大地鼓舞了十一室的年轻科研人员。我们三组同志们的革命热情则落实到高速飞行器再入大气层的热防护研究工作之中,针对烧蚀防热问题开展试验模拟研究。参加设备研制的同志们以研究电弧放电的稳定性作为重点,以气流焓值、弧室压力和气流温度等参数作为电弧加热器的主要模拟参数。参加烧蚀实验和参数测量的同志们则在气流总焓、热流、驻点压力、气流温度的测量以及烧蚀模型的烧蚀速度、表面温度和表面辐射热流等参数的测量方面展开调研。

为了增强研究力量，吴承康先生在1961年接受钱所长的委派，来到了十一室三组担任大组长。吴先生来了以后，在研究模式上，把国际上一套先进的研究方法借鉴过来，再把工程热物理的理论基础作为我们的专业基础。在工作细节上，吴先生把他在美国常常阅读的一些期刊介绍给我们，有时还把他认识的一些论文作者给我们做介绍。这样，我们通过阅读大量的烧蚀实验的国外文献，得知了国际上所采用的实验设备大多是太阳炉、大口径氧炔焰、火箭发动机尾流火焰以及小功率的电弧加热器和电弧风洞，模型材料则大多是低熔点的或者低升华点的材料。后来才看到关于美国和苏联都采用了大功率电弧加热器的情报。到了1963年，我们在吴先生领导下，就形成了研究思路并开始了新的征程。首先是确定要研制一台高温高压的热源来模拟飞行器回地的条件。当时三组实验室所建造的一台90千瓦电弧加热器，虽然可以在稳定电阻、旋转磁场和气路系统、冷却水系统等多个方面提供一些经验，但是其热源的能量显然偏低。由于当时中关村地区的用电限制，电源功率只能限制在1000千瓦左右，因而选中了一台920千瓦直流发电机组。我们经过计算得知，其配套的电弧加热器可满足中程导弹返回大气层防热实验研究的需求。加热器的总体方案由吴先生和三组副组长嵇震宇、三组政工组长詹焕青负责，参加研制工作的有张伯寅、吴宗善等同志。他们对电弧放电的机理做了深入研究，大大提高了电弧放电的稳定性，还对弧室压力和总焓的匹配做了详细的研究，给出了运行参数匹配表，使运行的成功率有了很大的提高。

气流参数和模型参数的测量工作则由下列同志分担：水冷量热计和熔化法量热计研制由邓振瀛、何蔚琅负责；高温气体的总焓测量由王殿儒、王永光负责；烧蚀模型的烧蚀速度测量由洪传玉、闫明山负责；电弧加热气流的温度测量由胡澄清、赵庶陶负责；烧蚀模型的辐射热流测量由牛振中、程淑华和我三人负责。此时，三组已经有三十几个人了，后来组里又增加了谢象春和陈丽芳两位同志，他们主要负责湍流管传热机理的研究。上述这些课题，均在1963—1964年间大体上取得了成功，其中王殿儒和王永光研制的总焓探针，在国外学者之前率先取得了成功，并在1964年获得了中国科学院成果二等奖。

我原来承担的是烧蚀模型表面温度测量项目，但是在调研过程中发现国际上还没有合适的方法。当年大部分烧蚀材料采用了高硅氧酚醛树脂，烧蚀时前表面将形成一层明显的液体层，中部形成碳化层和未完全碳化层。在表面温度测量的众多研究中，较多的是采用光电高温计、比色高温计等仪器，但模型表面的发射率是一个未知参数，而前表面处的等离子体火焰对表面温度的影响也有待研究，比较全面而且准确的方法是一种"最大亮度温度法"。其原理是采用红外摄谱仪或者快速红外分光光度计摄下模型的表面能量发射随波长的分布曲线,然后用一组黑体能量曲线作背景与其比较,寻找模型能量曲线与某一个温度的黑体能量曲线相切的那一段,从而找到模型的亮度温度最大的那个波段,由此得到模型的最大亮度温度。但是,当时国内买不到快速红外分光光度计,进口也受到限制。因此,我在向吴先生汇报之后,要求把课题目标修改为"模型表面辐射热流测量",直接测出辐射温度来计算辐射热流并参加模型有效烧蚀热的计算。然而,当年我国的仪表工业还相当落后,市场上仅有一种辐射高温计,其测量区域大于60毫米直径,远大于我们烧蚀模型的尺寸。吴先生看到了这个课题的难度和工作量,于是就鼓励我说:"你要在一年左右的时间里研制一台小目标的辐射高温计和标定系统,能够办到吗?我们将要请求所里的支持和协作。"于是,我在吴先生的鼓励之下快速开展了工作:请九室的杨家寿同志设计了一套反射式的卡塞格伦系统,去长春光机所订购了红外摄谱仪配套的微型真空热电偶。与此同时,我们还专门研制了一台工作温度达到2000摄氏度的石墨黑体炉,可以随时对此辐射高温计进行标定。这套辐射高温计和石墨黑体炉终于在1964年年底取得了成功,1965年这台辐射高温计还被送到全国工业展览会上展出。后来,七机北京空气动力学研究所的三线建设单位派人到力学所复制了我们设计的图纸,并在天津某厂重新加工了若干套。这也算是我们在吴先生领导下开展的防热试验系统科技成果的推广应用吧!

在1963—1965年期间,我们除了研制成功920千瓦电弧加热器以及各种气流参数和模型参数的测量装置,还在吴先生的指导下研究了如何表征烧蚀材料性能的问题。从当时查到的国外文献来看,这些文章研究了各种类型的弹头,如金属热沉型、非金属升华型、泡沫石英熔化型、高温陶瓷热辐射型、玻璃纤维酚醛树脂烧蚀型等等。从综合性能来看,要求烧蚀材料的强度高,密度小,玻璃融化吸热性能好,碳化层升华吸热性能好。空气动力学专家们认为用"有效烧蚀热"来综合评定防热材料的性能是有效的,它的定义是单位时间内烧掉防热材料的那部分质量所带走来流输入的热量。反过来说,就是当来流输入一定的热量时,就会烧掉一定厚度的烧蚀防热层。以地面模拟试验为例,我们有

$$H_{\text{eff}} = q_0/\rho_b V_w = [q_c(H_s - H_w)/H_s - q_r]\rho_b V_w$$

式中,H_{eff}为烧蚀材料的有效烧蚀热,ρ_b为烧蚀材料的密度,V_w为模型表面的后退速度(即烧蚀率),q_0为到达无烧蚀的量热计的表面热流(假定壁面处于烧蚀温度下),q_c为到达无烧蚀的量热计的表面热流(假定壁面处于室内温度下),q_r为烧蚀时模型表面向外

辐射的热量，H_s 为自由流气体焓或者电弧加热器弧室气体总焓，H_w 为烧蚀表面温度下的气体焓。简言之，有效烧蚀热就是将来流的冷壁热流修正为热壁热流再减去模型表面的辐射散热除以单位时间内损失的材料质量。对于不同的烧蚀材料如泰弗隆升华材料、玻璃熔化材料、玻璃纤维增强的酚醛塑料，上面的等式右边可以再添加烧蚀材料的熔化吸热或者汽化吸热。

  到了1964年年底，设备、测试条件都趋向成熟，对于烧蚀机理也做了必要的探讨，吴先生就安排我们开展了一批综合性试验。为了模拟不同飞行状态下的来流条件，我们选用了五个典型的电弧加热器运行参数，代表五个不同的自由来流参数，采用玻璃纤维增强的酚醛树脂作烧蚀模型，做了上百次试验，求出了相应的有效烧蚀热。这些试验数据的离散度不大，与国外的同类数据相比也很接近，大家都很兴奋。记得现场有一位同志提议：在算出来的数据上请吴承康先生代表我们大家签个字，庆祝我们奋战两年取得的胜利和成功。当时，国防部门的试验装置尚未建成，我们三组的电弧加热器性能和参数测量系统在国内处于领先地位，为我国的中程导弹热防护设计提供了第一批科学数据，对国防事业做出了贡献，在国内同行中也得到了公认。每逢规定的接待日，三组的办公室常常会聚集许多兄弟单位的同志们，与我们共同交流高速飞行器重返大气层的防热问题。

  1965年以后，我被调到力学所分部从事541导弹的研制工作。后来这项任务下马，分部解散，有半数人员被调到四川绵阳的中国气动中心，因此我就不能在力学所跟着吴先生继续做烧蚀防热工作了。虽然我只在吴先生手下做了三年多的工作，这三年却奠定了我一生科研工作的基础。吴先生专业基础扎实，待人诚恳，勇于接受新事物，敢于担负重任。今生能够遇见吴先生，接受他的教诲，是我的幸运。我们与吴先生在一起的时候，知道他在美国就获得了博士学位，所以大家对他都很尊敬但是并不拘束，因为他与大家交往很真诚，没有架子。记得在1964年力学所举办文艺演出大会时，十一室出了好多节目。吴先生表演了一个小提琴合奏节目，参加的人还有张伯寅、贾复等同志。吴先生担任第一小提琴手，琴声非常动听。当时有好多人不知道他会拉小提琴，而且还拉得这么好！演出完毕时礼堂内响起了经久不息的掌声。自此以后，他和大家的关系就更加亲切了。还有一次，他到四川绵阳来开会，报到以后正好是星期日，他很早就来到了我的家里。那时我们快有十年没有见面了，在晓坝（气动中心五所所在地）见面是一个惊喜。谈起"文革"前后的一些往事，我们俩都很兴奋，一直谈了几个小时。等到技术科科长张超枚找到我家里，才知道耽误了会议上开饭的时间。亏得那天是赶场的日子，我赶紧到集市上买了一只老母鸡和一些蘑菇、蔬菜，请他吃了一顿"农家乐"式的中饭。在这一年之后,我常常在国内的烧蚀防热会议上见到吴先生,我们所还曾邀请吴先生到五所讲课和开会。后来,吴先生主持大型烧蚀模型的发动机喷流试验,我们五所的同事付国义和张启仁还应邀担任了辐射热流测量工作呢!所以说,几十年来我是受吴先生教诲甚多的一个编外学生。我一直铭记着吴先生的教导,献身在烧蚀防热领域,踏着他的足迹不断前进。

作者简介

顾世杰,教授级高级工程师,1960年从原北京航空学院飞机系毕业后被分配到中国科学院力学研究所十一室,在吴承康先生的领导下从事中程导弹烧蚀防护研究。1972年调入中国气动中心五所,1988年调到上海市计量测试研究所任副所长。

我心目中的吴承康院士
——智慧　谦诚　为人处世之典范

李伟格

2022年12月25日21时59分,在北京同仁医院亦庄院区,我国著名高温气体动力学家、中国科学院力学研究所前副所长吴承康院士辞世,享年93岁。消息传来,一片惋惜声！力学所最后一位老海归离开了我们。我脑海中不断清晰地浮现出吴先生的点点滴滴。对我来说,他像一位从圣殿里走出来的使者。

2024年11月14日是吴先生95周年诞辰。为此,我特写下对吴先生的一些印象和记忆片段。

1. 中西合璧　温和敦厚

吴先生1929年11月14日出生于上海,1941年考入上海南洋中学,1947年考入上海交通大学,1949年赴美国留学,1951年和1952年先后获威斯康辛大学机械工程系学士学位和硕士学位,1957年获麻省理工学院博士学位。毕业后,留校任职于斯龙发动机实验室。

1956年6月,在麻省理工学院小教堂,27岁的吴承康和22岁的黄兰洁结为伉俪。黄兰洁于1950—1954年在哥伦比亚大学女子学院学习并获学士学位,1955年获哥伦比亚大学数学硕士学位,之后在美国东北大学任教约一年。

1957年8月,这对年轻的夫妇从美国启程回国,10月抵达北京。吴先生入职于中国科学院动力室,1960年随动力室并入力学研究所,直到逝世。65年间,只有20世纪70年代中的几年因编制调整暂离中国科学院,在第七机械工业部207所和701所任职。

我于1977年3月调入力学所。大约一年后,吴先生又回到了力学所工作,并在1984年任力学所副所长。1985年,在比较困难的情况下,他不仅批准我脱产一年进修学习,还特批了一笔学费。

我心目中的吴先生,是一位知识渊博又谦诚和善、为人处世力求完美的院士。吴先生热爱科学和音乐,家里的客厅里至今还存放着他的小提琴和他夫人的钢琴。他从小酷爱小提琴,大约1955年,正在麻省理工学院攻读博士学位的他,邀请黄兰洁到波士顿参加一次郊游活动。他演奏苏姗·里德的一首小提琴曲 *Old Airs*,征服了心爱之人的心,一年后两人喜结百年之好。

我记得吴先生曾说过:"音乐与人生相辅相成,音乐与科研相融相通。无论是做音乐还是搞科研,我们都需要勤学苦练全神贯注。"

2. 一位清清爽爽的科学家

吴先生视权力如鸿毛的风骨令我钦佩。20世纪80年代,单位是可以给领导配专车的,而他在任副所长期间自己掏钱买了一辆米白色的菲亚特,开私车上下班,给公家省油。了解吴先生的人都知道他喜欢大自然,在闲暇时经常开车带夫人郊游。20世纪80年代末,有一次我在去八达岭的路上就看到了他的车,车上坐着他们俩。20世纪90年代,还有一次我在去平谷金海湖的路上看到他们在拍照,路边停着这辆颜色很特殊的小汽车。

20世纪90年代,吴先生担任力学所图书委员会主任时,我是秘书。六七个学术带头人选好自己科研领域的书刊之后,主任要根据经费情况和科研进展决定初选专业书刊的取舍。当时他用自己的现金委托我帮他订购美国《国家地理》,我说:"这是一本世界著名的期刊,图书馆来订吧,肯定有不少读者借阅。"他回答:"不用了,这不是专业期刊。谁要对这本期刊感兴趣,你可以告诉他管我借,我们还可以一起讨论好玩的地方。"他就是这样一位清清爽爽的科学家!

我是1977年到力学所图书馆工作的。这一时期,力学所进了一大批工农兵学员,70多个人的文化水平参差不齐,知识层面上各有欠缺。有人总觉得只能给这批人算大专文凭。1980年力学所和中国科学院让我们这批人在职集训了半年,但还是脱不了"帽子"。我所在的情报室主任汤宁就动员我去武汉大学进修图书情报专业,但当时孩子小还脱不开身。1985年,联合国教科文组织和英国文化委员会资助中国科学技术情报研究所举办"科技情报研究班",授课老师都是国际知名教授,地点在北京语言大学,全国招生。主任带我去找时任副所长的吴承康先生,他同意我参加入学考试。几天后情况有变,因为我脱产学习期间工作没人代理。我又去找吴先生,他说:"你不用陈述了。上次的谈话,我可以像计算机一样一字不漏地给你复述。"

我惊叹他的记忆力。我走后,情报室安排徐少军接了我的业务,吴所长还特批了一笔学费。一年后,我学成归来,闲暇之余翻译并发表了一些译文,还运用所掌握的检索技术翻译了"科里奥利",后来这一词条被收录到了《中国大百科全书·力学》卷中。

3. "innovation"或"creativeness"

1987年,李佩先生创办了中国科学院科技翻译工作者协会。一年后的1983年8月31日,在李佩先生的推动下,力学所成立了院翻译协会的力学所分会,会长是吴承康,其他成员为:副会长董务民,秘书长张秀琴,理事王克仁、唐福林、顾小芸、马元生。当时在中国科学院各个分会中,力学所翻译工作做得很出色,因为有吴承康先生把关。1999年分会改选时,吴先生就做了顾问,分会组成变为:会长盛宏至,副会长王克仁,秘书长李伟格,理事马元生、陈允明、吴应湘、何林、丁桦。

2009年,李佩先生组织力学所的科学家翻译《钱学森文集》时,我陪她去拜访吴承康和黄兰洁夫妇,吴先生欣然答应协助解决翻译过程中碰到的问题。在2022年纪念郑哲敏院士逝世一周年的追思会上,作为翻译界的老前辈,吴先生即兴发言,介绍了当年确定"所训"及其英译的情况。两位院士为所训内容及其英译讨论的故事令我们后辈十分感动:郑哲敏院士考虑再三,并和吴承康院士讨论,认为"创新,严谨,团结,奋进"合适并认为"创新"应摆在第一位,此外"严谨"也是力学所应该特别强调的。在这几个词英文怎么翻译上,他们再三思索,认为一般常见的译法不能真正表达这几个名词的含义。比如"创新"往往译成"innovation",但它含义比较窄,容易偏重技术方面,所以最后确定用"creativeness",它包含了各方面的创造性;一般而言,"严谨"译为"rigorousness"没什么问题;"团结"若按一般译法会显得泛泛,有些空洞,而对于力学所这样的研究单位,团结要体现于所有人的合作精神,所以选用了"cooperation"这个词;至于"奋进"的翻译也是有类似的考虑,要体现到每个人的精神面貌,所以用了"dedication"这个词。这样的翻译超出了常见的简单译法,是在术语翻译上下了功夫的,挖掘出了这4个名词的内涵,真正体现了力学所应有的精神。谈庆明教授也见证了这些译法都是郑哲敏院士与吴承康先生商议后提出来的。

4. "Practice makes perfect"

2009年8月6日,李佩先生在力学所主持了第十三届全国科技翻译研讨会,吴承康院士应邀参加了大会。李佩先生在会上说:"大家特别高兴!吴先生和他的夫人黄兰洁的学术水平和中英文都非常好。我们在以往的科技翻译中遇到疑难字句,都请吴院士夫妇给予校正。"吴承康院士在会上做了简短发言,告诫我们:一要精通中文和外文,二要熟悉科技专业,还要勤于思考。

戴世强教授是郭永怀先生的学生。他到力学所以后,郭先生就让他翻译《宇宙电动力学》这本书,后来在"文革"期间出版,当时戴世强是边学习边翻译的。吴承康先生也是他的一位好老师,他翻译的第五部著作——《等离子体动力学》,是请了吴承康先生来校正的。吴先生是怎样校正的呢?可能大家都闻所未闻。吴先生手里拿着原著,戴世强和陆志云就分头念译文,念着念着,吴先生说:"停!停!不对了,你们译得不对!"就这样,三个人一起干了十天才校完。通过三四百万字的科技翻译,戴世强掌握了技巧。现在他不仅可以比较快地翻译,还可以教学生怎样学好科技英语,主要得益于不断的实践,"Practice makes perfect(熟能生巧)"的确是个真理,是吴承康院士言传身教的效果。

5. 钟爱一生的夫人

自从1955年秋在波士顿第一次相遇,黄兰洁便成为吴先生钟爱一生的女性。他们在1956年结为百年之好,携手走过了66个春秋,共同培养了两个优秀的儿子,膝下还有三个可爱的孙辈。

我曾做过李佩先生十多年的助手,由于李佩先生的缘由,我与黄兰洁女士就有了一些接触。第一次陪李佩先生到她家找吴承康先生时,李佩先生和吴先生谈力学所的事。黄兰洁就带我到另一间屋子里,把她设计的、已在国外出版的图书《女红手工》展示给我。看着她那灵巧的弹钢琴的双手,在科学研究之外的业余爱好居然也如此专业,太少见了!给我留下了极为深刻的印象。

记得有一次所里组织职工看电影《廊桥遗梦》,我陪李佩先生去看。散场后她和黄兰洁意犹未尽地讨论字幕的翻译问题。黄兰洁说,原版中记者抽的是"555"牌香烟,字幕成了"骆驼"牌香烟了。我真佩服黄兰洁对细节的纠错能力。

吴承康一生和黄兰洁的故事很多,他们展示出了中关村的一对科学家伉俪的风采,给后人做出了效仿的榜样,示范了如何对待爱情与做好科研。临终前尚在清醒之际,吴先生唯一遗憾的是他将离开相伴66年且患有阿尔茨海默病的夫人黄兰洁,他嘱咐身边的人要照顾好他钟爱一生的她。

在我的心目中,吴承康院士是智慧、谦诚、为人处世之典范。

他永远活在我们的心中!

作者简介

李伟格,1977—2007年就职于中国科学院力学研究所情报室。退休后作为李佩先生的秘书,协助李佩先生组织中关村专家讲堂。现任中国科学院翻译工作者协会秘书长、中国翻译协会科学技术翻译委员会秘书长、《中国科技翻译》杂志副主编。

怀念和吴承康先生共处的日子

刘大有

1966年秋我刚被分配到力学所十一室时，十一室有六个研究组，其中一、二、三组都有大型的实验设备，研究工作基本上是围绕着相应的实验设备展开的航天任务。在吴承康先生领导的三组，主要设备是电弧加热器，可以将空气流加热到4000—6000开的高温，利用这种高温气流可以对各种类型的防热材料进行烧蚀实验研究。几年以后，又在电弧加热器的基础上建起了电弧风洞，这是一座超声速风洞。

我来到三组后才知道，一台电弧加热器需要用到很多大型的辅助设备。例如，三组实验室有两个功率分别为920千瓦和580千瓦的直流发电机，这两个直流发电机又分别是采用功率更大的交流电机来带动的。为了运行这套电机设备，还要配备一个很大的变压器、一整套的高压开关柜和低压开关柜，等等。为了冷却电弧加热器的阴极和阳极，以及其他一些设备，需要有流量较大的水泵。我记得有三个输出压力分别为8大气压（用于冷却风洞本体）、28大气压（用于冷却磁场线圈）和50大气压（用于冷却加热器阴极和阳极）的水泵，与之配套的还有一个容积很大的水池（这是我们三组人自己开挖修建的）等等。建起电弧风洞以后，又在风洞的扩压器后面配置了三台滑阀式真空泵。

我是中国科学技术大学近代力学系毕业的，在学校里工程知识学得比较少，初到这么大的实验室，第一次看到这些设备感到很新鲜，也都不会用。实验室的老同志都是我的老师，从设备的用处和基本的操作开始，我一点一点地向他们请教。例如，我以前见到拧螺钉或螺母都是只用一把扳手，因为通常情况下螺钉或螺母总有一个是固定的。但在电弧加热器实验室，我第一次见到把螺钉或螺母拧紧要使用两把扳手。这里需要把冷却水从水泵房引到加热器，所用的水管都必须是能耐高压的，由于单节水管都不太长，需要一节一节地接起来，水管的接头分别带有阴、阳螺纹，要用扳手紧紧地把它们拧到一起，若拧得不够紧就会漏水。这种情况下，由于螺钉和螺母都没有与某固定构件固结，所以必须用两把扳手从相反方向用力（作用于螺钉与螺母组合上的合力为零）才能拧紧。这是我到实验室后老同志们给我上的第一课，看似很简单，但差一点力都不行，我由此明白了：领导一个实验室、组织一项实验研究，都是学问！

正是在三组实验室里，我的科研生活一步步得到了充实，其中给我帮助最大的当然是吴承康先生。从吴先生那里，我不仅得到了许多技术问题的答案，还学到了一些相关的学科知识，更重要的是学会了深层次思考的方法。下面用"水冷电阻"作用来说明这一点。在三组实验室的墙上挂着一排不锈钢管，在电路中它是串联在直流电机和加热器之间的，目的就是产生一定的电压降（相当于一个电阻），因为有很大的电流通过，所以有冷却水从钢管中通过，水冷电阻的名称就由此而来。我初到实验室时，老同志就是这样向我介绍的。后来，我从吴先生那里又听到了关于水冷电阻的介绍，感觉就深刻得多了。水冷电阻在电路上的存在就相当于增加了电源的内阻。一般说来，电源的内阻越大，电路的效率就越低，这往往是人们希望避免的。那么为什么我们还特地接一个水冷电阻呢？吴先生告诉我，这是为了使加热器内的电弧有更好的稳定性。他对此还做了详细的分析，说明了其中的科学道理。我由此知道了：对事物不仅要知其然，更要知其所以然。类似的例子还有很多，这里就不一一列举了。

三组的电弧加热器（以及后来的电弧风洞）是中关村的用电大户之一，所以我们做加热器实验以前都要先给中关村变电站打电话提出申请，经其允许（表明当时非用电高峰）才能启动，否则中关村电网可能会跳闸。有一段时间中关村用电紧张，只能在晚间用电高峰以后做实验，于是每次做实验我们都得加班，做完实验下班时基本上都已过了午夜。这样的实验，吴先生几乎每次都到，他是我们的总指挥。尽管吴先生是归国的高研，但他没有任何架子，总是和大家一起在实验室干活，包括像检修一类的杂活儿。三组实验室的各类设备除日常维护外，每用一段时间就要做一次检修，常常需要拆开来检查、清理和加润滑油等。对于一些大型设备，如真空泵和水泵等，检修起来工作量还是挺大的。我记得，我们还需对室外的水池进行清理，清理前要先把水抽完。这样的检修工作，吴先生也常常会来参加。顺便说一下，研究人员自己参与实验室设备的检修，在当时的社会是积极提倡的。现在看来，花那么多时间自己检修设备可能有点得不偿失。但是我个人觉得收获还是挺大的，其意义至少比去参加秋收之类的劳动要大得多，因为可以从中获得这些设备运行、操作的许多细致且实际的知识，这些往往是书本上学不到的。特别是对于像我这样工程知识较少、毕业不久的学生来说，这样的检修也是很好的学习机会。

我比较好学，检修中常常会提出各种各样的问题向周围的同事、朋友请教，往往有些问题只有问了吴先生以后才能最后搞清楚，因而受益匪浅。从我和吴先生多年共处的经历得知，他不但专业基础扎实深厚，而且对各种设备都十分熟悉，经验丰富，这样不仅能在技术上给我们这些年轻人做指导，更重要的是能够深刻把握科学工程的基本脉络，并寻得科学实验的创新思路。20世纪60—80年代，他在三组率领我们开展了航天领域的一系列研究任务，包括烧蚀防热、再入大气层物理现象、再入通信中断减轻技术和粒子云侵蚀等。吴先生不愧是一位学识渊博、理实贯通的大师！现在人们遇到一些学术的或技术的问题时，利用Google或百度等检索工具，可以很方便地找到所需的答案。而在我初进研究领域的时候没有这些条件，找资料、求答案之类的事情是很费事、费时的。所以，吴先生就像一本行走的百科全书，对我们帮助极大。

下面再说一些吴先生带领我们搞科研的事情。

第一件事情是研究电弧弧根的工作。从事加热器研究的人，一般都对加热器内电弧的运动和弧根的位置等很感兴趣。在外加磁场的作用下电弧是旋转的，而且阴极弧根和阳极弧根的旋转速度是不同的，这表明电弧在旋转过程中不断地"拧麻花"，其长度越拉越长，拉到一定程度中间会发生短路，所以导致了电弧电压不断振荡，这个过程相当复杂。对于我们的加热器，中心电极是阳极，其弧根的轴向位置基本上确定；阴极接在喷管上，其弧根的轴向位置不确定，要随气流速度而变化。因为阴极弧根的轴向位置直接关系到电弧长度和电弧电压，所以关于阴极弧根位置的研究很重要。以上这些又都与外加磁场有关，即磁力线的走向和强度分布。为此，吴先生决定带领我们花几天时间在冷态条件下（不点电弧）专门测量磁场分布。尽管费时费力，但我们收获很多，积累了大量的第一手资料。在测量磁场的过程中，我们还得到了一个意外收获：发现磁场线圈的伏安特性，冷态下的与加热器运行时的有所不同，即冷态下线圈上的电压降明显比热态时要小。经过分析，我们得出如下结论：加热器运行时线圈磁场推动电弧旋转，同时，旋转电弧对磁场的反作用会在线圈内产生一个反电动势，致使线圈压降增加。电路里克服该压降所做的功就转换为加热器内电弧旋转克服阻力所做的功，最后都变成热进入气体内。以前我们只知道给气体加热所需的能量来自电弧两端的电压降，现在知道线圈压降中超出欧姆压降（克服线圈电阻产生的）的部分所做的功最终也是被气体吸收的。正是吴先生亲自带领进行实测，使得我们对加热器中的热转换过程有了更为深刻的理解。

第二件事情是确定气体焓值。加热器里实验气体的焓值是气动试验的重要参数，必须测定。我们知道有两种方法可以确定电弧室里的气体焓值。其一是所谓的声速喉道法：因为喉部处单位面积的气体流量是由储气室（即电弧室）的压强和焓值确定的，知道了喉部处单位面积流量和储气室的压强也就可以确定储气室的焓值；其二是所谓的热平衡法：外界给加热器输入的功率减去冷却水从加热器带走的功率，再除以气体的流量，这就是电弧加热产生的气体焓增值，可近似看作电弧室的气体焓值。但是我们以前采用这两种方法得到的焓值并不一致,存在系统偏差。具体而言,用方法一得到的焓值总是大于用方法二得到的。如果把驱动电弧旋转做功的这部分能量加进去,提高了热平衡法得到的焓值,这样两种方法得到的焓值就更接近了,减小了电弧室气体焓值的不确定性。这也是实测加热器磁场附带的研究成果。

第三件事情是建立小车间。我们实验室原来有一个小仓库,里面都是一些用过的、淘汰下来的旧部件。在这里我们常常可以找到一些有用的零部件,这与到市场上买或画图后到工厂加工相比,既省事又省时间。实验室一直还有一台小钻床供大家使用。后来,吴先生又想办法从所工厂调来了一台小车床,这样就构成一个小小的车间。实验室里很多人都会使用这些简单的机床,包括吴先生自己,这为实验研究带来了很多很多的方便。据说,这种传统是吴先生从美国带来的,他在美国学习和工作过的实验室多数都是如此。

最后还有一件是关于保健费的事情。有一段时间,实验室里连续发现多名工作人员患有风湿性关节炎、骨刺增长等。北京市有关劳保部门来实验室取样调查、分析后得知,经电弧加热的高温气体和实验材料烧蚀后的产物,含有某些影响人体健康的有毒成分,还可能包括某些有害的电磁辐射。因而实验室参加实验的工作人员可以享受甲级保健待遇。甲级保健待遇之一是每月领取 10 元的保健费。当时实验室工作人员的月工资大多数在 38 元和 62 元之间,每月增加 10 元就相当可观了。吴先生是完全有资格享受甲级保健待遇的,但是他说:我的工资已经比较高了,每天都能喝牛奶……所以,他一直都自愿放弃这一待遇。当然,这些是我听组里其他同志说的,但是我相信是真的。

以上这些都是具体的科研工作中的小事,但从中也可见吴先生深厚、坚实的学术造诣及踏实、严格的科研作风。此外,他在工作中和年轻人交往展现出的淳朴、实诚的为人处世态度也获得大家的尊重。吴承康先生是我们心中永远的榜样!

作者简介

刘大有,1964 年毕业于中国科学技术大学近代力学系。1966 年秋结束研究生学习后,在吴承康先生领导的实验室从事航天飞行器的烧蚀、通信中断和粒子云侵蚀等问题研究。后来又转入二相流基础理论及其应用的研究。2005 年退休。

师生情深
——记中国科大 5907-3 毕业 50 周年同学聚会

肖林奎

2014 年 9 月 20 日,初秋时节,秋高气爽。中国科学技术大学近代力学系 59 级喷气动力热物理专业(5907-3)的 40 多位年过"古稀之年"的同学会聚在首都玉泉路老校区,纪念我们毕业 50 周年。这天,特别令同学们感到高兴和激动的是,我们请到了当年在校时连续两年教了我们两门专业基础课的中国科学院院士、敬爱的吴承康老师!

吴老师这时已是 85 岁高龄。会前,我的任务是负责邀请吴老师并做用车接送的安排。联系时,我刚说完这个意思,老师没任何犹豫,立即表示很高兴参加,但怎么劝说也不让我届时去车接送,坚持要自己开车前往!

聚会当天,老师很早就到达会场。在场的同学们立马围了上去向老师问好,老师笑容满面地与同学一一握手,亲切交谈。利用会议尚未开始的时间,老师特别高兴地与同学们留影,满足了所有同学的殷切愿望。

纪念会在同学们经久不息的掌声和欢迎老师的呼声中开始。首先,吴老师高兴地和全体同学一同起立高唱校歌《永恒的东风》。歌毕,两位女同学代表大家向老师献花,衷心表达对老师的感激之情和敬爱之心。这时老师手捧着鲜花又与前来的部分同学亲切交谈,另一部分同学则纷纷拿起相机或手机拍下生动的场景。

接着,主持人敬请吴老师讲话。老师热情洋溢地接受了邀请,他首先满怀激情地说:"我今天有这个机会参加这个聚会,感到非常难得,非常高兴!回想与我爱人一道回来的那几年,干了不少工作,但真正有意思的是在中国科大给大家上课,非常有意义!后来做些国防工作和研究工作也有意思,但在中国科大给同学们教两门课、与同学们在一起,我感到真有意思。那几年的同学给我的印象,不但是从全国来的基础好、最优秀的学生,在思想境界和精神状态方面也很好。同学们毕业后,服务社会,服务人民,做出了重要的贡献,包括今天在座的,以及没有来但我知道的,做得非常突出、非常杰出。我们一个专业就有这么大比例的同学做出这么大贡献,很难得。今天大家毕业 50 周年,一个专业有

40多个同学在北京聚会，真不简单！"

接着，他又款款道来："另外，回忆一下多年来我形成的观念是，教育的真正目的是在培养学生的过程中，一定要给学生打下很好的基础。我记得，当年我们科大在这一点上应该是做得相当不错。我教书时也注意把最基础的知识教给学生。基础很重要，大家一定都有很深的体会。因为事业千变万化，有好的基础就能应付，就能真正做出成绩。第二点是要培养同学们解决实际问题的能力，特别是要有创造力。我们国家教育系统在这一点上过去做得不够，我也做得不够好但也曾尝试做了一点，比如说考试不出背书本的题目，而是出一些有意思的问题，让学生们用学习到的基础知识去分析问题、解决问题。这一点，我还是做了一些。当然，真正要让同学们自己多思考、多发现、多创造，我还做得不够。这与国家教育制度有关，也与我自己上学经历有关。我小时候学习成绩比较好，但只是为了应付考试想拿个好分数而已。"

吴老师在讲话中，还介绍了自己在国外的学习历程，以亲身经历进一步阐述培养学生解决实际问题能力的重要性。现今我们同学也知道了，老师在读博期间就和他的老师创造性地共同提出了阐明汽油机爆震机理的 Livengood-Wu 积分模型。最后，吴老师再次动情地对大家说："今天能与这么多同学们在一起，我感到特别高兴！"此时，大家对吴老师深情、亲切和坦诚的讲话报以热烈的掌声，我们仿佛又回到当年的课堂，再一次接受了老师的生动教育。紧接着，吴老师认真地倾听同学们争先恐后的发言。大家向老师汇报了各自的工作情况和当年老师的教育给自己工作带来的深远影响。每位同学都情不自禁地对老师深表了谢意，但又感到千言万语也说不尽感激之意，只能将恩师教诲铭记于心并流传后人。

座谈环节以后，我们在原校区标志性建筑——礼堂前拍了全体与会者合影照。多才多艺的老师一眼就判断出照片拍得好，不禁夸赞从外地扛着"大炮筒相机"赶来的"发烧友"同学：这么多人，你能把每人都拍得这么清晰，不容易！

中午，师生一起在校区一食堂聚餐。席间，同学们一一向老师敬酒并交谈，气氛非常热烈。时间仿佛过得特别快，餐后便到了与老师分别的时间，同学们恋恋不舍，依依与老师惜别，目送着敬爱的老师自行驱车渐渐远去！

参加这次纪念聚会的国内同学，其工作单位地处 14 个省市，还有一位远从加拿大赶来。5907-3 专业的同学们毕业后分别从事航天航空、战略战术导弹、基础和应用基础科学研究、高等教育、叶轮机械、能源、坦克舰艇、防化以及政府机关和部队的管理工作等等。确实，正如吴老师所说，实际工作真是千变万化。虽然我们同学毕业后工作地点四面八方，工作领域多种多样，有的甚至与原来所学专业相去甚远，有些同学工作内容或地点还时有重大变化，给工作和生活都带来困难，但所有这些同学都能较快地适应相关领域工作并取得优异、杰出的成绩。这既是依靠大家矢志不移为祖国、为人民做贡献的决心和坚韧不拔的坚强意志，更应归功于我们当年有幸在中国科大得到钱学森、吴仲华、吴承康、许国志等科学大师以及林鸿荪、葛绍岩、吴文等顶级科学家作为授课老师的教育，他们为我们打下了较为深厚的知识基础和较为坚实的工作能力。吴老师在聚会上所强调并在当年教学中尽力践行的观点，已在我们同学长期亲身工作经历中得到了有力的证明！

时至今日，中国科大 5907-3 毕业 50 周年纪念聚会虽然已经过去了 10 年，但那充满师生深情的情景和吴老师的音容笑貌永远铭刻在我们全体同学的脑海中。我们记得吴老师不但在科研工作上卓有成就，同时在教育事业中也做出了重要贡献。在中国科大创建初期，吴老师就是我们专业奠基人之一，先后开设了"热力学"和"燃烧学"两门课。这次会上讲话充分体现了老师对这段教学工作的重视与热爱和对同学的厚爱深情。此外，老师还先后培养了一批研究生，真正做到了桃李满天下！

尊敬的吴承康老师永远活在我们心中！

作者简介

肖林奎，1964 年从中国科学技术大毕业后到中国科学院力学研究所工作，先后在怀柔分部发动机组和本部激波风洞实验室从事科研。1984 年调任十五室副主任并主持有关风洞研制等工作。1991 年任所党委副书记，1994 年任所党委书记兼副所长。1998 年年底退休。

我知道的吴先生二三事

盛宏至

吴承康院士在工程热物理和等离子体两个领域做出的很多贡献,在科学技术发展的多个方面有着重要的意义。但是吴先生一向低调,他的一些事情,知晓的人很少。本文在此回忆一些亲身经历又鲜为人知的事情,从一个侧面展现吴先生的磊落为人,以此作为对吴先生的思念。

下面三段文字节选自刊登在 2022 年 7 月期《燃烧科学进展》的《中国工程热物理学会燃烧学杰出贡献奖人物特辑 | 中国科学院力学研究所吴承康院士》介绍文章的前三段。

吴先生 1947—1948 年在上海交通大学机械工程系学习。1949 年起在美国威斯康辛大学机械工程系学习,1951 年获学士学位,1952 年获硕士学位。1952 年到美国麻省理工学院机械工程系学习,1954 年获机械工程师学位(M.E.),1957 年 1 月获科学博士学位(Sc.D.)。1957 年 1—7 月在美国麻省理工学院斯龙发动机实验室任研究工程师。

吴先生于 1957 年回国后在中国科学院动力研究室工作,任副研究员,于 1960 年随动力研究室合并到力学研究所。后随单位建制调整,1970 年调到第七机械工业部二院二○七所,1974 年调到第七机械工业部七○一所,1978 年回到中国科学院力学研究所工作至今。在此期间,历任副研究员、研究员、研究室主任。1984 年 2 月至 1987 年 12 月任力学所副所长。

吴先生长期从事燃烧、烧蚀与等离子体等热科学领域的研究,在基础研究和应用基础研究方面都获得丰硕成果,是我国弹头烧蚀防热研究、低温热等离子体科学和燃烧科学界的学术带头人,并为我国发展航天、能源科学做出了重要的贡献。吴先生多年的学术成就得到国际学术界的尊重和国家的奖励。

《燃烧科学进展》的介绍文章是我提供的素材,该文将吴先生的学术成就总结为三个方面:① 可燃混合气体的燃烧基础研究;② 航天器再入问题研究与等离子体技术;③ 授教固有方,桃李满天下。吴先生在文章发表当天晚些时候,在与课题组孟显的微信聊天中写道:"这篇内容相当准确,因为是盛老师写的。比起一般介绍人物的文章,这篇确切得多了。如有机会联系到盛老师,请代我感谢他。"从这里可以看出吴先生一贯的低调作风。

下面具体回忆我所熟悉的吴先生二三事,作为对吴先生的纪念。

1. 早期在内燃机燃烧方面的成就——爆震机理与 Livengood-Wu 积分

在可燃混合气体的燃烧基础研究方面,吴先生有两个在学术界有重要影响的成果,其中一个是爆震机理。在 20 世纪 50 年代,汽油机的爆震是限制汽油机效率和功率的关键因素。当时有两派学说:"自燃说"和"爆轰波说"。美国麻省理工学院斯龙发动机实验室的 J. C. Livengood 和吴先生(当时是研究生)一起,针对缸内空气与燃料混合物的非均匀特点,用"声速法"测量了缸内不同部位气体的瞬时温度,并结合实验室在激波管、快速压缩机和实验发动机上得到的大量数据进行分析,给出了至今仍被引用的 Livengood-Wu 积分模型,这就是吴先生的另一个成果。该成果在 1954 年发表于第 5 届国际燃烧会议,其后被内燃机学术界认定为汽油机爆震的"自燃说"的理论基础。在 20 世纪 70 年代开始的内燃机燃烧数值模拟中,该积分模型依然被大量用于预测内燃机的着火滞燃期,目前还用于 Fluent 软件的相关模拟中。

Livengood-Wu 积分模型的物理概念非常清晰,预测结果也很准确,使该论文也非常出名,该积分模型广泛用于滞燃期计算。但因为该论文发表的文献署名为"J. C. Livengood and P. C. Wu",其中 P 为吴先生在美国使用的英文名 Philippe 的首字母,知道这就是吴先生的人不是很多。所以尽管国内从事内燃机燃烧计算的很多学者知道该积分和出处,但都不知道这里的 Wu 是吴承康先生。甚至我也没有从力学所和工程热物理所的同事口中听说过吴承康先生有这么一个重要的贡献。吴先生就是如此低调,从未在国内宣传过这项成果。

1978 年,我在铁道科学研究院开始研究生论文研究工作,内容为机车柴油机工作过程的数值模拟,计算内容有滞燃期和燃烧过程的计算。我在文献调研时注意到有少数国外学者采用 Livengood-Wu 积分模型计算滞燃期,积分采用缸内的瞬时温度与压力,选择考虑物理滞燃期的公式,将活塞运动造成的温度压力变化纳入了计算,得到较好的结果。1988 年 9 月,我结束在力学所的博士后研究工作,作为高级访问学者到挪威科技大学海洋中心工作,1989 年参加了挪威海洋研究所为芬兰瓦锡兰公司用于液化天然气运输船主机的柴油引燃柴油/天然气双燃料发动机进行燃烧规律分析研究。由于传统的滞燃期计算方法无法用于此类特殊燃烧系统发动机,就在计算中采用了 Livengood-Wu 积分模型,得到很准确的滞燃期预测值,但当时并不知道此积分中的 Wu 就是吴承康先生。直到 1991 年 1 月回国后,由于当时微型计算机不算普及,我办公室有一台 386 微机。我在微机上帮吴先生输入简历时,看到著作目录有 Livengood 与 Wu 的合作文章,这才恍然大悟,原来敬仰十几年的 P. C. Wu 就在身边!后来经我介绍,国内内燃机界的学者才普遍知道了这个积分模型原来是吴承康先生的大作。

当然,在输入简历时,我还注意到吴先生于 1952 年在威斯康辛大学获得硕士学位后到麻省理工学院机械工程系学习,在斯龙发动机实验室工作,1954 年获得机械工程师学位(degree of mechanical engineer),当时我非常吃惊,估计不少读者也会很惊奇,还有这样一个学位!我也心存疑问,这到底是什么样的学位?2008 年在翻译《钱学森文集》时,我才了解到其他美国高校也有工程师学位。比如,钱学森先生在加州理工学院古根海姆喷气推进中心任主任时发表的有关教育的文章提到,为了给美国空军培养高级工程技术人才,设立了航空和机械工程学科的理科硕士及航空工程师学位(the degree of aeronautical engineer)和机械工程师学位(the degree of mechanical engineer)。攻读工程师学位不仅要学习新课程知识,还要有实际动手能力训练,之后还可以继续攻读博士学位。想来,1954 年在第 5 届国际燃烧会议上发表的与 Livengood 合作的论文是吴先生在麻省理工学院斯龙发动机实验室工作期间的成果,也是吴先生在麻省理工学院获机械工程师学位的重要成果,还是吴先生最后获得博士学位的重要阶段成果。这段实验室工作和研究经历不仅对吴先生的实际动手能力是一种很好的锻炼,得到机械工程师学位也为吴先生能迅速取得博士学位起到重要作用。当然,此段时间的经历对于吴先生强化对物理现象的理解与增强学科基础科学知识也非常有益。

我作为高级访问学者在挪威科技大学海洋中心工作时,1989 年曾到伦敦参加内燃机燃烧国际会议,会议上遇到了吴先生在麻省理工学院读博期间的同学,是一位波兰裔麻省理工学院教授,名字记不得了。聊天中我向他介绍我的博士后老板是 C. K. Wu(吴先生在国内的英文名字),他表示不认得 C. K. Wu。这时我想起出国前在吴先生家里听吴先生夫人黄兰洁先生叫吴先生为 Philippe,就告诉他 C. K. Wu 的英文名字可能是 Philippe Wu。他马上表示认得 Philippe,而且表情显得很敬重,并告诉我:Philippe 非常聪明,是博士班里最好的学生,不到三年的时间就毕业了,是班里第一个拿到博士学位的。这也许可以佐证吴先生在麻省理工学院求学的经历,还能从侧面解释吴仲华先生邀请吴先生回国的缘由。这个信息,我从来没有听所里老先生提及,这再次表明吴先生一贯低调的风范。

2. 赞赏学位论文解决实际研究工作遇到难题的做法

吴先生是我博士论文主审人和答辩委员会主席。我到力学所工作,然后到挪威继续改进博士论文发展的方法,都得益于他对我论文工作的肯定。

我在 1983 年考上天津大学史绍熙院士的博士研究生。史校长原计划让我延续硕士论文所做的柴油机双区燃烧模型工作,进行柴油机多区燃烧模型建模及计算。我根据硕士论文遇到的问题,认为需要得到更准确的气缸压力曲线才能分析真实的缸内燃烧速率并改进模型,就打算先研究气缸压力测量值的修正这一内燃机界几十年没有真正解决的难题,作为博士论文研究燃烧数学模型的序曲。内燃机气缸瞬时压力测量,一般采用高频响石英压电传感器,但在测量中经常遇到通道效应。消除通道效应影响,是内燃机界几十年未彻底解决的一个难题。我设计了非线性数字滤波及其预处理方法,从而得到了近似气缸壁面处的压力波幅值,由此可以正确分析缸内平均温度变化历程,并给出瞬时燃烧放热率,用以指导燃烧过程的改进。

相关研究结果出来后汇报给导师,史绍熙院士认为足够达到工学博士学位水平,将已有成果写成学位论文即可。在与史先生商量博士论文外审的主审人时,史先生首推吴承康先生,并建议他作为答辩委员会主席。史先生比较熟悉吴先生的工作,对吴先生在热科学的物理基础学识印象很深,知道他在再入防热和通信中断等方面的研究成果,可见吴先生在热科学学术界有较大的影响。

记得 1986 年春,在吴先生审完博士论文后我去取评审意见时,吴先生不仅对论文采用的理论分析和激波管试验研究方法得到测压通道内压力波特性的结果评价很高,对三种预处理方法和三种数字滤波方法的数学背景和实测效果评价很高,还特别问我为何会选这么一个实验中遇到的难题作为博士论文题目。我如实地告诉吴先生:我在硕士论文时遇到气缸压力测量不够准确,不利于评价燃烧数学模型的问题;由于内燃机界几十年没有解决此测量问题,所以我计划试图先克服此难题,将此部分内容作为原定博士论文的建立多区燃烧模型的前奏部分,后来史先生认为这部分内容可以作为博士论文主体内容。吴先生对这样解决实际研究工作中遇到的难题的做法给予了充分肯定,并当即同意参加答辩委员会,并在答辩前一天晚上亲自驾车到天津大学以参加我的论文答辩。

现在仔细考察起来,才发现我的专业背景和经历与吴先生的专业背景还是有很多契合点的,特别是示功图处理方法的物理背景和用激波管方法建立阶跃压力波测量通道内的有质量流动的压力波传递过程,与吴先生在麻省理工学院斯龙实验室的化学动力学研究和温度测量工作有一定的共性,所以引起了吴先生的兴趣。后来他同意做我的博士后合作导师。

1989 年我在挪威海洋研究所工作期间,开展了芬兰瓦锡兰公司一台四缸柴油引燃的柴油/天然气双燃料发动机燃烧规律的分析工作。我基于博士论文成果进行了完善和充分验证，得到了很好的效果。对于柴油引燃天然气这一复杂异相燃烧过程，得到的累计放热量与实际测量的燃料消耗量的差异不到5%，充分证明了方法的有效性。因此挪威海洋研究所和芬兰瓦锡兰公司要求我转让有关分析方法和计算程序。据瓦锡兰公司驻华总代表2014年介绍，在采用我的方法改进了该公司双燃料液化天然气运输船主机的性能并用于生产调试过程后，装有该机型的液化天然气运输船于1992年进入商业化市场，一度占据了液化天然气运输船用主机的90%的市场份额。由此可见，能将引燃燃料燃烧放热与天然气主燃烧放热分离，得到引燃燃料放热量与放热起始时间的定量数据对改进该型发动机的重要性，也说明我的博士生导师和论文主审人对问题判断的准确性。吴先生的深邃学术见解可见一斑。

3. 乳化柴油掺水的研究工作

我的博士后研究工作是关于乳化柴油掺水问题，在研究中观测到了"团状微爆"现象。这项研究是在力学所进行的，是在吴先生指导下完成的。

吴承康先生作为麻省理工学院的高才生，在获得博士学位后不久就回国，接受创建中国科学院动力室的吴仲华先生邀请到动力室工作。1960年动力室与力学所合并，吴先生的编制也就到了力学所，20世纪70年代吴先生所在的老十一室部分又归属到七机部，但吴先生的工作地点一直在力学所内。据老同志回忆，这是一个有解放军站岗的独立小院。我1977年到力学所报考研究生时见过站岗的战士。1980年吴仲华先生将力学所一三五室拉出去恢复建制成为独立的工程热物理研究所，吴先生没有去。1988年吴仲华先生卸任工程热物理所所长时，曾邀请吴承康先生继任所长，吴先生也不愿去。他认为在力学所更能发挥作用，在这里为国家的航天事业付出了全部身心。我为自己能在吴先生这样的大师指导下做科研工作感到幸运。

我在博士毕业并取得吴先生同意后，就来到中国科学院力学研究所吴先生的课题组工作了。说实话，力学所在我心目中是一个神圣的地方。1977年国家恢复招收研究生时，首轮招生的是中国科学院的研究所和少数几个著名高校。我因1973年到1976年的工农兵大学生学习期间，在西安交通大学动力系读的是内燃机与设计制造专业，故而有一定的热工基础和动力机械制造基础，还有一点点燃烧知识。1977年研究生招生时没有内燃机专业，只有力学所（当时工程热物理所没有与力学所分开）有燃烧学专业，燃烧学的导师是黄兆祥和王应时两位研究员。力学所提供的考研重要参考资料是麻省理工学院机械系的Ascher H. Shapiro教授1953年的两卷本研究生经典英文教材 *The Dynamics and Thermodynamics of Compressible Fluid Flow*。我当时找遍了北京图书馆

（当时在北海附近的文津街，现在是国家图书馆）、中国科技情报所、安定门内国子监的首都图书馆、原国防科工委情报所、机械工业部和航空工业部等大部委情报所，以及高校图书馆，都没有此书馆藏，只查到中国科学院图书馆有馆藏（当时不知道力学所图书馆中有多册馆藏），最后托在中国科学院北京天文台工作的大姐夫替我在科学院图书馆借到此书。但是作为刚毕业的工农兵大学生，专业为内燃机设计与制造，无论英文基础还是专业基础的知识深度都不太够，备考比较困难，尽管报了名但是心里始终没底。后来1977年研究生招生拖延缓招并与1978年招生合并，1977年没有获得招生机会的产业部门研究院也加入了1978年研究生招生行列，其中包括铁道科学研究院，他们设有机车柴油机专业，与我大学学习内容完全衔接。我就到力学所要求撤回我工作单位盖章批准过的报名表，当时力学所科技处的老师劝我"不要撤回，题不会很难"。但我认为毕竟跨了专业而且参考文献就很难，坚持撤回了申请表并转到铁道科学研究院招生办。至此，力学所在我心中一直有很高的地位，能到力学所工作自然是圆了一个梦。

1986年6月底我到力学所报到，在十一室吴先生组工作。8月的一天，在与工程热物理所潘奎润先生一起搭乘吴先生小车去院部开会的路上，吴先生征求我的意见：是否愿意改做博士后。他当时任力学所副所长，协助郑哲敏先生主管力学所科研与教育等业务。他说，力学所准备开展博士后工作，如果改做博士后，就可以在力学所启动博士后流动站工作。博士后尽管不是更高一级的学位，但是当时人们都认为是一个很好的经历，所以我就成为了力学所首名博士后研究人员，合作导师就是吴先生。我将此事反馈给史先生，史先生也很高兴，认为对强化我的燃烧学基础知识十分有益。

我在力学所改做博士后研究时，正好遇到国家经委节能项目立项研究燃油掺水节能机理，试图解释节油机理，并考察是否有推广价值，由吴先生负责。吴先生根据我的特点将此项目交由我负责，还给我配了他招的两个硕士研究生参加研究工作。我欣然接受了，因为我知道吴先生到动力室后就承担了柴油掺水节油的实验研究，并得到了一定的节油效果，特别在雾化质量不良的老旧发动机上有明显的效果。前人的柴油掺水试验结果在一部分柴油机上有一定的节油效果，在另一部分柴油机上节油效果不明显，需要研究清楚机理。一种观点是掺水增加了燃料热值所以节油，但不符合能量守恒原理。另有一种观点是掺水的乳化柴油在气缸内发生"微爆"而改善燃烧，所以改进热效率而节油。但由于微爆是一个微观的瞬变过程，当时的显微摄影术无法记录连续的高速瞬态过程，而高速摄影又没有足够的微观分辨率观察到微爆现象的细节，所以没有直接的证据证明微爆是否存在，是否是节油的主要因素。所以开展这项研究是很有意义的。

我设计了高温高压定容燃烧弹模拟气缸内条件，并通过与天津大学精密仪器系激光专业合作，利用电光分幅式激光高速全息术得到了微爆的多幅连续微观图像（速度为每秒5000幅）。我通过定容燃烧弹试验，发现掺适量的水的乳化柴油在雾化后的数毫秒内完成"团状微爆"；同时揭示了乳化油喷入燃烧室后快速升温，雾滴中微小水滴瞬时过热汽化，有足够能量将大颗粒乳化油雾滴打碎并扩大油雾体积，改善燃料与周围气体的微观混合并加速升温速率，大大加快燃烧反应速率和反应完全性，燃料的快速放热提高了热机效率，从而解释了柴油掺水的主要节油机理。微爆现象大幅度改善雾化质量，对于雾化不良的老旧柴油机效果优于雾化良好的新型柴油机，解释了柴油掺水效果差异的原因。在1988年第22届国际燃烧会议征稿期间，因论文研究尚未完成，这个结果作为work in progress（进展中的工作）论文张贴，1994年在第25届国际燃烧会议上作为正式论文发表，在国际上首次用高速激光全息显微摄影术展示了乳化油微爆过程的细节。

我的博士后研究工作清晰地揭示了柴油掺水的微爆现象改善燃烧过程、提高热机效率的机理，为国家经委（即后来的国家发改委）是否推广掺水柴油提供了依据，也为后来与"水变油"骗局的斗争提供了充分的依据。关于博士后研究课题的进展，我一直向吴先生汇报，包括过热水滴发生"团状微爆"的提法，都是与吴先生讨论后的结论。

4. 与王洪成"水变油"骗局的斗争

1992年，国内"水变油"闹剧甚嚣尘上，当时若干省市电视台还播放了水中加入柴油后可以燃烧的录像。实际上，操作人员刻意用高锰酸钾（灰锰氧）将塑料桶中的柴油和水染成深色，使水油分界面不易观察到，然后利用油比水轻的特点，从上面将柴油取出燃烧，欺骗观众，称水变成了可燃液体。

1995年4月，王洪成等甚至在哈尔滨工业大学欺骗参会的十几名专家到场见证"水变油"过程，并鼓动校领导上书中央推广"水变油技术"。一些老干部由于不懂科学，还建议中央重用王洪成。甚至以某大学教授的名义称存在"冷核聚变"（三个氧原子变成四个碳原子），为水变油背书。实际上，王洪成所谓的水变油添加剂，基本上就是肥皂一类的普通表面活性剂，能使油水均匀混合成为乳化油，可以在发动机中燃烧，但并不增加总热值，还会损坏发动机。由于水蒸发时要吸收一定热能，可用的热能还会下降。但由于乳化油可能改善雾化和燃烧，所以可能有一定的节油效果。当时王洪成在全国范围建立了一些子公司出售水变的油。但这些子公司发现王洪成提供的添加剂无法将水变为油，只能制作白色乳化油，不能当成柴油出售。有的厂家在了解到我研究过乳化油燃烧机理后,到所里找我,坦承无法生产水变的油,为达到出售盈利的目的,请我帮助生产透明的微乳化油,当作燃料油出售。我拒绝了此项合作建议,但从中也可以看出王洪成"水变油"骗局的底细。

在与王洪成骗局的斗争中,中国科学院力学所吴承康院士、化学所胡亚东所长、工程热物理所潘奎润研究员和力学所薛明伦所长等,自发组织起来反对"水变油"骗局,特别是反对哈工大十几名教授联名向中央提出的所谓发展"水变油技术"的建议,我也是参与者。

1995年夏,国务院领导委派秘书长罗干组织了专家组,要从根本上揭露"水变油技术"骗局。吴先生为组长,参加的还有石化研究院副院长等其他单位专家。据了解,王洪成给外人演示的实验室是一个封闭的小黑屋,里面有一个水池,加入添加剂后从池中取出的液体可以燃烧。这个封闭的黑屋不允许别人停留,更不要说仔细地检查设备。如果在水池下部埋一根油管加入一定量的柴油,柴油因比水轻而浮在水上,从表面取出的液体一定是可以燃烧的。由于对这样的实验室存有怀疑,专家组坚持让组长吴先生等人作为代表到王洪成在哈尔滨的试验场地认真考察,并提出双重保险箱的方案,要对"变出"的样品实行严格隔离措施,防止化学分析时样品被掉包。原因是1995年4月28日在哈工大"变"出的油,就是在数天后才由王洪成哈尔滨公司的人送到长春进行检测分析,从而得出是油的结论。然而,专家组提出的方案未能实施,因为王洪成坚持不同意。最后,闹剧以1995年年底王洪成被监禁而告终。

原来,在此之前,国家安全部门做了秘密调查,用放射性物质在装样品的玻璃瓶上做标记,发现玻璃瓶在保管期间被王洪成方调换。由于石油产品是多种烃类的混合物,全球各大油田,甚至同一油田不同区块的原油成分存在差异,用质谱的方法可以像指纹鉴别一样鉴别不同原油炼制的油品的差异,甚至同一区块的原油在不同炼油厂的不同生产批次成分也略有不同,也能加以区分。所以,用质谱法鉴别出所谓"水变出的油"都是当地石油公司营业部出售的各类油品,如石脑油等,而且不是其他地区销售的油品。这是石化研究院提供的信息,可以充分证明王洪成"水变油"的欺骗性。

5. 支持废弃物处理事业——垃圾焚烧和等离子体处理

1988年我作为访问学者出国、后获批延期一年至1990年9月,都是吴先生为我出国做的担保。在国外,我曾接到芬兰瓦锡兰公司总部至少5年的工作邀请和瑞典隆德大学建设内燃机实验室的工作邀请(3+3年)。为了不给吴先生添麻烦,在1990年7月公派接近期满时我回国探亲,并计划在力学所辞职以便留在国外工作。当时吴先生和薛明伦所长劝我在完成挪威海洋研究所的项目后回国开展自己的事业,成为业务骨干,而不是留在国外为别人服务,所里还为我在院里争取到一套两室一厅的住房。尽管还有其他推辞的理由,但老先生的期望促使我决心尽快回国,马上回挪威安排结题和转让计算方法等回国事宜。1991年1月26日,我回到国内当天,吴先生开着他的菲亚特小车为我送来一张折叠行军床,便于我在新分到的房子内居住,令我内心非常感动。之后他说,力学所没有条件为我建设内燃机实验室,但可以结合我的专长安排相关研究工作,如液体雾化、燃烧等。此时恰逢所里的浦以康和王柏懿两位研究员结合1990年国际燃烧大会主题之一和国内垃圾处理现状,推动国内开展垃圾焚烧事业,吴先生建议我参加两位研究员的工作,这致使我后半生与城市垃圾处理事业结下不解之缘。这个项目开始后,一方面工作是向朱镕基副总理写推广垃圾焚烧事业建议书,另一方面工作是根据力学所的基础条件,开展包括流化床焚烧炉和焚烧发电厂相关力学和热工问题研究。后来,结合吴先生开创的低温热等离子体研究与应用方面优势,在等离子体热解亚当氏气和气化处理医疗废物等有害废物方面开展研究,在国内率先开始了等离子体处理废物的事业。目前,在国内等离子体处理废物行业处于领先地位的中国天楹集团的领军人物就是力学所最早从事该项研究的博士生李要建。可以说,力学所在废物处理方面的成绩是与吴先生的支持分不开的。

6. 轶事:吴先生喜欢开车,1986年就买了小车菲亚特126P

吴先生去美国留学前,不到二十岁就会开车,一生酷爱开车,在美国学的就是汽车相关专业。我国在1985年以前没有私人小汽车,1985年用易货形式从波兰进口菲亚特126P。菲亚特126P是类似于大众甲壳虫车的3米长小轿车,搭载0.6升排量的双缸风冷后置发动机,最初易货车标价不到一万元人民币,后来涨到一万几千元,后来又跌到八千多元,再后来又涨到两万多元。菲亚特126P开启了我国改革开放后的私人小汽车时代,其地位堪比后来的劳斯莱斯。

1986年春,我因博士论文答辩事宜去吴先生办公室,吴先生兴奋地说他买了车。我一愣,不会是买汽车吧?!买自行车的话,不会这样说的。对于中学进工厂学修汽车、大学和硕博研究生都学发动机的我,自然知道那个时代私家车意味着什么。吴先生买车的事情,在中国科学院院部影响很大。我同队的北京插队知青的哥哥在院办公厅,是周光召院长秘书。他听说此事后告诉我,办公厅同事认为:吴先生是副所长,不会缺车用,一定是私事不用公车才自己买车,这在当时的确很特别。那时吴先生的孩子都在国外留学,他经常在周末开车带夫人到北京郊区或河北周边郊游,有了私车就方便了。我后来在吴先生家看到很多吴先生周末带黄先生在京郊和河北省的郊游照片,是非常难得的经历。当年,中国刚开启私家车时代,市场上只有最低端的菲亚特126P,比数年后出现的售价七万元的1.0升三缸天津夏利小轿车还小、还低端,但当时极少有人买得起,买车的基本是极少数喜欢飙车的富二代,兴趣从摩托车转到汽车。吴先生买车不久,车停在院子里,发动机的化油器(汽化器)被盗,车无法开了。我当时还在天津大学内燃机专业做项目,吴先生知道我是发动机修理工出身,专业对口,又打听到天津大港保税区有卖该车配件,就托我在天津大港区买到了化油器,他自己装上后小车又能开了。由于吴先生当年在美国威斯康辛大学和麻省理工学院都是在发动机专业学习,又有在斯龙发动机实验室的工作经历,修理汽车自然是很拿手的。再顺便说一下,吴先生是内燃机界的老前辈,以甲醇代用燃料研究为主的工程热物理所潘奎润研究员的发动机实验室,就一直得到吴先生的指导。

记得当年吴先生开车带夫人去河北游玩,交通执法人员不认可是"私车载人",认定是"无营业许可载人"并罚款处置。后来吴先生通过侨联反映是私车,不是经营,该交通管理部门才上门道了歉。从此事可见当时拥有私家车是多么罕见。吴先生的这辆菲亚特小车使用了十几年后,交力学所的刘云卿汽车检测线组作为试验线上的试验车,听说现在还在。

值得回忆的事情还有很多,如吴先生在培养年轻人、在《力学学报》、在力学所翻译协会等方面所做的很多工作,以及对力学所钱学森科学与教育思想研究会的支持,还有工程科学部的成立和后续发展,等等,一定有其他同事回忆,我就不在此赘述。

下面引用《燃烧科学进展》的介绍文章的结束语来结束本文:

吴承康先生学识渊博,为人正派,具有大师风范,诚恳虚心,平等待人,受到我们力学所每一个人的尊敬,为全体同志做出了表率,也是我们每一个人学习的榜样,永远活在我们心中。

作者简介

盛宏至,早期从事动力机械燃烧机理与实验研究,后从事城市垃圾、生物质和有毒有害废物等各类废弃物的燃烧、热解、气化、等离子体处理及燃气机与锅炉汽机发电系统等能源技术的基础和应用研究。

忆往昔峥嵘岁月稠

詹焕青

1961年,我大学毕业后被分配到力学所十一室,在老三组工作。不久,吴承康先生调到我们组,是我们的学术领导。

在20世纪60年代里,我参加了国防科研任务——导弹头部热防护试验。还记得1964年10月16日我国第一颗原子弹爆炸成功,大大鼓舞了我们的热情,年底提出了"大干28天"的口号,全组同志三天三夜连续工作。吴承康先生也和大家一起熬夜,我们终于完成了任务。

到了80年代,国家的科研方针有了变化,提出了科研要为国民经济主战场服务,要解决国家经济建设中的重大课题。"以煤代油"是我国能源政策的重要组成部分。我们就在吴承康先生的率领下,转到这个能源领域工作了。

当时,国内电站煤粉锅炉很多都采用预燃室技术,以节约锅炉点火启动和稳燃用油。这虽然有一定的节油效果,但对预燃室技术的进一步提高尚缺乏细致的研究。为此,国家经委和电力部提出希望中国科学院在这方面开展工作。当时,吴承康先生到大连参加了有关会议,接受了这一任务,并立即在十一室组建了燃烧课题组。力学所作为组织单位,联合了中国科学院电工所、北京锅炉厂及北京751厂,一起组成联合试验组。吴先生在组织四单位讨论以后,亲自写出了四单位联合分工协议书。之后,他又骑着自己用自行车改装的电动车,将协议书送到北京锅炉厂和北京751厂。北京锅炉厂厂长洪邦柱同志在事后对我们谈起这个情况时,说他当时十分感动,一定要用小轿车送吴先生回来,但被婉拒了。

燃烧组在力学所的实验室里,对预燃室冷态流场进行了测试,继而开展了燃烧热态试验。工业试验则是在北京751厂的75吨/时锅炉上进行的,我们成功地用预燃室对锅炉进行冷炉点火启动和低负荷稳燃试验。力学所和电工所还共同研制了五种预燃室的点火源,包括二种电弧等离子体、空气-乙炔、柴油小油枪及重油小油枪。这个"煤粉锅炉无油少油点火技术研究"项目通过了专家鉴定,并获得了中国科学院成果一等奖。

同时，我们与清华大学(牵头单位)、安徽省电力局和马鞍山发电厂等单位合作研究成功了大速差同向射流预燃室。它具有很强的火焰稳定能力。该预燃室的实验室试验是在力学所燃烧实验室进行的，因为煤粉量接近300公斤/时，实验室的钢管烟囱被烧得通红，为了尽量减轻对所内其他单位的影响，我们的试验都在晚上进行，在那种高温环境下，我们参试人员个个都是满脸通红、衣服汗透。吴先生也经常到现场来参加试验，记得他就曾经提出高速射流管出口应当采用椭圆形。工业试验是在马鞍山发电厂35吨/时锅炉上进行的。记得那年大年初四，我们就去工厂做试验，吴先生也跟大家一起去工厂指导试验。"大速差同向或旋转射流火焰稳定方法及通用煤粉燃烧器"项目通过专家技术鉴定，并获得国家发明二等奖。

随后，我们在实验室通过冷态流场测试和热态燃烧试验研制成功了更为简单实用的偏置射流预燃室。在安徽省淮北发电厂410吨/时锅炉厂完成了工业试验，并投入正常运行。"偏置射流新型预燃室的研制及其工业应用"项目通过专家技术鉴定，并获得安徽省科技成果二等奖。

紧接着，我们又将这种非对称射流技术用于电站煤粉炉的主喷燃器改进试验，研制成功煤粉锅炉三功能燃烧器。它集锅炉点火启动、低负荷稳燃和主喷燃器三功能于一身。我们先在实验室进行了冷态流场测试和热态燃烧试验，并且进行流场的数值模拟，最后在上海吴泾电厂410吨/时锅炉上进行了工业试验，并投入正常运行。"煤粉锅炉三功能燃烧器研制与应用"项目通过专家技术鉴定，并获得中国科学院科技进步二等奖。

偏置射流预燃室还成功用于水煤浆燃烧。当时中国科学院能源委员会组织了水煤浆技术六五攻关项目，包括水煤浆的制备(感光所)、输送(工程热物理所)、燃烧(力学所)和环保(环保所)。开始时，这个项目是由工程热物理所负责的，后来院里决定改由力学所吴承康先生负责。水煤浆燃烧技术的关键之一是喷嘴的雾化性能，它要求水煤浆必须雾化得很细，而且消耗的雾化空气要少。由于我们设计的Y形喷嘴具有很好的这种性能，加之我们的预燃室技术已相当成熟，用于水煤浆燃烧果然十分成功。经过实验室进行的多次喷嘴雾化试验及预燃室燃烧试验之后，在北京印染厂25吨/时锅炉上采用水煤浆预燃室和主喷枪相结合的燃烧技术方案，实现了锅炉冷炉点火启动和稳定燃烧运行。"水煤浆技术研究"项目通过专家技术鉴定，并获得中国科学院科技进步二等奖。

接着，燃烧组马不停蹄，又在吴先生的率领下开发了燃烧气脉冲除灰技术。电站锅炉包括煤粉炉和油炉，它们的受热面(特别是尾部受热面)上积灰甚至结焦是不可避免的。受热面上积灰必然增加传热的阻力，从而使锅炉排烟温度升高，热效率降低。因此，受热面积灰是电厂迫切需要解决的难题之一。多少年来传统的方法是采用蒸汽吹灰技术,但效果不甚理想;甚至有时因为水蒸气和积灰在一起时间长了就会引起受热面结垢,使锅炉效率下降;严重时,还会使设备遭受破坏,影响设备运行的可靠性和安全性。我们发明的燃烧气脉冲除灰技术就是用可燃气体快速燃烧的方法产生压力脉冲,这种压力脉冲会造成空气振动和机械振动,直接冲刷积灰表面,从而达到除灰效果。我们在实验室进行了大量的试验,通过测量不同空气-乙炔流量比下产生的压力,来证实燃烧室的化学反应是快速燃烧且没有达到爆轰,从而确保设备系统的安全。我们在上海闸北电厂220吨/时油炉尾部受热面采用气脉冲技术除灰,使油垢得到很好的清除,排烟温度显著降低,曾低至11 ℃。随后,我们又在国内近20个电厂的60多台锅炉尾部受热面上使用了气脉冲除灰技术,效果都十分显著,产生的经济效益十分可观。"燃烧气脉冲除灰技术"项目通过专家技术鉴定,并获得中国科学院科技进步一等奖。

纵观我们燃烧组,不失时机地组建起来,完成一个接一个有关燃烧领域和国家经济建设的重要课题,获得多项科研成果奖和国家专利,同时产生了十分可观的经济效益和社会效益,归根结底是有一位很好的学术带头人——吴承康先生。

作者简介

詹焕青,研究员级高工。1961年从清华大学动力机械系毕业后,被分配到力学研究所十一室工作。在吴承康课题组,先后从事导弹端头防热实验研究以及新型预燃室和燃烧气脉冲除灰技术的研究。

深切怀念吴承康先生

严汶子

值此吴承康先生95周年诞辰之际,心中充满对先生的深切怀念,在先生领导下工作时的点点滴滴又都涌现在了眼前。

我是1975年12月才调来力学所十一室工作的。准确地说,应该是调到那时编制还在七机部701所的原力学所十一室。当时我年近四十,已经不年轻了。一方面,我为能从事与我原来所学专业(空气动力学)相关的科研工作而感到高兴;另一方面,我又为来到这陌生的环境,一切都要从头开始而感到心怯。我就是怀着这样的心情,来到了吴承康先生主持工作的电弧风洞实验室。

由于我生性木讷,本就不善与人交流,加上把吴先生看得十分高远,因此在很长的一段时间里,几乎从不曾主动和吴先生说过话,也从没有想到要去向吴先生请教有关工作方面的问题。最初我只是在实验室打打杂和埋头读书。后来我被招至电子束探测技术课题组,从此与气流光谱诊断技术的研究工作结缘。我对光谱理论进行了认真的学习,也读到不少国外有关光谱测量技术用于气流参数测量方面的文献,对这一工作产生了很大的兴趣。不久电子束课题组解散,我没地方去,就继续留下做光谱测量工作,只是诊断的对象由电弧风洞中的低压高速气流变为电弧加热器出口处的常压等离子体射流,测量的光谱信号也由电子束激发的气体分子荧光光谱变为高温气流中气体各种粒子(分子、原子或离子)的发射光谱。

那时我们实验室的光谱测量装置就只是普通的光谱仪、单色仪和几个透镜,我认为这完全满足不了气流光谱诊断技术对辐射信号测量的要求:要求测得的辐射强度既要有准确的波长分辨率,同时也要有一定的空间分辨率。于是我开始一门心思地按我的设想,做起改进和完善测量装置的工作来。我把光谱仪的手动鼓轮改由步进电机来带动,还设计和加工了二维可调的移动底座来放置外光路的透镜。利用这套改装后的系统,加上仔细精确的标定,可以方便地在要求的测点上准确测得高温气流中气体粒子的光谱辐射强度和光谱宽度,从而导出表征该气体粒子相应热力学平衡分布的温度,如原子的激发温度、分子的转动温度和振动温度等。在调试这套测量装置的过程中,我曾测得氢电弧加热器出口的氢原子光谱 Hβ 4861 的宽度,并由此求算得到了该处的电子密度和电离平衡温度。由于长期在工厂工作形成的思维习惯,只知道去完成既定的任务,我认为自己的工作就是为实验室研制一套满足电弧等离子体射流光谱诊断要求的装置和对测量数据进行精确合理处理的技术,然后等着实验室派给自己某个测量任务。我既没有意识到应该从已做的工作中抽出有研究价值的内容写成文章,更没有想到要进一步去开拓新的研究课题,甚至也没有想到要向吴先生汇报自己所做的工作。这时,是吴先生主动了解到我的工作,把"烧蚀电离边界层的理论与实验研究"课题中的实验研究部分交给我来做,从此引导我走上了系统深入地开展研究工作的道路。

对导弹弹头烧蚀边界层的结构进行实验研究,国内没有先例,从国外文献上也只见到定性地测得特氟龙平板烧蚀边界层中某些成分的分布。而我们的这个课题则要求测得烧蚀边界层中温度、成分等参数分布的定量结果,以便能和理论计算结果进行比较,为理论计算方法的可靠性提供验证。这是一个从测量技术到数据处理和分析都有很大难度的课题。在测量技术上,要求同时对射流的径向和轴向的两个方向上都测得具有空间分辨、时间分辨和波长分辨的辐射强度分布,显然我改装的那套装置也远不能满足这一测量技术的要求。此外,为了获得能与理论结果比较的实验数据,对测量结果的数据处理和分析也是一个要求严谨而又十分复杂的过程。

正好那时所里已购置了西德研制的带有微机处理功能的光学光谱分析仪(OSA),它能给出沿入射狭缝方向(即沿气流径向)具有空间分辨的光谱图像。为了同时获得沿气流轴向分布的光谱图像,我把外光路设计成球面反射聚焦系统,由单板机控制步进电机来带动其球面镜转动,从而具有微调对光和快速扫描的功能,并使其扫描进程受控于 OSA 系统的测量程序。于是我用 OSA 系统加上这套自行设计的外光路装置实现了对光谱信号的空间二维分布的测量,从而通过 Abel 转换可求得实验气流中各点光谱辐射强度的测点真实值,并由此可准确地获得模拟实验中平头圆柱体模型驻点烧蚀边界层中气流参数的定量分布。

在这里我们还进一步注意到了这样一个关键问题:即使由光谱测量数据获得了烧蚀边界层中气流的真实参数(温度、成分等),是否就能用来与热化学平衡条件下算得的理论结果进行比较呢?这就必须对实验气流处于何种热力学平衡状态有清楚的认识。于是我们综合多种方法(光谱诊断方法、总压探针和其他量热方法)对不同运行条件(不同气体介质、电功率和质量流量)下电弧加热器出口的等离子体射流进行诊断,结果发现过去常被认为满足局域热力学平衡(LTE)的常压等离子体射流,实际上在很多情况下是明显偏离 LTE 状态的,处于一种所谓的"部分"局域热力学平衡(PLTE)。鉴别这两种状态对正确处理和分析光谱测量数据至关重要,而这一点之前常被人忽略。

我们经过多次实验,选择了合适的实验方案,测得了可表征实验气流宏观热力学平衡特性的光谱测量数据(如 CN 分子的转动光谱和 N_2 分子的振动光谱),来导出驻点烧蚀边界层的温度剖面,并用钠原子光谱导出钠原子浓度剖面。将这个实测结果与热化学平衡假设下的理论计算结果进行比较,发现两者吻合得较好,特别是两者显示的边界层厚度吻合得很好,得到了两者相互验证的合理结果。航天部一院十四所作为成果应用部门对我们这项工作给予了高度的肯定:"本成果为防热和再入通信中断提供了更可靠的预测方法,对提高弹头设计水平有直接意义,为我国战略武器的研制做出了重要贡献。"

在进行烧蚀边界层实验研究的基础上,吴先生又为我们设置了两个课题:"Non-LTE 等离子体射流诊断方法的研究"和"烧蚀边界层模拟实验中的非平衡效应",它们分别作为二级和三级子课题纳入国家自然科学基金重点项目"直流电弧等离子体发生器基本过程的研究"(1989.1—1991.12)和国家自然科学基金重大项目"漩涡、激波和非平衡起主导作用的复杂流动"(1989.1—1993.12)。在基金项目的支持下,光谱诊断的研究工作进一步向着更深入的层面推进。我把这部分工作的结果写成论文,先后参加了 1986—1992 年期间的多次国际及国内学术会议的交流,或发表在学术期刊和航天部科学技术司的内部文集上。在国内的学术会议上,我们关于电弧等离子体射流诊断技术方面的研究工作受到好评,我与一些同行在学术交流中建立了很好的友谊。

上述工作告一段落后,有一天,吴先生拿来一张他亲自设计的电弧加热器的草图,让我在此基础上完成具体结构的机械设计;同时还向我介绍了他关于研制双射流等离子体发生器的设想,希望我来具体负责这项工作。这样,吴先生又把我领进了一个新的研究领域:设计和研制新型的直流电弧等离子体发生器。双射流电弧等离子体发生器具有把颗粒、液体或气体状态的原料直接加到转移弧高温区而又不污染电极的结构形式,从而能获得很高的热效率,是一种在超细粉等材料加工领域中有很好应用前景的直流电弧加热器。研制工作中首先遇到的问题是我们实验室原有的电源无法满足这种等离子发生器的启动要求,我参照苏联研究文献中电源线路的原理,自行设计了一套高频启动电路连接在它的一对等离子体发生器的前电极之间,成功实现了由实验室原有电源就能方便可靠地对其实行启动。我还建立了一套对电弧加热器运行参数(电流、电压、气体质量流量、射流总压和冷却水进出口温度等)进行高精度测量和数据采集的系统,以便对加热器运行状态及其所提供的宏观热力学参数进行准确监测。我们于 1994 年完成对双射流等离子体发生器的调试和实验研究,获得了对这种加热器性能的全面了解,为如何高效使用和做进一步改进提供了依据。这部分工作被纳入了吴先生主持的"双射流电弧等离子发生器的电磁流体动力学过程的研究"(1992.1—1994.12)的基金项目,并参加了 1994 年和 1995 年举行的亚太和国内的等离子科学与技术会议的学术交流。

回顾在力学所的工作经历,我深深感到,正因吴先生在工作上给予的信任和支持,我这个来力学所时年龄不轻但资历全无的科研新手——连当时实验室里最年轻的同事都先我在科研岗位上历练七八年了——才得以在科研这块阵地上找到一个立脚点,做了一点有成效的研究工作。比如,"烧蚀电离边界层的理论与实验研究"这个课题,就是当时作为"910"任务(国防科委组织的弹头气动防热联合攻关项目)三个专业组之一的气动物理组的组长吴先生亲自设计和提出的,他让我来做这部分工作以实现他的设想,应当是对我的极大信任。此后吴先生一直关怀和支持我的工作:亲自设置基金课题让我来主持或具体负责;让我作为副导师协助他带研究生(先后指导过两个硕士研究生和一个博士研究生);特别是几乎手把手地把我领进了等离子体发生器的研究领域,不只是亲自画出草图让我开始学习设计电弧加热器,还专门推荐一些关于电弧等离子体发生器最新研究进展的文献让我阅读。记得我读了俄罗斯科研工作者编撰的两卷论文集(由 Cambridge Interscience Publishing 1995 年出版)中的几篇文献后,感到茅塞顿开,欣喜不已,原来看似结构简单的直流电弧加热器还包含那么大的学问,还有那么多的问题值得研究!我对吴先生的感激之情油然而生,当时的这份感动至今还留在我的记忆中。

在和吴先生的接触中,深深感到他是一个非常诚恳和谦和的人,对我们后辈非常尊重和爱护。记得我最早直接从吴先生那里接到的一项工作是测试和评估实验室现有电弧风洞扩压器的效能,看是否可对扩压器尺寸进行修改以获得更低的试验段压力。我用几个 U 型压力计测出了各种运行情况下风洞各段的压力分布,对其进行了分析,并和国外文献中同类型的低雷诺数风洞的一些结果进行了比较,提出了我对扩压器设计的一些考虑和对现有扩压器尺寸的修改意见,并以书面报告形式向吴先生汇报。我以为任务就完成了,不想吴先生却让我写成文章。我却认为写这个内容没有太大意义,全国各地的风洞都早已建成,已没有什么参考价值。于是我向吴先生"自谦"地表达了上面的想法。吴先生却很和蔼地对我说:"不,不,我觉得写出来有意义。"在吴先生的鼓励下,我很认真地写出了这篇关于扩压器的文章,这也是我来力学所后写的第一篇文章,还参加了一次学术会议。显然吴先生看重的并不是这个工作的学术意义,而是表示对我劳动付出的尊重和对我的鼓励。也许就是从这件工作开始,吴先生开始交给我上述那些研究课题。可惜的是,我当时把这些都单纯地看成是吴先生作为领导向我布置的工作任务,也由于我还存在着那种初来时形成的对吴先生的距离感,无形中很少主动去和吴先生进行交流以获得他对我更多的了解、教诲和帮助。这是我回顾过去工作期间,最感遗憾的事。

退休后,从埋头工作的状态中走出来,回看过去的经历,和吴先生虽然很少见面了,但对吴先生的认识却更加清晰,不但他那诚恳谦和的形象在我的印象中愈加鲜明,而且对他作为燃烧、高温气体和低温热等离子体等多个学科的学术带头人和多个研究项目的组织者,其学识之渊博和工作之辛劳,有了更加深刻的理解和认识,也深深体会到了他在工作上对我的关怀和信任。这些认识让我对吴先生有了一种以前不曾深切感悟到的知遇感和亲近感,于是我常有一种向吴先生说说这些心里话的愿望。终于在2018年我邀约我的老同学、也是在吴先生手下工作过的老同事柳绮年一起去看望吴先生和他夫人黄先生。吴先生看见我们非常高兴,在热情招呼我们坐下后,讲话一开头就对我们的工作表示称赞和肯定,态度是那么真诚和谦虚,真是令我们尊敬又感动。后来我们的谈话在十分亲切和随意的聊天中进行,吴先生兴奋地议论起国家发展科研的大事,黄先生则讲起了她小时候上海沦陷时逃难的经历。2019年我们又去吴先生家为他祝寿。两次拜访后,本想以后还要更多地去看望吴先生,不仅因为原来想告诉他的话还没来得及说,而且觉得与真诚坦率而又正直的吴先生还会有更多可以交流的话题,同时也想去和患病的黄先生多说说话。不想疫情袭来,中断了我们的拜访。我一直期盼疫情太平的时候,再去看望吴先生,没有想到等来的却是吴先生去世的噩耗!我感到十分悲痛,这种悲痛交织着有话永远无法再对先生说的遗憾,更加深了我对吴先生的怀念。因而写此文表示对先生永久的纪念。

作者简介

严汶子,1960年毕业于北京航空学院空气动力学专业。1960年9月至1975年11月在成都132厂(飞机制造厂)工作,历任该厂业余工学院教员、基建设备科和新工艺实验室技术员等职。1975年12月调至中国科学院力学研究所,1997年11月退休。

追忆科学与艺术完美结合的大科学家吴承康先生

孙文超

我是67届清华大学数力系毕业生,1970年和我爱人陆显洁一起调入吴承康先生所在的课题组——力学所十一室三组。

初来乍到时,作为小字辈的我感到有一种无形的压力,尤其是听到一些同事说我们书还没有念完时,更感到压力巨大,自知必须抓紧时间学习专业知识。一次在看一本讲义时,我发现有的地方叙述得不准确,甚至有明显的错误,就去请教吴先生。吴先生笑着点了点头,语重心长地说:"要认认真真读书,读些专著。读书不在多,要读出问题,才能提高自己。"这些话牢牢地记在我的心里,成为我一生读书的座右铭。

我边工作边读书,那些年我从来没在半夜零点前睡过觉,真有点"发奋"的意思。不久,国防科委下达了640-5工程的一项任务,即设计和建造一台大型的能够满足模拟要求的地面试验设备,具体而言,就是功率为16兆瓦的电弧风洞。这个设备的主体由电弧加热器、喷管、试验段、扩压器和冷却器五大部件组成。吴先生负责关键部件电弧加热器的设计,吴宗善和我负责主体设备的加工,加工任务最后落实在上海压缩机厂等几家工厂。我们频繁地往返于北京、上海之间,任务紧张时下了火车就直奔工厂,真正成了人们所说的"跑加工"。在加工过程中,由于材料的改变和厂方工艺的要求,我们带去的一些图纸常常需要做一些修改,有的情况下还必须进行重新设计。记得我在设计试验段窗口时,吴先生走到我的桌旁,仔细地审查了我的图纸,询问了有关工艺,并鼓励我大胆地工作。

在完成加工任务期间,我与吴先生的接触多了一些,感觉到吴先生的心里总是装着别人。他严于律己真诚助人的几件小事,一直让我难以忘怀。

在电弧加热器加工中,有一个氮化硼圆环需要从北京带到上海。这种材料比较珍贵、稀少,也比较容易损坏。为了携带安全,我在实验室做了一个精致的木盒,花了些时间和精力。吴先生知道后,说我很细心,还说他家有个现成的铁盒可以拿来给我用,又说:"我设计的东西,我提的技术要求,我自己怎么没想到携带的事呢?"我感到他很自责。

一次在回京汇报工作时,我不经意间讲到自己胸痛的事,吴先生十分关心。他的父亲是很有名气的医生,他把吴老先生的住址、电话写给我,让我下次去上海时找他父亲看看,并再三叮嘱:"一定要去看,把病情说清楚,不要耽误了。"由于当时我还年轻,不觉得自己会有什么大病,不好意思去打扰吴老先生。吴先生知道后,还批评了我。

另有一件事让我难以启齿,就是我们在上海的饭店里整理资料时,一些有保密性质的文件和信件需要销毁。我在陶瓷马桶里焚烧这些资料时,把马桶烧出了一道裂纹,饭店的服务员记下了我的联系方式并要求赔偿。其实,我明明白白地知道陶瓷材料具有热脆性,焚烧资料一定要小火、小火再小火,但还是捅了祸,心里真有些害怕,我那么点儿工资怎么赔偿?当我在办公室讲起这件事时,吴先生听着听着就离开了。我想我不应该当着吴先生的面讲这种低级错误。谁承想,他是去实验室那边找寻一个旧马桶,返回时告诉我那个马桶还完好可用,还详细地说明马桶放在实验室的什么地方以及如何清洗和包装等事宜,并嘱咐我在包装时一定要通知他一声。这件事真的触动了我,竟一时间不知说什么好。

20世纪80年代初期,国家开始实施改革开放新政策,强调科学研究要面向国民经济主战场的需求,要解决国家建设中的重大课题。我们的研究方向也由军转民,转向了能源领域。由于我国每年消耗在煤粉锅炉点火和稳燃上的进口燃油多达几百万吨,节约这些燃油就成为当务之急。

吴先生承接的第一个能源项目就是国家经委下达的"煤粉锅炉无油少油点火技术研究"。在中国科学院能委的安排下,由力学所牵头,联合中国科学院电工所、北京锅炉厂和北京751厂组成联合试验组。吴先生担任试验组组长,对于制定联合协议、送达协议书等工作,吴先生都亲力亲为。我还清楚地记得吴先生骑着自行车改装而成的电动车跑到西郊的锅炉厂、又跑到东郊的751厂送达协议书的情景。

对锅炉无油少油点火这个课题,吴先生和我们制定的技术路线是分两步走。第一步是研制一个先进的煤粉预燃室,用五种小点火源点燃。第二步是煤粉预燃室稳定燃烧后,再用预燃室中喷出的煤粉火焰点燃煤粉锅炉,从而达到以煤代油的目的。

煤粉预燃室由北京锅炉厂设计,在力学所进行燃烧和冷态流场测试,以期选择出最佳结构和一次风、二次风的参数。詹焕青负责实验室燃烧试验,我负责冷态流场测试和小油枪、小煤气枪的研制,朱德麟负责等离子枪的设计。另外两种小点火源(即小重油枪和另一种等离子枪)则由电工所完成。在试验期间,吴先生经常到实验室参加我们的试验,及时讨论和解决试验中出现的问题,提出改进的意见。

1983年,按照这套技术路线,我们在北京751厂的35吨锅炉上进行了冷态点火启动和低负荷稳燃运行试验,取得了圆满的成功。试验结果表明,我们的方案节省了 90% 的点火和稳燃费用,节油率达到 97%。"煤粉锅炉无油少油点火技术"获得了 1985 年中国科学院成果一等奖。

之后,由清华大学牵头,力学所、安徽省电力局和马鞍山电厂等四个单位联合,进行了直流型煤粉预燃室的设计方法和工业应用研究。经过在我所和清华大学燃烧实验室的多次热态和冷态试验以及在马鞍山电厂的工业试验,发现并建立了一种全新概念的煤粉火焰稳定和强化燃烧的方法。这种技术不仅能用于煤粉预燃室,也能用于煤粉锅炉的主喷燃器,并能燃烧包括无烟煤在内的难燃煤种,这就是"大速差同向射流燃烧技术"。这项技术的原理是用一股或多股高速射流去引射低速的一次风射流,在预燃室中产生一个强大的高温回流区来稳定火焰和强化燃烧。

在运行原理研究期间,吴先生经常到实验室了解试验情况,询问一些试验数据并提出改进建议,如:改变一下高速射流喷口形状,研究一下不同形状的喷口对引射作用的影响,等等。吴先生也很重视工业试验,有一次正值大年初四,吴先生和我们一起赶到马鞍山电厂,指导并参加了现场试验。这件事给现场的同志留下了难忘的记忆。

"大速差同向或旋转射流火焰稳定方法及通用煤粉燃烧器"获 1990 年国家发明二等奖。主要完成者有清华大学付维标等三人,力学所詹焕青和我两人,以及电力系统陈以理等三人。该项技术已在多个电厂推广运用。

1983 年,吴先生参加了我们研制新型燃烧器方面的工作。他一再强调:"敞燃烧研究,一定要以空气动力学为基础,这是燃烧研究的基本方法。"并希望我们"在空气动力学上下些功夫"。我们牢记先生的教导,在冷态流场测试及数值计算的同时,新建了一个水槽用来进行冷态流场的模拟显示。通过改变一次风口位置和一次风速等参数的方式,我们发现了不使用高速射流引射,也能在预燃室内产生一个满足火焰稳定燃烧的回流区。这种方法就是偏置预燃室头部的一次风,在一次风口的下方设置一股可以起到吹灰和控制燃烧作用的平面射流,这样组织起来的气流结构将稳定燃烧与吹除积灰结合起来。以此设计的煤粉预燃室在热态试验中显示出了优良的稳定燃烧和强化燃烧的性能。

由于煤粉锅炉运行工况的要求,我们将偏置射流预燃室发展成为三功能燃烧器,用的还是空气动力学方法。所谓三功能燃烧器,就是一台偏置射流预燃室同时具有锅炉冷态点火启动、低负荷稳定燃烧和主喷燃器三项功能。所谓空气动力学方法就是根据主燃烧器的运行参数调整预燃室中的流场结构,同时在预燃室的上方增设一股限制射流。当限流风开启时,预燃室中的回流区被破坏,火焰被推出预燃室,煤粉在锅炉炉膛内燃烧,此时的煤粉预燃室就变成了锅炉的主喷燃器;当限流风关闭时,火焰就回缩到预燃室中燃烧,便可实现锅炉冷态点火启动或低负荷稳定燃烧运行。

偏置射流新型预燃室和煤粉锅炉三功能燃烧器分别在安徽省淮北电厂和上海吴泾热电厂的410吨燃煤锅炉上完成了工业试验并投入运行,在1990年和1994年分别获得了安徽省和中国科学院科技进步二等奖。项目主要完成人有詹焕青、我、陈丽芳和闫明山等。

1984年左右,中国科学院把水煤浆代油列为重点攻关项目。院能委组织力学所(燃烧)、工程热物理所(输送)等院内四单位与北京印染厂组成联合试验组,组长是吴承康先生。他召集我们研讨水煤浆的燃烧问题,提出利用煤粉预燃室加水煤浆喷嘴燃烧水煤浆的技术路线,我们都很赞同。这一路线的关键技术是要研制一个雾化性能好、磨损小而又能与预燃室相配的水煤浆的喷嘴。为此,我们经过反复的试验研究,设计出了一种直流型多级雾化喷嘴,能够满足水煤浆燃烧的要求。这样的水煤浆燃烧器在实验室和北京印染厂的试验中,均显示出优异的燃烧性能。

"水煤浆技术研究"于1989年获中国科学院科技进步二等奖,主要完成人有吴先生、陈丽芳、我和詹焕青等。

水煤浆工业试验的准备过程中的一些小插曲,时常在我脑海中浮现。那个时候我们要经常去印染厂商讨一些问题,每逢此时,我们都是坐着吴先生的菲亚特小车前往。有一次,吴先生开着开着突然停了下来,说:"前胎被扎了。"这时,我们才知道出了事。吴先生不慌不忙地从后备箱里拿出千斤顶和备用胎,蹲在地上换车胎,也许是用力过猛的原因,他的一条腿跪在了地上。那时地面湿漉漉的,因为头天晚上下了雨,吴先生的裤腿湿了一片,但他仍不让我们帮忙,独自一人把轮胎换好了。上车后,吴先生说:"坐车和开车不是一个概念。开车的人要懂理论,会维修。"另有一次,我们同厂里的工人师傅一起讨论试验的准备工作,吴先生非常尊重师傅们的建议,后来常听到师傅们谈起此事:"这位大科学家,没有架子,好说话。"

1993年以来,我们的研究课题拓展到锅炉的本体方面。如何高效地清除锅炉受热面的积灰?这是当时迫切需要解决的一个问题。因为这些积灰增大了传热阻力,提高了排烟温度,从而降低了锅炉的热效率。传统的清灰方法是蒸汽吹灰,但这种方法长期使用下去反而会使受热面积灰加重,甚至出现结垢等问题,从而严重地影响锅炉运行的可靠性和安全性。

研究新型的除灰装置的任务落在我们的肩上,我是课题组负责人,主要参加者有詹焕青、闫明山和朱芙英等人。经过两年多的研究探索,我们设计出了一整套全新的电站锅炉除灰装置,解决了该装置的关键技术难题。涉及的难题包括:在常规条件下,预混可燃气快速燃烧如何产生压力脉冲的问题,非稳态快速燃烧室的特殊设计问题,燃烧系统的安全运行和通用性问题,以及使用常压气源所引发的各种问题。这种全新的除灰装置就是所谓的燃气脉冲除灰装置。它的基本原理就是用可燃气体在燃烧室中快速燃烧产生的压力脉冲,直接冲击积灰表面使积灰振动松弛并使其从器壁上脱落。

这项技术在研制过程中有两个问题曾引起过争议,都是在吴先生的指导下才达成统一的。第一个是回火的判断问题。"回火"是燃烧学中的一个普通概念,它是燃烧系统安全运行的一个重要隐患,必须认真防止回火事件的发生。我们已经在考虑如何防止回火的问题,但是没有想到我们课题组成员对这个问题竟有不同的意见,而且发生了激烈的争论。当时吴先生恰巧从实验室门前经过,听到屋里正在大声争论,就快步走进来,边走边说:"火往回烧,不是回火是什么?"又说:"这是不稳定燃烧常常出现的问题,你们一定要把安全问题放在第一位。"第二个是燃烧发出的巨大声响,引起了大家的不安:这到底是爆轰还是爆燃?其实这个问题在我们以往的试验测量中已有了答案,但争论还是发生了。吴先生明确地说:"有多大的能量就有多大的声响,现在还没超出爆燃的范围,没有达到爆轰的程度。"他的一席话消除了一些人对除灰设备安全性的担心,争议渐渐地平息了。

燃气脉冲除灰技术在上海石洞口电厂300兆瓦燃煤锅炉上进行了多次工业试验。在吴先生参加现场试验的那天,地面温度上升到四五十摄氏度,他冒着酷暑和我们一起爬到空预器的平台上,衣衫被汗水浸透了,都不肯下去。这项技术获得了1998年中国科学院科技进步一等奖,当时已在全国60多台大型电站锅炉上推广应用了。1999年被科技部、国家税务总局、国家对外贸易经济合作部、国家质量技术监督局和国家环境保护总局批准为"国家重点新产品"。吴先生多年的愿望——燃烧研究要为国家做贡献,终于实现了。

几年以后,我成了退休队伍中的一员。一次在颐和园西堤上,我与吴先生夫妇巧遇,当时我和夫人陆显洁正站在练桥下,不解"练"字之意。吴先生二人从镜桥那边走来,即景生情地对我们说:你看这桥下的流水,平静得像织帛一样,这"帛"字古时又叫"练",南北朝时期北齐一个叫谢朓的大诗人有句诗"澄江静如练",这个小桥流水很符合这句诗的意境。这使我不由得想起以前在成都武侯祠参观时,吴先生也曾即景生情地说:"我现在能一字不差地全文背诵《出师表》。"说着,便十分流利地背完了第一段"先帝创业未半而中道崩殂……以塞忠谏之路也"。我看着展板上的文字,真是一字不差!我中学时也背过出师表,但大部分早已还给孔明先生了。

吴先生有渊博的文学和历史知识，对古文诗词有深厚的修养，对字画也很喜爱，在音乐方面的造诣更是高超。每次到他家，他都会高兴地为我们奏上一曲。他是老干部乐团的首席小提琴手，这都是人人皆知的。现在，吴先生驾鹤西去了，我们十分怀念他，他是一位将科学与艺术完美结合的不可多得的科学家。2024年恰逢吴先生九十五华诞之际，以此文追忆大师的风范。

作者简介

孙文超，研究员。1967年毕业于清华大学数力系。1968年被分配到七机部。1970年调入中国科学院力学研究所十一室，参加640-5和910-3等国防项目的研究。1980年后转入能源领域，主要做煤粉燃烧和燃气脉冲除灰等方面的课题。1987年作为访问学者，赴美从事水煤浆燃烧的研究。2002年退休。

回忆小故事，引发大感慨
——深切怀念吴承康副所长

韩 林

值此吴承康院士95周年诞辰之际，让我们一起来纪念这位科学大家。遥想1984年2月，我调到中国科学院力学研究所工作，当天就认识了副所长吴承康，一起共事三年，非常愉快。40年的时间过去了，有几件事至今记忆犹新。

为了促进力学所的团结、活跃和创新精神，党委打算组织歌咏比赛，要求每个室、机关单位的全体同志参加。当时郑哲敏所长不在国内，主持业务工作的是吴承康副所长。在领导小组会上，吴副所长积极赞同党委的安排。特别是，我提出咱们几位所领导第一个出场，唱《团结就是力量》，复唱第二遍的时候，由吴副所长指挥，全所一起唱。吴先生二话没说，愉快地接受了任务。

1986年，力学所建所三十周年。我们在所内召开了庆祝大会，还邀请了不少国际知名学者参加。庆祝大会由我来主持，吴承康副所长担任同声翻译。在介绍来宾名单的过程中，我错误地将美国说成了英国，事后我感到很不安，考虑要不要向贵宾道歉。吴先生主动跟我说："没问题，我在翻译时已经纠正了。"我好感动，感到吴先生真诚、细心又机智。

20世纪80年代中期，我们所在评审研究人员正高级职称时，遇到了一点困难。按照中国科学院人事局分配的名额，缺少一个。吴先生向我提出能不能陪他去人事局说明情况，要求增加名额。我当即答应，陪他去了人事局。吴先生向局领导申诉了要求增加名额的理由，最终解决了问题。

记得那时每年春节期间，几位所领导都会分工看望生病的同志。有一年我和吴先生一起去看望工人小张，她多年患强直性脊柱炎不能弯腰。我们看到她家生煤孔炉子，她操作起来非常困难。吴先生回所后，马上就把自己的煤气炉子送给了她。我们和小张都特别感动。

吴先生自己有一辆小奥拓轿车。有一个周日，所内发生了一点特殊情况，需要我去处理。吴先生没有惊动司机，自己开着小奥拓到我家里来接我。我十分过意不去，他却平静地说："平时司机都很辛苦，周日了，让他们休息吧，我来接你也很方便。"

后来，我们都退休了。力学所离退办每年都要组织生日聚会。开始几年的安排是：70岁集体过，80岁到家里过。吴先生80岁生日那年，他主动提出来希望到所里来集体过。他说：和大家一起过生日，又快乐又有意义。后来，离退办就依照吴先生的建议，改进了过生日的办法。

回忆小故事，引发大感慨。怀念吴先生，善良、平易、热情且有担当！

作者简介

韩林，90岁，中共党员，离休干部。1984年2月至1994年5月任中国科学院力学研究所党委书记。

永远怀念吴承康先生

段祝平

2022年年底惊悉吴承康先生仙逝，心情十分悲痛！2024年迎来吴先生九十五华诞纪念日，怀念吴先生之情依然在心中荡漾。

我虽不是吴先生的学生，业务方向也不尽相同，但他是年长许多的学者，又是我导师郑哲敏先生的挚友，因此我一直尊他为大先生。

特别是改革开放以后，我和吴先生开始有了不少业务上的接触与交往。例如，我俩共同当过力学所材料工艺力学实验室的学术委员，当时吴先生还担任实验室主任。又如，在20世纪90年代，在所领导的组织下，吴先生联合关桥先生、陈光南先生和我等人一起申请过国家973项目，他和王柏懿同志还参加了科技部组织的项目答辩会。在那个答辩会上，我作为主讲人，阐述了我们希望把力学与材料科学等学科和材料激光加工与等离子体工艺等技术紧密结合起来，实现理论、实验和应用的三结合并取得进展，以加速国家材料科学与工程领域的创新发展。尽管申请的项目没有获批，但是吴先生这种勇于创新的精神令我们后辈钦佩不已。

我们都知道，吴先生的专业背景是燃烧传热，他在这个专业领域里造诣深厚并取得过卓著成绩。为了"两弹一星"事业，他从20世纪60年代起就义无反顾地投身于弹头气动防热研究，从而开辟了低温等离子体科学与技术新领域。在年届耄耋之际，他又关注材料科学与工艺的发展，不仅一直支持我们的激光与材料相互作用的理论与实验研究，共同发表论文，还领导建立了由潘文霞研究员具体负责的材料与等离子体相互作用实验室。这里提到的只是关于吴先生在材料工艺研究领域的零星回忆，他留给我们的精神财富是十分丰富宝贵的。

从与吴先生的交往中，我感受到他为人谦逊、待人和蔼、助人为乐的大家风范。吴先生是大师，他的学问十分了得，英语水平很高，但他从不摆院士架子，身上没有一丝丝的"官"气。他与学生及晚辈相处极好，我陪同力学所一些老研究生春节期间去他家拜年时，他总是很热情好客。大家在一起开会或彼此交谈时，对一些问题，他也能坦诚相言，时而深沉思考,时而畅怀说笑!

此外,吴先生酷爱生活、多才多艺,是一位天生的乐观派。他会奏会唱,艺压群芳,尤其是小提琴拉得很出众。所里开联欢会时,他的小提琴演奏、经典英语歌曲演唱总是能博得满堂喝彩。在步入老年的漫长岁月中,他关怀身患重病的夫人黄兰洁女士,对她照顾有加更胜过自己,他们堪称是一对科学伴侣白头到老的楷模。这一切都给年轻人和晚辈留下了深刻的印象,也给我留下了难忘的记忆。

敬爱的吴先生,我们永远怀念您!

作者简介

段祝平,1962年从南开大学考入力学所做郑哲敏先生研究生,毕业后留所工作。1982年到斯坦福大学进行学术访问,历时三年多。1990年获国务院聘博士生导师,指导硕士生、博士生等共24名。在非线性连续介质力学、缺陷理论、材料动态力学性能与固体波动传播以及激光物质相互作用等领域合作发表论文170余篇,并获多项国家级和部级奖励。

追忆尊敬的吴承康先生

何 林

1984—2000年,作为中国力学学会办公室的工作人员,我有幸在吴先生的领导下开展工作。

刚参加工作时,我正好赶上《力学学报》英文版创刊。在办公室主任石光漪老师指导带领下,我做了一些具体工作。当时《力学学报》英文版刊登的文章基本上都是国内作者所写,为使这些文章的英文表达尽可能通顺、准确,《力学学报》编委会组织成立了英文改稿小组,邀请力学所几位英文比较好的老师对文章做修改和润色。王克仁、李家春、戴世强、陈允明、薛明伦等老师都参加了这项工作。吴先生是改稿小组负责人。前面各位老师修改润色后,由吴先生做最后把关。吴先生当时是力学所副所长,科研管理与学术研究两方面工作在身,非常繁忙,但吴先生每次都会按时将终审意见返回编辑部。现在回想起来,如果当时把吴先生修改过的地方记录下来,该是多么好的学习教材呀!后来,吴先生担任了《力学学报》中、英文版的主编,我与吴先生接触的机会就更多了。在我的印象中吴先生总是那么亲切和蔼,那么从容不迫。

李家春老师对吴先生的英文水平非常钦佩。李老师告诉我,曾经有一篇比较重要的英文稿需要请吴先生把关,而吴先生当时没有时间,就由李老师念给吴先生听。吴先生一边听一边处理手头事务,中间不时叫停并指出该如何表达才更准确。这件事给我留下了深刻印象。

吴先生待人和蔼,但如果看到别人有需要提醒的地方,吴先生又表现出"心直口快"的一面。20世纪90年代所里组织一次青年科技骨干的项目进展汇报。一位同志没有掌握好报告节奏,一直在讲课题的意义而迟迟不讲自己的研究工作。吴先生适时打断了这位年轻人,语气平和地告诉他:"你要是这样讲下去,就没有时间讲自己的工作了。"

1997年在北京召开了第13届国际等离子体化学会议(ISPC-13),吴先生是这次会议的主席,中国力学学会办公室承担这次会议的会务工作。我有幸在吴先生的直接领导下开展工作。从1986年开始,中国力学学会几乎每年都要在国内组织召开2—4个国际学术会议,对加强我国力学界与国际同行的学术交往起到了积极的促进作用。在石光漪、金和、张志新几位老师的带领下,中国力学学会办公室承办国际会议的经验和能力逐年提高。最初,我们承办的国际会议都是以中国力学学会为主发起的。后来,在我国学者的不断努力下,一些重要的国际例会也在中国举办了。

国际等离子体化学会议(International Symposium on Plasma Chemistry,ISPC)是低温等离子体领域最有影响力的国际会议。自1973年起每两年召开一次,均由国际纯粹与应用化学联合会(International Union of Pure and Applied Chemistry,IUPAC)主办,由IUPAC物理化学部下属的等离子体化学分委员会(IUPAC Subcommittee on Plasma Chemistry)组织。1997年以前的12届会议,除1987年的第8届在日本东京举办之外,其余11届均在欧洲和北美洲的发达国家举办。

一次国际学术会议的会务组织工作可以说是千头万绪,既有会议论文的征集、审稿、出版和大会报告的邀请、会议交流日程的安排等学术组织工作,也有举办会议、展览以及会议代表吃住行等方面的条件保障工作。吴先生作为大会主席,在筹备会议的近两年时间里,对我们的工作给予了清晰、及时的指导,甚至许多事情吴先生都亲力亲为,没有一点架子。比如,召开会议首先要确定开会地点,既要考虑学术会议的基本要求(大报告厅容纳的人数、小报告厅的数量、展示报告的空间;ISPC系列会议还同时举办工业设备展览),也要考虑会议地点的整体环境、住宿伙食以及价格等因素。吴先生对此高度重视,我清晰地记得吴先生当年亲自开着他的菲亚特126P带着我们去北京饭店、友谊宾馆、香山饭店等处进行实地考察的情景。

学术论文征集阶段结束后,在审阅稿件、论文分组、日程安排、文集出版等各个环节,吴先生经常把开展下一步工作的步骤、注意事项等写在纸上交给我,使我们做具体工作时思路非常清晰,工作效率也很高。特别是,会议准备期间要发出至少三轮会议通知,吴先生有时会亲自起草通知中的关键部分,并给我讲一些英文单词的具体用法。比如,在吴先生起草的文本中我第一次见到 logistical 这个词。在一次给外宾写回信时,吴先生还给我讲了 concerned 与 worried 的区别。

ISPC系列会议还有一个特点:大会之前要举办国际等离子体化学暑期学校

(International Summer School on Plasma Chemistry, ISSPC)。此次暑期学校由 8 位国际知名专家讲授。学员共 54 人,大多数是国内的年轻人,大家普遍反映收获很大。这次暑期学校的举办地点是地处中关村的中国科学院物理研究所。记得当时一位授课专家在培训即将结束时对我说"This place is too quite"。我听到后没有太在意,而吴先生听说后却告诉我:"人家这是在提意见,不过人家非常客气。"当然,培训班一结束,我们就按计划请专家们入住北京饭店了。

ISPC-13 于 1997 年 8 月 18—22 日在北京召开,国外 211 人(来自 28 个国家),国内 84 人(含台湾省 4 人)。会议经过国际组委会评审摘要,接受论文 344 篇,另有大会邀请报告 6 篇,分组会邀请报告 21 篇。由吴先生任主编,北京大学出版社出版文集一套 4 册,总计 1984 页。等离子体界的前辈、美国明尼苏达大学 E. Pfender 教授在大会宴会上发言说:"我参加过 13 次国际等离子体化学会中的 12 次,这是最好的 ISPC 之一"。

会议结束后,吴先生亲自撰写了会议总结。除会议组织的有关情况外,吴先生对通过这次会议所了解到的等离子体科学技术领域的新进展、新变化进行了总结,还分析了我国学者在这次会议上的表现以及存在的不足。我到文献情报中心工作后,对科技情报的价值有了更深刻的认识。今天重读吴先生当年的会议总结,更清晰地感受到了吴先生学术大家的风采(会议总结摘录请见文后附录)。这里顺便说一句,吴先生和夫人黄先生听说我到文献情报中心工作后,非常认真地对我说:"我们觉得你的性格很适合做这项工作。"这对我是很大的鼓励!

吴先生的小提琴演奏水平很高,晚年加入了满天星业余交响乐团并担任乐队首席。这个乐团的成员主要由音乐造诣颇深的专家教授和领导干部组成,旨在推动高雅音乐走入社会大众,提高全民文化素养。在音乐会上经常会邀请几位"演奏员"现身说法,谈音乐、谈人生。到了这个环节,吴先生往往会成为"首选"。记得在一次音乐会上,指挥介绍了吴先生的背景并请吴先生讲几句,吴先生以他那特有的浑厚明亮的嗓音说道,"音乐是美好的东西,做音乐与科研有很多共通点,都需要精益求精、一丝不苟和全神贯注。同时,音乐使人生变得更加丰富多彩。当然,作为一名演奏员,有一点非常重要。那就是,"这时吴先生加重语气并一字一顿地说,"一切行动听指挥!"观众席中发出了会心的笑声和热烈的掌声。

新冠疫情期间曾与吴先生通过几次电话,吴先生总是提醒我注意做好个人防护,还谈到了 1918 年的全球大流感以及科技翻译等。

总之,有幸在吴先生领导下开展工作并承蒙吴先生的教诲和关爱,是我人生中一段珍贵、难忘、美好的回忆!

作者简介

何林,1984—2000年在中国力学学会办公室工作,曾任中国力学学会办公室主任、副秘书长。2000年任中国科学院力学研究所党委副书记,2002年任党委书记。2006年任中国科学院自动化研究所党委书记。2012年任中国科学院文献情报中心党委书记。

附录

ISPC-13会议总结摘录

低温等离子体科学与技术是一门交叉性很强的学科,覆盖面极广。它涉及物理学、化学、力学、材料科学,以及机械、化工、电子、航空航天、轻工、环境、生物医学等应用领域。由于其接触面的广泛,很难有学术刊物能全面反映整个领域的进展。因此ISPC起到了及时全面汇总、交流等离子体科学最新进展的作用。

从ISPC-13的邀请报告及论文来看,可以注意到一些特点,或许能反映某些发展趋势:

(1) 热等离子体研究与近期工业应用结合更为密切。当前国际上应用研究总的趋势是更强调研究工作要能及时转化为生产力,要能对实际生产起作用。因此密切结合已有工业应用但尚需研究改进或有明显技术经济发展前景的研究工作更能得到支持。Pfender教授在大会报告中提到了表面涂层、合成超细粉、废弃物处理、粉末密实化及冶金等方面的工作,这些都是符合这一原则的。

(2) 低气压等离子体源有不少创新,新的感应耦合和微波放电具体形式为材料加工提供新的设备,特别是重视大面积加工设备中的问题。

(3) 高压非平衡等离子体受到重视。非平衡等离子体的优点是含有大量具有一定能量的活性粒子而不需将全部粒子加热到高温。常见的低气压非平衡等离子体需要真空装置,对某些工业应用造成一定困难。近来对高气压非平衡等离子体如电晕

(corona)、介质阻挡放电(dielectric barrier discharge, DBD)、滑动弧(glidarc)等加强了注意。如等离子体大屏幕显示已接近工业化,这是 DBD 的又一种有前途的应用。脉冲高压放电消除烟气中污染成分的研究也受到重视。

Potapkin 教授在大会报告中全面分析了非平衡等离子体的类型、应用及其中的物理、化学过程研究。

(4) 研究工作向深入发展。特别在过程的诊断和数值模拟方面投入很大力量,不论在热等离子体或非平衡等离子体方面都是如此。本届获最佳论文奖的工作用电子吸附质谱测量的方法能测出等离子体中各种亲电子气体的含量和电子吸附截面;用数值模拟的方法给出喷涂液滴在表面上摊开和凝固的过程;非平衡等离子体中深入的物理、化学过程研究等等。这些方面文章的数目最多。在应用方面很多等离子体方法已不只是验证其技术可能性问题,而是要达到经济合理性。这就要求对过程的细节和工业规模流程有很好的掌握。这样的要求是促进深入研究的重要推动力。

(5) 低气压加工在各类镀膜(无机、有机)和表面处理方面有很大发展,试验了不少新方法。过去微电子加工在低气压等离子体中几乎占有主导地位。近来这方面工作逐渐被美国、日本所垄断,而且进入大规模工业,其他国家很难插入。或许这是促使研究工作向其他方面发展的一个因素。

(6) 化工、冶金应用在技术上比较成熟,经济因素可能是主要考虑的问题。因此新原理的研究较少,而用深入研究、实验与数值模拟相结合的方法发展工业规模的流程和装置是当前的重点,并且大多与当地资源情况相结合。南非在这方面很突出,挪威也是如此。

(7) 等离子体在环境中的应用受到重视。不论是分解剧毒废弃物还是清除大量排气中的有害成分,都有很多研究。但因这些方法受到经济性、其他方法竞争和环境立法等因素的影响,目前都还处于试验研究,少数进入演示阶段。

(8) 俄罗斯在等离子体方面工作很多,有一些新思想、新流程。如新西伯利亚理论与应用力学研究所的等离子体喷涂基础和应用研究,西伯利亚高电流研究所在非平衡等离子体方面的一些应用研究,莫斯科科恰托夫(Kurchatov)原子能研究所的一些废料处理研究等。

(9) 我国等离子体工作有一定数量,特别在镀膜、表面处理、超细粉、等离子体基本过程、数值模拟等方面较多。也有不少工作有创新性和实用性。本届会议有论文 50 余篇,但感到比较分散,尚未显出在某一方面形成很突出的力量。另一个问题是在表达方面尚感不足。有不少同志的英语水平和表达方式尚待提高。透明片和展示报告的准备质量不够好(如将论文简单地放大作为透明片或展示报告,观感不佳)。这些在今后的国际交流中都是需要改进的地方。

吴承康先生和中国力学学会

金 和 何 林 刘 洋

吴承康先生在学术领域做出重大贡献的同时，对中国力学学会的建设和发展也发挥了重要作用。这里，我们怀着崇敬的心情，扼要记述吴承康先生在中国力学学会的有关工作。

1986年8月至1990年9月期间，吴承康先生担任中国力学学会第三届理事会常务理事和秘书长。在理事长郑哲敏先生领导下，第三届理事会继承和发扬中国力学学会的优良传统，在团结带领全国力学科技工作者围绕国家重大需求开展学术研究、促进学术交流和学科建设、加强与国际学术界的交往、发现和培养优秀青年力学人才等方面开展了大量工作。在前两届理事会（理事长分别是钱学森先生和钱令希先生）已有工作的基础上，第三届理事会将中国力学学会的各项工作推上了一个新的高度。作为学会秘书长，吴承康先生认真履职，无私奉献，在组织推动学会日常工作和落实理事会重要决议等方面发挥了重要作用。

在中国力学学会第四、五届理事会期间（1990—1998年），吴承康先生任常务理事，一如既往地积极关心学会各项事业的发展，在学会重要事务的决策过程中履职尽责，积极工作。随后，吴先生担任了中国力学学会第六届至第十一届理事会的名誉理事，继续为学会的建设和发展出谋划策。

其实，吴承康先生更早就介入了学会工作，他在1983年至1987年期间担任流体力学专业委员会流动测量分析组组长。1987年，中国力学学会依据学科发展的需要，设立等离子体科学与技术专业委员会，作为团结凝聚我国等离子体科技工作者进行学术交流的舞台。由于吴承康先生的学术水平和为人受到了业界同行的高度认可，经同业人士多次坚持推荐，从1987年至2007年，吴先生连续担任了四届主任委员，对我国等离子体科技事业的发展以及青年人才的成长起到了积极的推动作用。直到2021年，92岁高龄的吴承康先生仍然关心着专业委员会的相关工作，他在第八届专业委员会线上研讨会上对新一届专委会及专业组提出了殷切期望。

纪念文章

下面列出吴承康先生主持或参与的中国力学学会的重要学术活动：

(1) 1981年3月11—15日，吴承康先生主持召开"全国实验流体力学学术会议"（上海）。

(2) 1982年4月，吴承康、连淇祥、吴志贤共同主持召开"全国流动显示技术及应用学术会议"（厦门）。

(3) 1984年11月24—29日，吴承康先生主持召开"全国第2届实验流体力学学术会议"（昆明）。

(4) 1986年6月，吴承康先生担任"国际等离子体科学与技术会议"（北京）组委会副主席兼秘书长，并做大会报告。

(5) 1987年8月31日至9月4日，吴承康先生在"第8届国际等离子体化学会议(ISPC-8)"（日本东京）上当选IUPAC等离子体化学委员会7名成员之一。

(6) 1989年10月21—25日，吴承康先生主持召开"第5届全国等离子体科技讨论会"（大连）并做大会报告。

(7) 1992年9月22—25日，吴承康先生主持召开"亚太地区等离子体科学技术讨论会"、"第3届中日等离子体化学讨论会"和"第6届全国等离子体科技讨论会"（南京）。

(8) 1995年10月23—28日，吴承康先生在"第7届全国等离子体科技讨论会"（合肥）上致开幕词并做大会报告。

(9) 1997年8月18—22日，吴承康先生担任"第13届国际等离子体化学会议(ISPC-13)"（北京）大会主席。这是一次在我国举办的有影响的国际系列学术会议，对促进我国等离子体科研事业的发展，增进国际学术界对我国科技事业以及其他方面发展的理解，促进各国科技人员之间的交往和友谊做出了重要贡献。295位参会代表中有211位国外代表。

(10) 2001年8月23—26日，吴承康先生受邀参加"力学与西部开发"会议（乌鲁木齐），并做"煤的清洁利用"报告。

(11) 2003年9月18—22日，吴承康先生出席"第11届全国等离子体科学技术会议"（合肥、苏州）并致开幕词、主持闭幕式。

(12) 2005年8月26—28日，吴承康先生主持召开"第12届全国等离子科学技术会议"（上海）。

(13) 2008年10月8—11日，吴承康先生担任"第9届亚太等离子体科学与技术国际会议"和"第21届等离子体材料科学研讨会"（黄山）大会主席。

(14) 2011年7月24—29日，吴承康先生在"第20届国际等离子体化学会议

(ISPC-20)"(美国费城)上被授予 International Plasma Chemistry Society (IPCS) Fellow(会士)称号。当时,IPCS 共有 19 名 Fellow,吴承康先生是唯一的中国人。

吴承康先生十分注重国际交流,他不仅积极争取国际等离子体化学会议在中国举办,还多次撰文将他到国外参加这一国际例会的情况介绍给国内科技工作者,分析国际低温等离子体科技发展趋势,对如何更好地开展国内等离子体研究工作提出建议,见表1。

表1

文章名称	作者	期刊名称	发表时间
第9届国际等离子体化学会议(ISPC-9)	吴承康	力学进展	1990-04-01
第12届国际等离子体化学会议(ISPC-12)简介及 ISPC-13 预告	吴承康	力学进展	1996-08-25
第13届国际等离子体化学会议简介	吴承康	力学进展	1997-11-25
第13届国际等离子体化学会议总结	吴承康	力学与实践	1997-12-15
第15届国际等离子体化学会议简介	吴承康	力学进展	2001-11-25

在中国力学学会的期刊建设方面,吴承康先生担任《力学学报》第四、五届编委会和《力学学报》英文版第一、二届编委会常务编委(1985—1994年);1994—2000年,担任《力学学报》第六届编委会和《力学学报》英文版第三届编委会主编,对进一步明确办刊方向、提升办刊质量、扩大国际影响力等做出了重要贡献。在《力学学报》历届编委会的不懈努力下,在吴先生担任主编期间《力学学报》荣获我国期刊界最高奖——国家期刊奖(2000年1月)。

吴承康先生还为力学学会承担了一项特殊任务。《力学学报》1978年复刊后,加快了改革步伐。为使更多优秀研究成果得以发表,从1979年第一期开始,每期页数由80页扩充至96页;同时,为了加强与国际同行的交流,每篇文章开始刊登英文摘要。改革开放之初,国内作者的英文水平参差不齐,为确保英文质量,第三届主编郑哲敏先生提出成立一个小组,对所有英文摘要的文字质量进行把关。当时聘请了力学所几位英文比较好的年轻同志参加这项工作。按照学科分类先请这几位同志对英文摘要进行修改和润色,然后统一由吴承康先生做终审把关。这是一项耗时长久、细致琐碎、限时完成而且对英文水平要求极高的工作任务,需占用大量时间、耗费很大精力但却是"为他人做嫁衣"。吴承康先生慨然承担了这项任务并尽职尽责。1981年《力学学报》从季刊改为双月刊(每期仍为96页),1985年又创立了《力学学报》英文版,英文质量把关的工作量大幅增加，因为不仅是英文摘要，还有英文全文。但吴承康先生依然毫无怨言，以其精深的英文功底和高度负责的态度，统领着繁琐的改稿工作。这项特殊的工作任务，吴先生一干就是20多年（1979—2000年），即便是他在1991年当选院士之后仍然一如既往。这是吴承康先生学识渊博、恪尽职守、高风亮节的一个缩影！

此外，自1999年至2022年，吴承康先生担任学术期刊《等离子体科学与技术》（英文版）顾问委员会委员。

以上所述吴承康先生在中国力学学会的工作只是管中窥豹。吴承康先生学识渊博却又平易近人，工作上要求严格但态度上又总是温文尔雅，是我们尊敬的师长。吴承康先生对中国力学学会的建设与发展所做出的重要贡献、对促进中国力学科技工作者的国际交往所取得的显著成效、在引领和培养青年力学科技工作者方面所付出的不懈努力，将永远铭记在我们心中！

作者简介

金和，1958年毕业于北京大学数学力学系。曾任力学所二室大爆破组实习研究员、室业务秘书，十四室 CO_2 电激励激光器研究组组长之一。1978年调至中国力学学会办公室，曾任办公室副主任、《力学学报》编辑部责任编辑、编审和副主编等职。

何林，1984年至2000年在中国力学学会办公室工作，曾任中国力学学会办公室主任、副秘书长。2000年任中国科学院力学研究所党委副书记，2002年任党委书记。2006年任中国科学院自动化研究所党委书记。2012年任中国科学院文献情报中心党委书记。

刘洋，2007年加入中国力学学会办公室工作至今，任学会办公室组织管理与国内学术交流岗位主管。

怀念吴承康先生

黄河激

西侧舷窗外酡红的晚霞如梦似幻、横贯地平，又倏忽散去，不复可见。

在从深圳返京的航班上，回想起2022年4月申办第21届全国等离子体科学技术会议时心里隐隐的期盼：如果吴先生和黄老师身体康健，可出远门，一定请先生和夫人一起到广州南沙来参加力学所承办的这次大会。吴先生在1984年倡导发起了全国性的低温等离子体学术会议——全国等离子体科学技术会议。它是我国等离子体学界最重要的全国性学术会议，每两年举办一次，迄今已成功举办了21届。今天，大会在与会各方的共同努力下，非常顺利、圆满地闭幕了。但先生却已经离开我们几近一年。

我是2006年10月回国到中国科学院力学研究所潘文霞老师课题组工作的。潘老师和孟显早早地为我安排好了办公地点——材料工艺小楼301号房间。11月6日，第一天上班，我推开青绿色的木门，阳光洒落。潘老师告诉我：这正是吴先生使用过多年的办公室。房间不大，有朝东、朝南的两扇大窗，墙上的木质配电箱和窗机空调都曾是吴先生当时安装使用的。那天，潘老师也领我去拜访吴先生。先生欢迎我到所里，并鼓励我要好好工作。

从那时起，十余年的时间里，我便一直有幸得到吴先生的关怀和帮助。但当我写下这些文字时，不禁幡然心惊，似乎从第一次和先生见面甚至到现在，我都并未能充分意识到自己是何其有幸，能跟随吴承康先生这样温文儒雅的大家，学习、共事这么多年！

现在仔细回想，有许许多多和先生相处相交的点滴，汇在一起，似是细雨润物无声，又似涓流荡涤身心。然而我一直是近情情怯的性格，害怕仔细翻检过往细节，只愿远远感受着那柔和却永存的温暖，珍藏于心，却羞于与人分享。这也是为什么直到今天，我才动笔写下这些文字，纪念尊敬的吴先生。

《道德经》第四十八章讲"为学日益，为道日损"。对这句话虽然有很多不同的解读，但我更倾向于"要精益求精求知为学，要淡泊名利处世为人"的意思。在我看来，吴先生就是这样的大家。先生一生喜爱学习新知，专业学问自不必说，其他领域也不例外。有一段时间,我常常帮吴先生"折腾"电脑,软件、硬件一通捣鼓,每次都很惊讶吴先生对新软件的接受程度,只要有利于提高工作效率,80岁高龄的先生都愿意学习、尝试,并能很快掌握、运用自如。先生一生谦逊务实,把自己的成就归结为机遇和微不足道的努力,从不夸夸其谈。他在各种会议上很少发言,即便发言也都言简意赅、情深意切。然而,当我们私下找先生请教时,无论是选题上的迷茫、理论推导的卡壳、实验方案的选定,乃至生活上的困扰,先生却是滔滔不绝、不厌其烦,总能以远见卓识拨云见日,引领我们不断前行。先生一生关爱提携后进,无论是青年学子还是身边工作同事甚至服务人员,先生都是发自真心地尊重,并为大家的每一分进步喝彩。

由于个人性格内向,我对吴先生虽然满心尊敬、充满感激,但其实是疏于问候的。然而,先生却是实实在在地惦记着我,让我至今感念。2015年,吴先生提醒我在繁忙工作之余要主动放松身心,并推荐我听Susan Reed的歌,说这是他和黄老师年轻时回国在船上听的,当时他们很喜欢这位年轻的女歌手。2018年,我们在外场实验,中秋节的时候突然收到了吴先生的邮件(图1),让我再次感受到先生的殷殷惦念。

吴先生的邮件让我何其惭愧!我自己疏于汇报,反而让先生挂念了。先生对我,哪里还会有过意不去的地方,反而是我自己,才常感对先生过意不去啊!

From:吴承康
Sent:Tuesday, September 25, 2018 3:41 PM
To:huang
Subject:中秋好

河激:

    没什么事,只是久未联系,借此中秋时刻,问候一下。也不知你是在外边忙着还是能回家过节。听到魏小林说你们做了很好的工作,真为你高兴。自从所里把好多担子压在你身上,我就没敢多问,怕影响你。力学所的情况你比我更了解,要走出一条新的发展道路真是不易。真是希望你带领一些年轻人做出一些有重要意义的创新工作,充分发挥出你的能力和作用。多年来我没能够帮助你创造更好的条件发展,常感过意不去。我自己和家中情况尚可,大家给我很多帮助,我应该放松心态。现在中国社会里,你们这一代身上负担真重,三代人都要你们操心,千万要放心,一定能做好的。

    祝你身体健康,诸事顺利,全家幸福。

承康

图1

从飞机上俯瞰,夜空下的北京灯火璀璨,先生的琴声仍在天边婉转,先生温暖的笑容宛然眼前……

作者简介

黄河激,中国科学院力学研究所副所长,高温气体动力学国家重点实验室主任。2006年10月从日本东京大学回国到力学所工作,一直与吴承康先生同在一个课题组,主要从事等离子体及其空天应用研究。

附录

2022年吴先生在欧美同学会MIT校友会上对新生的寄语

吴先生于1952—1957年间在美国麻省理工学院(MIT)学习,并于1957年获科学博士学位。回国后,先在中国科学院动力室、后到中国科学院力学研究所工作。2022年9月20日,吴先生发给孟显老师微信:"7月份,MIT校友会聚会,送新生去新学年(现在年轻的归国校友不少,聚会有几十人)。他们会长让我去讲几句话。我讲了十几分钟,其中大部分是讲不要受应试教育束缚,要全面发展的意思。不知怎么有人把这一段弄成视频发上网了,我一个侄女转给我了。我现在转给你看看,供参考。我想不要多传播了,但几点意思可供学生们思考。视频好像把我讲话速度提高了不少,我讲话没那么快的。我还讲了个如何对待逆境的例子(以前讲过的)。"这一段视频可能是吴先生最后的公开讲话。视频中吴先生声音洪亮、思维清晰,讲了六点体会和建议,体现了先生对青年学生的拳拳关爱。下文是根据视频录音整理出来的。

我们希望有全面的发展,就要从以下几点做起。

第一点,我们一定要打好基础,练好基本功,这个是老生常谈,但是确实是不变的真理。所谓基础,包括理论基础也包括实验动手能力。就像我们MIT的校徽,包括脑和手两个方面。

第二点，我们一定要把学的东西用来解决问题，不然学了干什么呢？我们应该要解决实际的问题。实际的问题，有的是实实在在每天遇到的世界上实际的问题，也有我们科学的前沿、新兴领域需要我们去解决的问题。这是我们学以致用的目标。

第三点，我们应该要有创新的思维，有独立的思考。我们不能认为书上写的就是完全完美的、完全正确的，现有的东西就是最好的。我们不能有这种思想。我们一定要有新的想法。但是我们也不能怀疑一切，什么东西都乱讲一通。创新不是一个简单的事情，我们要在当时的理论基础、事实基础上，提出一些新的想法，来解决我们的问题、创造新的东西。

第四点，也是非常重要的，我们一定要培养和锻炼自学的能力和习惯。我自己也体会到自己在这方面有缺陷，也是受应试教育影响。真正的深入的学问、真正的新的东西都是得自己学的，不是教授教给你的。教授给你的是一把钥匙，把门给你打开。进去了之后，你如何再深入，如何吸取新的东西，都要靠自己去学习。MIT有一条规定，就是课内1个学时，课外要增加2—3个学时。这一条我当时就没有很深刻的体会，我就觉得只要听听讲课、做做习题，考分很高就可以了。但是实际上没有真正学到多少东西。所以这一条自学很重要，是要一辈子坚持的东西。

第五点，要扩展我们的领域知识、人类兴趣的领域。这是学校最近在做的也是多少年来主张的一个东西。当然我们现在世界上的科学技术发展，也往往是多学科交叉融合的。除此之外，尤其是还有一方面，好像有些东西跟我们自己学的没有直接关系，比如说学理工的我们对人文科学、对艺术、对其他活动，是不是也应该多吸收一些？当然不能样样都来，但是根据个人条件、个人兴趣，我们还是要在自己专业范围之外再扩展一些学习领域。这方面MIT的条件是非常好的，我现在知道MIT有一个Course21，它里头有文学、历史、音乐、地理等等，还有好多program，有体育等其他的东西。所以MIT这个条件非常好。比如，MIT的音乐教育是很有水平的，我当年也参加过他们学生的交响乐团，教授都是特别请的名教授。

第六点，我们一定要有团队合作的精神和团队合作的技术技能。因为现在的科学技术也好，其他也好，我们往往都不是单个人自己在里面奋斗，而是要跟团队在一起。

这几点我们要是都能够投入工夫去做，那一定能有很好的发展。

（黄河激整理）

忆吴先生科研理念，思吴先生行事为人

魏小林

吴承康院士于2022年12月25日21时59分在北京不幸逝世，享年93岁。对于他的离世，我们都非常悲痛。在纪念吴先生95岁诞辰之际，关于他的点点滴滴又浮现在眼前。与吴先生共事多年，他在学识见解、行事为人等方面对我们有着很深的影响。吴先生善于思考，总能够抓住问题的本质，并强调"有意义的成果必然要解决重要问题"，是我们科研方向的引领者；吴先生治学严谨，提携后学，和蔼可亲，是我们非常尊敬的大学者。吴先生的逝世是我们重大的损失！追忆他的科研成就，思考他的言行教诲，对于我们的科研工作和日常生活，都具有深刻的启发和鞭策意义。

1. 有意义的成果必然要解决重要问题

吴先生在2008年发表了一篇题为"有意义的成果必然要解决重要问题"的文章（刊载于《中国科学院科技创新案例（四）》，北京：科学出版社，2008，17-21），总结了自己从事50多年科研工作的经验。其中较为详细地介绍了他在可燃混合气体的燃烧理论与应用方面的研究过程与取得的成果，包括汽油机爆震燃烧机理的确认、可燃混合气体燃烧中层流火焰传播速度的正确测量以及燃烧气脉冲除灰技术的实际应用等。

吴先生于20世纪50年代在美国麻省理工学院做博士生期间，导师C. F. Taylor教授是内燃机界的老前辈。当时汽油机爆震（engine knocking）是限制汽油机效率和功率的关键因素，对此出现两派学说——"自燃说"和"爆轰波说"。吴先生通过测量发生爆震燃烧的"末端气体"瞬时温度和压力数据，给出了著名的Livengood-Wu积分式。该成果在1954年发表于第5届国际燃烧会议上，其后被内燃机学术界认定是汽油机爆震的"自燃说"的理论基础。

吴先生于1983年在美国西北大学罗忠敬教授（Prof. C. K. Law）实验室访问期间，对于燃烧的一个基本现象——预混层流火焰传播进行了研究。当时国际燃烧学界发表了大量分散的预混层流火焰传播数据，无法得到很好的解释。吴先生建立了一套层流火焰实验台及激光测速装置,研究滞止气流中平面火焰传播速度,获得不同速度梯度下(不同火焰拉伸率)火焰面内部和前后沿轴线的流速分布,从而将速度剖面中速度最低值确定为火焰传播速度。相关论文在1985年发表于第20届国际燃烧会议论文集,指出了火焰拉伸对传播速度的影响,其后此方法被公认为是确定一维层流火焰传播速度的正确方法。

吴先生从20世纪80年代起带领团队在电站锅炉煤粉燃烧方面做出了很多成绩,开发了多种新型煤粉射流燃烧器。到20世纪90年代初,由于我国电站锅炉用煤含灰量大,容易造成严重的空气预热器积灰堵塞问题,他带领团队研发了燃烧气脉冲除灰技术,解决了可靠点火、加速火焰传播、防止回火、产生强度适中的气脉冲等关键问题,在电站锅炉回转式空气预热器上取得很好的效果。仅几年时间,力学所研发的燃烧气脉冲除灰装置就应用了50余台,产生了数亿元的社会经济效益。

吴先生在文章中总结道:开展研究工作主要应根据需求,可以是国家建设的需要,也可以是科学发展中需要回答的重要学术问题。有时开始做的时候不一定对所要解决的问题很明确,特别是基础研究,但有意义的成果必然是解决重要问题的。

2. 吴先生的言谈与行事为人

2021年12月15日,我在看Fluent软件使用说明时,见到发动机点火模拟计算中用的是Livengood-Wu公式,我就把看到的材料发给了吴先生。他第二天回复我以下内容:

Livengood-Wu公式因为简单,且使用方便,所以多被采用。其实这里面的要点是各种条件下滞燃期的数据如何表达才能更为精确地预测点火时刻。对于不同的燃料或燃料混合物,应该有不同的表达式。Livengood-Wu公式可以说只是一种原理概括性的公式。这个概念是Livengood提出来的,用声速法测量内燃机气体局部瞬时温度的方法也是他提出来并建立设备的。我做了大量实验数据,最后按Livengood的思路整理了数据,表明至少对于正庚烷这种简单的燃料,用快速压缩机的滞燃期数据和Livengood-Wu公式能准确预报自燃时间,也说明了汽油机爆震是自燃现象。第5届国际燃烧会议上是我去讲的,当时得到了一些专家好评。其后至今有人引用,并有不少发展(各类燃料、情况)。Livengood这个人很有意思,就喜欢搞他感兴趣的东西,不在乎名利职位,所以也不教书,不是教授,是研究员。

数年前,我查阅了吴先生关于层流火焰传播的论文引用情况,告诉他已经有200余次的引用,他就讲述了一些关于这项工作的科研过程:在对当时最新的文献进行分析后，发现火焰由于不均匀流动等现象无法保持严格的一维流动，于是将其归于"火焰拉伸"的影响。在实验方面，当时罗忠敬教授实验室里已经购置了一些激光测速的基本设备，但由于该测量技术很新，实验室的学生尚没有掌握，他就自己动手建立了层流火焰实验台及激光测速装置，在建实验台时尽量采用已有的设备，例如坐标架是从旧车床上拆下来改造成的。吴先生还提到，有一次实验室停水，他忘记关水龙头了，结果第二天来水后，实验室地板都湿透了，大家赶紧一起去处理，但当时并没有人责怪。

吴先生带领的科研团队凝聚力很强，每年过春节时由陈丽芳老师组织，大家大年初一上午九点，一起去给吴先生拜年，聊聊家常，我刚参加工作不久就参加过。后来因老师年纪太大，初一的活动就没有了。此外，每年 11 月 14 日（吴先生生日）那天，大家下午三点都去他家聚会，他在家里备上蛋糕、糖果等，招待我们。这几年，吴先生来所里比较少，基本在家，我和组里的同事有时会去看他，他的思路还是很活跃。记得 2022 年 10 月的一天，我和李腾一起去吴先生家，看到他正在与十一室的老同事们通过网络会议进行聚会，大家兴致勃勃，一直聊到我们走时，还没有结束。

吴先生在和我们的交谈中，有一次提到他在麻省理工学院准备考博时，曾与一位来自中国的同学住在一起，他们都计划考取当时十分热门的汽车发动机专业。但这位同学成绩不理想，就去公司从事半导体工作了。这位同学后来在美国的半导体企业里越做越好，职位不断提升，20 世纪 80 年代回台湾成立了半导体公司，目前该公司已经成为台湾最大的芯片制造企业了。吴先生说：这位同学组织领导才能很突出，是他成功的原因之一。

记得多年前吴先生谈到院士制度时，他说起"院士"的英文翻译应该为"academician"，来源于苏联科学院的"院士"。而欧美大多数国家的科学院等机构，基本都用"member"一词。他还强调：院士是一种荣誉称号，不是职称，因此在项目评审等表格中，注明某人的职称为"院士"是不合适的。现在看来，吴先生早年的看法是很有现实意义的。

我与吴先生交往多年，他的言行对我影响深远，他的高尚品格也时刻激励和鞭策着我在科研的道路上不断前行，以做出有意义的成果。与吴先生交往的事情，可说的太多，以上二三事与大家分享，已经可以表达他在我们心中的地位。我们永远记得吴先生的音容笑貌，天地两相隔，余生存思量，愿先生的精神与风范永存！

作者简介

　　魏小林,1995年11月从西安交通大学能源与动力工程学院博士毕业,进入中国科学院力学研究所做博士后。1997年12月留所任副研究员,2003年12月任研究员,一直从事燃料清洁燃烧与热能工程方面的研究工作。在吴先生指导下,曾参与科技部攀登计划项目中的课题研究工作,近年来在吴先生气脉冲除灰技术基础上,研制了便携式气脉冲清灰装置,并成功应用于国内几十台垃圾焚烧锅炉上。曾担任中国科学院力学研究所环境科学与技术中心环境二程实验室主任、等离子体与燃烧中心主任(吴先生为学术委员会主任)、高温气体动力学国家实验室副主任。

怀念恩师吴承康先生

孟 显

我是2000年来力学所读博士的,导师是吴承康先生和潘文霞研究员。因硕士期间主要做数值模拟工作,我在实验相关的知识积累方面相对薄弱,是吴先生和潘老师耐心、细致的指导,使我逐渐地改变了仅从理论角度来思考解决实验中遇到的问题的处理方式。他们总是鼓励我多去实验室,多动手、多观察、多了解实验对象和实验过程,要理清实验思路,才可能得到可靠的实验数据。

吴先生工作非常严谨、严格,逻辑思维十分清晰。而且,他也非常节俭,会充分利用实验室现有条件,物尽其用,以发挥最大的价值。做实验工作的人都知道,虽然每次正式实验的时间可能不长,但实验前期的准备工作需要花费大量的时间和精力,要充分论证实验的可行性,确定实验参数的范围和大致的实验步骤。因为任何没有考虑周到的步骤都可能会影响到实验的顺利与否。实验前期的充分准备、实验过程的严格操作、实验后的总结报告、实验设备和环境的维护、实验工具的及时整理……有些虽然看着是很小的事,吴先生都会非常认真地对待,通过耳濡目染,我也渐渐地明白了:不管做任何事情,都不是随随便便就可以成功的。

吴先生做事情的效率非常高。2009年之后,我们课题组的一项重点项目是吴先生负责的重点基金项目"影响电弧加热发动机寿命和效率的关键热物理问题研究"。潘文霞老师、黄河激老师和我负责电弧推力器相关的实验工作,北航的王海兴老师和清华大学的陈熙教授负责电弧推力器相关的数值模拟工作。当时大家计划写一篇通过测量冲击力的方法来间接测量电弧推力器产生的微小气动推力的文章,具体分工为:力学所提供实验数据,北航提供数值模拟结果,吴先生执笔撰稿。当时吴先生虽然已经82岁高龄,但身体健朗,白天经常到办公室和我们讨论实验方案和实验数据,晚上常常10点以后甚至12点还回复我们的问题。几乎在我们给出最终的实验数据和模拟结果的同时,吴先生就完成了文章的撰写。从原理、模型到数据分析,吴先生描述、分析得非常清晰、透彻。这篇文章发表在2011年《力学学报》英文版期刊上(Aerodynamics of indirect thrust measurement by the impulse method, Acta Mech. Sin. ,2011,27（2）：152-163），也成了吴先生近年来发表的重要文章之一。

吴先生曾经说过："实践使我认识到：开展研究工作主要应该根据需求，可以是国家建设的需要，也可以是科学发展中需要回答的重要学术问题。有时开始做的时候不一定对所要解决的问题很明确，特别是基础研究，但有意义的成果必然是解决重要问题的成果。要做好一个课题，首先应该从基本问题开始，用基础理论指导，看看是什么问题，以找出主攻方向。做的过程中，也要不断用基础知识检查，发现新现象和新问题。由此也可以看出打好坚实基础和正确运用它们的重要性。"这是他留给我们后辈学子的箴言。

我博士毕业后留在力学所工作，并一直兼做吴先生的生活秘书，因此在生活上接触先生比较多些。吴先生喜欢音乐，拉小提琴的水准很高。吴先生在"三高乐团"担任小提琴首席的那段日子，应该是吴先生晚年最开心的时光之一。"三高乐团"由喜爱音乐的高级知识分子、高级干部和高级军官组成，包括97名乐手和141名合唱团员，平均年龄为62.5岁。在"三高乐团"成立之初，吴先生就被院里推荐去了乐团，并担任了乐团的小提琴首席。那段时期吴先生经常跟乐团一起练习，也经常去外地演出，师母黄老师的身体也还硬朗，有时也陪吴先生去外地。为了保证小提琴的音准，在北京干燥的冬天里，吴先生还专门在放小提琴的房间安置了一台加湿器。2012年12月22日，吴先生作为乐团首席参加了在国家大剧院音乐厅举办的"高级知识分子、高级干部和高级军官爱乐之友新年音乐会"，音乐会的视频在中央电视台的音乐频道播出。视频里吴先生的镜头非常多，镜头里先生专注地拉琴，享受着音乐带来的快乐。

吴先生在生活上非常节俭，在单位开会吃盒饭，吃不完的食物会带回家。吴先生很少给自己买衣服，但穿着总是干净得体。后来吴先生的听力逐渐转差，原有的助听器已经不太够用。2022年10月份，吴先生终于在医生的建议下重新配了助听器。记得配完后，吴先生让我猜他的助听器多少钱。我说："医生会建议您配戴效果好些的，要不然您孩子打电话都听不清楚，多不方便呀！"吴先生说："是的，这个助听器虽然是医院里第二贵的，但比之前的效果好太多了。"

2022年11月14日吴先生生日当天，新冠还没有变得严重，我和魏小林老师、徐永香老师去了先生家祝贺生日。吴先生很开心，还说起了上午退休的三组老同志在腾讯会议上给他祝贺生日。想起之前，每到吴先生生日时，离退休的老师和课题组、实验室的同事二十多人就齐聚先生家吃蛋糕、喝茶、听吴先生聊以往工作上的趣事，先生的生日已经成了大家每年都盼望的一个日子。

在这个纪念吴先生 95 周年诞辰的特别日子里,我更加怀念恩师。斯人已逝,但风范长存,先生千古!

作者简介

孟显,2000 年考入中国科学院力学研究所读博士,师从吴承康先生和潘文霞研究员。2006 年留所工作,从事热等离子体产生、状态控制和参数诊断、空间电推进、大型地面试验装备研制及试验工作。工作期间一直兼任吴先生的生活秘书。

大先生
——追思吴承康先生

潘利生

求学篇

书香门第出滦县,沪上求学始南洋。
修身洋乐真倜傥,师夷科技为国强。
机械构造撑希望,燃烧动力佑远翔。
琴瑟和鸣终比翼,学成归国展才能。

报国篇

力学殿堂绘宏图,率众报国盼复苏。
引领学界等离子,著立经典爆震说。
国防贡献热流阻,工业成果积灰除。
享誉五湖人赞颂,贤能聚首功勋出。

追思篇

壬寅疾患祸国民,驾鹤西行噩讯传。
学界叹悲失泰斗,亲朋痛切绝佳音。
终生探索求精进,一世谦虚宽待人。
晚辈仰观真楷模,清心追慕大先生。

作者简介

潘利生,2012年7月入职中国科学院力学研究所的高效洁净燃烧课题组,历任助理研究员、副研究员。2019年4月至2020年3月受国家留学基金委资助,前往丹麦技术大学开展合作研究。主要从事CO_2工质热力循环新技术的研究和开发工作。

科研人标杆，吴先生千古

姚 远

疫情带走了多位国家的科学栋梁，其中就有备受我们爱戴的吴承康院士。虽然我入所较晚，向吴先生请教的机会不多，但是吴先生在对科研求真务实的态度、对生活充满热情的素养等方面都对我们产生了深远的影响。在纪念吴先生95岁诞辰之际，仅以此短文表达我对先生的思念。

吴先生是我国导弹烧蚀防热研究、低温等离子体科学与技术和燃烧科学等领域有着重要影响力的学术带头人。吴先生在烧蚀机理、人造卫星回收方案、再入通信中断减轻技术以及燃烧基础理论与工程应用等方面取得了一系列开拓性成果，为我国的航天工程和能源科学做出了重大贡献。改革开放以来，面对国民经济主战场的需求，20世纪80年代，吴先生带领团队进行了洁净高效煤燃烧技术研究，研制了实现劣质煤稳定燃烧的多种新型煤粉燃烧器，发展了水煤浆燃烧技术等。20世纪90年代中期，吴先生带领团队自主研发了气脉冲除灰技术，解决了我国燃用高灰分煤造成的回转式空气预热器积灰这一难题。从航天飞行器气动防热问题研究开始，吴先生一直从事热等离子体的基础和应用研究，在电弧等离子体发生器的工作机理和设计、新型发生器的研制、等离子体诊断等许多方面做了大量工作。

吴先生是科研人的标杆。我个人印象最深刻的是吴先生在回忆郭永怀先生时给我们讲述故事的情景。一个耄耋之年的学者在讲座上跟我们侃侃而谈他们在科研巨人的指引下如何学习和工作的情形：回到祖国的怀抱，做祖国需要做的事，去祖国需要去的地方，认真、踏实、智慧、开拓创新、不畏艰难、甘于奉献。他的言语之中满是对祖国、前辈和科研的尊敬和热爱，对人类科技进步的崇高信仰。老一辈科学家像一轮太阳照耀着我们，使我们感到温暖而又心生敬畏。在我们眼中，他们亦是巨人，是每一位科研工作者的理想，奋斗终生也难以望其项背。

刚工作不久，我有幸随魏小林研究员到吴先生家拜会过一次。吴先生家中干净简洁，客厅里书籍琳琅满目，阳台上是各式植物，充满了书卷、阳光生活的气息。吴先生为人很和善,招待大家坐下,用茶水、零食招待我们。这次来的人很多,大都是我们的科研前辈,有的已经退休,头发变白,但是大家毫不拘束,热切地谈论着最新的研究进展和家常。我想这便是一位科学巨人带领的科研团队,是什么让大家凝聚在一起,无畏严寒酷暑、不惧艰难困苦?大概是吴先生的科研影响、学识见解、行事为人、同志关怀、待人和善等等。这一次会面让我如沐春风,我憧憬着能像各位前辈一样,在工作事业上驰骋,出于热爱。

2020年高温气体动力学国家重点实验室(LHD)迎春茶话会上,吴先生和黄河激研究员课题组一同表演了节目,吴先生演奏小提琴。很难想象一位90岁的老先生还能长时间演奏这么优美的旋律。吴先生对艺术的热爱、坚持、从容和洒脱让我们仰视。现在的年轻人尚在担忧能不能活到65岁退休,却不知金字塔尖的人终生都在创造价值,从不曾放下手中的事业或者兴趣。工作之余,我们常向往有一到两项高雅的爱好——乐器、阅读甚至旅行,可以调节工作平衡,也可以培养品性或者扩展视野,但终究难以长久,不可不说为一件憾事。

吴先生也是我们课题组的领路人。我对吴先生的形象开始丰满起来是基于课题组组长魏小林研究员的描述,他也时刻强调吴先生说过的"有意义的成果必然要解决重要问题"。我想这便是传承吧。吴先生等老一辈科学家通过思想、学习和工作上的指导,将他们的创新意识、学术作风、工作态度和科研进展代代相传,为国家的未来发展提供源源不绝的科技、人才支持和动力。尽管我们只能远远地仰望吴先生,但是也可以通过阅读吴先生的论文集、跟吴先生的"学生"相处,从而了解到吴先生高超的学术造诣和崇高的品德风范,指引我们成长为新一代的科研工作者,未来有机会也将为我们的朋友或者学生继续传颂科学家的故事。

我的办公室跟吴先生的办公室在同一侧,是往来必经之处,疫情前我曾见过吴先生多次被搀扶着来到办公室,也许是查阅资料、整理文稿,或者感怀曾经在此工作的点点滴滴。直到后来整理吴先生办公室遗物时,我才发现这里有吴先生的论文集、聘书奖状、参加学术交流活动的纪念品或照片、书籍、模型等等,这是吴先生一生学术贡献的展现,也是吴先生最为珍惜的学术生涯写照。而且,这还是科研工作者的精神动力,为所热爱的国家需要的研究奋斗终生,不求硕果累累、腰缠万贯,只求无愧于心。

为制作吴先生追悼会的展板和手册,我整理了吴先生的相关资料,从吴先生的学术生平到学术贡献,从他组织的国内外学术会议到学术影响力,从学术成果到才艺爱好,从家庭生活到治学思想。我无比悲伤,既感叹一位科学巨鳄的逝世,也悔恨自己本可以做得更多更好。吴先生无疑是智慧的、前沿的,是一座永恒的灯塔,不仅可为未来指明方向,更给迷途的人以慰藉,引领人们重新起航。吴先生千古,他永远是我们科研人的标杆!

作者简介

姚远,2015年9月入学中国科学院理化技术研究所制冷及低温工程专业,开展低温推进剂沸腾相变传热特性研究,2018年毕业后一直在中国科学院力学研究所空天飞行高温气动全国重点实验室工作,从事飞行器热防护、多相流动及传热传质相关研究,现为工程师。

高山仰止　景行行止
——追忆与吴承康先生交往的两三事

刘俊丽

1997年10月，我调入力学所的图书信息中心，开始了《中国力学文摘》期刊和数据库的编辑工作。《中国力学文摘》期刊创刊于1987年，由中国科学院文献情报中心和中国科学院力学研究所共同主办，是国家一级检索性、报道性期刊。它定期报道我国力学研究的最新成果与进展，提供情报信息交流，为《力学快报》英文版的前身。就是这个机缘，我结识了刊物首任主编吴承康先生。2003年我又转到中国力学学会工作，在为数不多的几次交往过程中，吴先生的学识才华和人格魅力给我留下了深刻的印象，他对工作的严谨作风、对学术的执着追求深深地影响了我。

1. 尊重他人，保持开放："你觉得如何？"

2009年，为了庆祝吴先生的八十华诞，李家春院士牵头筹备《气动热化学——庆祝吴承康院士八十华诞文集》的出版工作。该文集展示了吴先生在气动热化学领域的学术贡献和从事创新科学研究的经验和体会，以及这一领域中的若干进展和发展前景，在学术界产生了很大的反响。为了尽可能保持早期发表的论文的原貌，我就一些内容排版中遇到的问题发送邮件向吴先生请教，很快便收到了吴先生的回复。他在邮件中给出了解决建议。由于时间已经过去很久，我已经记不清回复邮件的具体内容，但仍然清晰地记得许多邮件结尾的一句话："你觉得如何？"

这一句普通的问话，展现出吴先生对他人的尊重，哪怕是像我这样的年轻人。他总是以一种平等、亲切和开放的态度来倾听他人的想法，并愿意接受和采纳合理的建议。这种精神不仅让我感到敬佩，也激励着我在学习和工作中保持开放和尊重他人的态度。

2. 治学严谨，学风优良："那篇文章是多年前写的"

《院士谈力学》一书是将院士们发表的较为通俗易懂的论文以及论述力学学科发展

的文章结集而成的。我在遴选相关文章过程中,曾与吴先生有过直接的沟通与交流。情况是这样的:

2015年5月30日,我通过电子邮件就《院士谈力学》的出版意图及进度向吴先生做了简短的汇报,并诚挚期望能获得他关于1981年发表在《力学与实践》上的《高速飞行中的等离子体问题》一文的授权,以便将其汇编入书中。我提议:如果吴先生同意将该文章收入本书,按照出版惯例,需要获得作者的授权并签订"授权委托书"。为了简化流程,我也建议如果吴先生信任我,可以授权我来代为签署相关文件。

当天,吴先生便回复了邮件。他在邮件中写道:

刘俊丽同志:

那篇文章是多年前写的,作者也不是我一人,我只是文章上最后的署名者,内容在今天看来,也有不够全面准确的地方。当然看选题目录,好多也是多年前写的,是否都全面符合现在的认识也未见得。不知道书中是否会说明这些问题。比如我署名的这篇,能否特别注明是多人合写的(虽然文中也有说明,但作为"院士谈力学",似也不是很准确)。还有已经故世的多位作者,如何处理授权问题,是不是有一定的惯例依据?您若认为这些都可以妥善解决,就请你代我签字授权。

吴承康

2015年5月30日

吴先生在回信中指出了他的三点顾虑:一是作者并非他一人,是否会清楚标明为多人合写,多人合写作为"院士谈力学"似乎也不很准确;二是文章是多年前写的,内容可能存在不够全面准确的地方,与现在的认识可能有所偏差,书中是否会对此进行统一说明;三是如何处理多位已故作者的授权问题。然后才明确表示,如果这些顾虑可以得到妥善解决,则可以请我代签字授权。这样,在这三方面的顾虑都得到完善解决后,这篇文章终于收录到了《院士谈力学》书中。寥寥百余字的回应所表现出的吴先生那种治学严谨、学风优良的风范永远镌刻在了我的心间。

3. 为人低调,淡泊名利:"我不同意宣传我自己"

还有一点让我印象深刻,那就是吴先生为人低调、淡泊名利的高尚品质。

2009年3月,《力学与实践》收到了一篇关于吴先生口述历史的文稿。这篇文稿是基于20世纪60年代力学所开展中程导弹弹头烧蚀防热的实验研究情况,对吴先生进行的一次访谈录。编辑部在收到稿件后,请吴先生的一位多年老友审稿。这位评审专家在阅读稿件后,建议编辑部请吴先生本人对文中某些内容的真实性进行审定。我立即将文章送给吴先生请他过目。但是,吴先生看后向我表示:"他们来我办公室问了一些问题,我把当时的情况和他们说了。但这些工作是大家一起干的,我不同意宣传我自己。"编辑部充分尊重吴先生的意见,最终对文章做了退稿处理。

这场简短的对话,寥寥数语,坚定地表达出他对研究团队协同从事科研工作的敬畏之心。这让人深感敬佩,也让我们更加珍惜他所留下的宝贵精神财富。

4. 深切关注,积极推动:让力学期刊"走向卓越"

2014年,我接手《力学学报》编辑的工作以后,曾对《力学学报》的相关档案资料进行学习。从中得知,吴先生一直深切关注着力学期刊的发展,并做出了许多开拓性的贡献。从1979年开始,他先后担任了《力学学报》第三届编委、第四届和第五届常务编委,在1994年至2000年期间,他又担任了《力学学报》第六届主编以及《力学学报》英文版(以下简称AMS)第三届主编。在担任两刊主编期间,吴先生带领编委和编辑部成员,坚持高水平办刊,因而《力学学报》先后获得中国科学院优秀自然科技期刊一等奖(1996年)、中宣部、国家科委、新闻出版署联合颁发的全国优秀自然科技期刊二等奖(1997年),以及中华人民共和国国家新闻出版署颁发的期刊界的最高奖——国家期刊奖(1999年)。

此外,吴先生深知期刊的国际化推广对于力学领域的重要性。他广泛邀请国际学者撰稿,在他的积极推动下,AMS于1995年、1999年分别被EI和SCI数据库收录,为力学领域的研究成果在国际范围内传播和交流打下了坚实的基础。在2015年AMS创刊30周年之际,编辑部邀请吴先生为期刊题词。他欣然接受了这个邀请,并很快就给编辑部送来他的题词:

走向卓越

Toward Excellence

Best wishes to Acta Mechanica Sinica on her 30th Anniversary

吴承康 Cheng kang Wu

在这几天后,在力学所2号楼的301会议室开会时,吴先生和李家春院士在聊天中提到为AMS题词的事情时,曾说道:"我的毛笔字不好,我就从网上找了一个好看的字体,打印下来,我再依据字样描写下来。"这让我感受到他谦逊的人格魅力。"走向卓越,Toward Excellence"的中英文题词,表达了吴先生对力学期刊的殷切期望,也是他主持这项工作时追求的目标。我们要继承他的遗志,把力学刊物办得越来越好!

5. 交流坦率，态度真诚："感谢他指出文中有错误"

吴先生在担任两刊主编期间，开办了关于弘扬科学家精神的若干栏目和诸多活动，还发表了多篇深具影响力的文章。例如，为了纪念郭永怀先生90周年诞辰，吴先生精心组织了《力学学报》1999年第4期的纪念专刊，并亲自撰写了《郭永怀光辉的一生》的序言文章。多位知名力学家（如俞鸿儒院士、张涵信院士、李家春院士等）都为专刊撰写了纪念文章，因此在学术领域内产生了深远的影响。同样，为了纪念林同骥先生80周年诞辰，吴先生精心撰写了《毕生献中华——纪念林同骥先生诞辰80周年》一文，该文发表在《力学学报》1999年第6期上，深刻缅怀了林同骥先生的卓越贡献和崇高精神。在2018年，为了纪念郭永怀先生牺牲50周年，《力学学报》再次组织出版了相关的纪念专刊并再次刊发了吴先生的《郭永怀光辉的一生》一文。然而，文章发表后，一位细心的读者发现了文中存在一处错误，并立即通过邮件将这一发现告知了吴先生。

对此，吴先生非常重视，并深表不安，他立即与我通过邮件联系，商讨对此邮件的回复及所指错误的处理方案。他在邮件中这样写道：

刘俊丽同志：

　　昨日收到下面来信。我尚未回复。我不知该如何处理。我想总应该回复，请他说出有哪些错误，然后适当答复。但如何说，需请你们出主意。当时用我名字发表此文，也是由学会组织，材料是由学会提供的。所以我对内容的准确性并不是很了解（我只发现英文摘要中郭永怀的名字中少打了一个字母，打成 guo yonghui 了）。此事如何处理，请你告诉我。

吴承康

俊丽：

　　我看我现在就回复他一封信，就说感谢他指出文中有错误，我1999年文章材料来自学会，现在请刘俊丽同志直接联系，看如何能更正，我都同意。你是否就和他联系，看是哪些错误，如何更正。另外，听说陈耀松也说文中有错误（好像是说郭先生导师名字不对），也请你和陈先生联系一下。你觉得如何？

吴承康

在吴先生的邮件中，我又看到了那熟悉的"你觉得如何？"的字眼，这一刻我深感敬佩。吴先生对读者的邮件回复如下：

时钟教授：

  十分感谢您如此认真详细地审阅关于郭先生的文章，指出文中错误之处，并提出了十分中肯的建议。其实我对郭先生的一生并不是有很深入全面的了解，当时因在《力学学报》编委会任职，为了纪念郭先生，由学报同事们提供材料，在学报专刊上发表了此文。文字和打印中有错误和不足之处，我十分抱歉。现在刘俊丽同志代表学会来和您沟通商量，设法采取措施，并将经现任主编魏悦广教授同意，尽量处理好此事，减少文中错误的影响。再次感谢您的关心和热心支持。

祝好
吴承康

该位读者也很快给了回复：

吴承康教授，感谢您的真诚回复、理解。文章千古事……

祝您健康、万事如意！

  吴先生的坦诚与率真让我们深感敬佩。他的这一行动不仅体现了对科学和学者的尊重，也为我们树立了良好的学术道德榜样。

  吴先生的品质与风范体现在过往的点滴之中，让我们这些后辈们受益无穷。他的言行举止无不彰显出一种崇高的境界，让我们深深感到敬佩并向往之。"'高山仰止，景行行止'，虽不能至，然心乡往之。"

作者简介

  刘俊丽，编审，现在中国力学学会办公室工作，任《力学学报》执行副主编、编辑部主任。曾任学会办公室副主任，《力学进展》《力学与实践》编辑部主任。曾获中国科学院科普工作先进个人奖、第五届中国出版政府奖优秀编辑等奖项。

吴承康先生的治学思想、育人精神永放光芒

赵 伟

吴先生作为老一辈杰出科学家的代表，他以卓越的学术成就和高尚的品德风范赢得了业内外人士广泛的尊重和爱戴。在先生95周年诞辰之际，用这篇短文表达后辈学子的缅怀之情。

记得先生走后的第二天，我们进入先生的办公室，桌椅上摆满了多年来先生工作的文稿资料，皆是先生一生成果的写照，但先生的荣誉奖励证书几经寻找，却压在书柜里很不起眼的角落。作为我国导弹烧蚀防热研究、低温等离子体科学与技术、燃烧科学等领域有着巨大影响力的学术领军人，他在材料烧蚀机理、人造卫星回收方案、再入通信中断减轻技术以及燃烧基础研究与工程应用等方面取得了一系列开拓性成果，为提升我国高温气体动力学及燃烧科学的研究水平发挥了巨大的推动作用。

记得在2009年，已近80高龄的吴先生再次投入了高温气体动力学国家重点实验室发展规划的制定工作，不遗余力地为实验室的建设奔走助力。他把多年对高温气体动力学的研究感悟，浓缩在纪念钱学森百年诞辰的《钱学森——在创建力学所的日子里》纪念文集中。他撰写了"力学所早年的高温气体动力学研究——烧蚀理论与实验"一文，其中讲到为了表征材料在一定气动加热条件下的烧蚀性能，提出了"有效烧蚀热"的概念，即采用冷壁热流与烧蚀速率之比作为参数，用于设计防热层。这个新概念在我国早期的航天飞行器研制中，起到了"先行官"的关键作用。这一解决方案是吴先生创新思想的具体体现，也是吴先生雄厚的专业积累和深邃的科研洞察力的集中表现。在后期的系列研讨中，实验室常将吴先生的这一贡献作为范例，说明我们要学习杰出科学家如何善于从复杂现象中提炼核心物理本质的能力。

记得在2020年，去吴先生的家中祝贺先生的生日。其间他说得最多的是如何平衡生活和工作，提起曾经的学生，有的虽已毕业多年他依然能娓娓道来。先生一生育人无数，桃李遍布海内外，他为人谦逊、热心助人、淡泊名利的高尚品德也感染了无数人。耄耋之年的他尤为关注年轻一辈的成长，在我们实验室开展的"传承历史，弘扬精神"系列

讲座中,作为一位蜚声海内外的卓越科学家,先生出乎意料地将讲座的题目定为"学习、科研,点滴体会"。他从过去读书期间对专业课的认识讲起,再讲到在研究汽车发动机过程中获得的点滴感悟,通过一些细节娓娓道来,点拨青年人,告诉大家:创新的过程是一种专业知识的厚积薄发,是一种对特殊现象细致入微的观察,而不是按照从一开始勾画出来的宏大构想,想当然地将结果堆砌成形。吴先生这种"点滴"式讲述给年轻人以极大的震撼,许多听讲人在多年后回忆起这个讲座,对先生的谈吐依然历历在目,除讲座内容外,先生那种虚怀若谷的谦逊品格更是铭刻于心。

吴先生离我们而去近两年了,每每回忆起吴先生离世前的点滴,历历在目,似乎再次感受到先生在世时温婉如玉、如沐春风的人格魅力。"传承历史、弘扬精神"是我们的使命,我们弘扬他对科学事业执着追求的大师风范,弘扬他面对瓶颈问题迎难而上的担当精神,弘扬他为人谦逊、淡泊名利的高尚品德。

吴先生是我们高温气体动力学国家重点实验室当之无愧的"高温气动魂",我们永远怀念您。

作者简介

赵伟,中国科学院力学研究所研究员,1989年毕业于清华大学工程力学系,在中国科学院力学研究所读研究生,毕业后在八室工作,主要从事爆轰驱动激波风洞技术及其应用研究,是JF10、JF12风洞的重要建设者。历任课题组长、高温气体动力学国家重点实验室副主任(2020—2021年主持工作)、党总支书记等。

追思尊敬的吴承康院士

李和娣

2024年11月14日是尊敬的吴承康院士95周年诞辰。而在2022年12月25日，吴先生在疫情中突然病故，听到噩耗时，万分悲痛。吴先生德高望重、虚怀若谷、平易近人、温文儒雅的音容笑貌铭刻在我的心中，追忆往事历历在目。

我做科研管理工作后，与吴先生联系多了。吴先生以他雄厚的理论基础和科研实践能力，将国家需求与科研目标紧密联系在一起，注重学科交叉与融合，注重开辟新的学科方向，注重支持和扶植科研人员开展新学科生长点或国家急需的科研任务。在他坚持不懈的努力下，力学所在材料特种工艺力学的气动法制铝粉、激光毛化技术、等离子体技术镀膜等方面取得了优异的科技成果，获得院级、国家级多项科技成果奖和发明奖。

他积极支持力学与材料科学以及激光技术交叉融合新生长点的科研工作；积极支持生活废弃物处理——垃圾焚烧和等离子体处理工作；积极支持超声速燃烧科技工作，为这些领域的科技工作在国内率先开展而献计献策，而且力学所的相关科研团队也解决了国家急需要解决的关键科技问题，取得了丰硕的科技成果。上述几项卓有成效的科技成果与吴先生的大力支持是分不开的。

2000年，中国科学院进一步深化科技改革和结构性调整，吴先生与郑哲敏先生、李家春先生一起在力学所筹建工程科学部，凝聚工程科学技术队伍，解决国家急需解决的关键工程科学问题，积极推动开展创新工程中的科研工作，取得了重要的科技成果。

2009年，已80高龄的吴先生根据科技部对高温气体动力学实验室升格为国家重点实验室的规模和要求，以及力学所对科研布局的调整，又调整到高温气体动力学国家重点实验室的建设、发展和规划制定工作中，表现出了一位科学大家顾大局、识大体的宽广胸怀和高风亮节。

吴先生不仅德高望重，而且虚怀若谷、平易近人，在中国科学院基础科学和高新技术两个领域都深受专家们的敬重，也深受机关科技管理人员的爱戴。他起点高、站得远，乐于接受新思想，敢于创新实践，善于与不同领域交叉学科的院士专家齐心协力，共商科技发展战略，向国家提交技术科学的发展规划和重大科技决策的咨询报告。

吴先生不仅在科技事业上是位成绩斐然的大科学家,在生活中还是位模范丈夫,是高龄姐姐的好弟弟。他总是把家里打理得整洁有序、和谐温馨。2016年上海电视台拍摄陈嘉庚奖获得者郑哲敏院士的纪实片时,我邀请吴先生接受电视台的采访,他当时已是87岁的老人,家里夫人患病离不开他的陪伴与照顾,但是他当即同意,并邀请我们到他家里来采访拍片。那天,我陪伴着黄老师在里间,他在客厅认真接受采访拍片。拍片期间,吴先生的姐姐打来长途电话诉说,要吴先生帮忙解决90岁姐姐年老体弱、在家孤单无助的忧愁烦恼问题。吴先生非常耐心地开导姐姐,娓娓道来,出主意想办法,温和地为姐姐排忧解难。当场我与电视台的记者特别感动,非常敬佩吴先生这样一位科学家,他自己已经是87岁的老人,里间是急需陪伴的妻子,远在外地的姐姐还时常呼喊他,要与他聊天解除心中的孤独烦恼,而且吴先生还有热爱的科研工作和日常家务,但他仍然热心地接受记者采访,这样的科学家真是令人敬佩!

吴先生对人亲切友好,热心关心年轻科技人员的成长。无论多忙多累,他的内心总是充满阳光,乐意将爱心奉献给大家。20世纪80年代去美国做访问学者时,他带上心爱的小提琴,闲暇时组织留学生和访问学者们参加活动,在繁忙紧张的科研工作中活跃文艺生活,拉小提琴或唱歌,给大家分享快乐。几十年过去了,物理所金铎研究员还常常向我提起道:"吴先生为年轻人留下了美好的回忆和友情,大家十分敬重他。"

我回力学所后,还多次看到高龄的吴先生积极参加所里活动,他曾在所礼堂、枣树林里或者在一些会议间隙为我们拉小提琴,分享快乐。2012年的一天,他兴奋地打电话告诉我:今晚中央电视台将播出"三高艺术团"在国家大剧院的演出。我看到了演出盛况直播,吴先生那年已经83岁了,他作为最年长的小提琴首席参与演出,真是钦佩他!

吴先生一生热爱祖国,开拓创新,学术渊博,成绩斐然。他正义感强,敢于坚持真理;他关爱他人,待人真心坦诚。他的优秀品质永远是我们学习的好榜样,他的科学家精神将永远传承下去!

作者简介

李和娣,硕士毕业于中国科学技术大学近代力学系,毕业后被分配到中国科学院力学研究所从事科研工作。后从事科研管理,曾任中国科学院基础科学局数学、力学、天文学和空间科学处处长,后任中国科学院力学研究所副所长直至退休。

海外来函

吴承康教授八十华诞贺信

2009年10月14日，普林斯顿大学罗伯特·戈达德讲座教授、国际燃烧学会前主席罗忠敬院士发来贺信。这则海外来函的原文及中译文如下：

原文：

PRINCETON UNIVERSITY

School of Engineering and Applied Science

Department of Mechanical and Aerospace Engineering

Engineering Quadrangle, Olden Street

Princeton, NJ 08544-5263

October 14, 2009

Professor C. K. Wu

Institute of Mechanics

Chinese Academy of Sciences

Dear Professor Wu:

  I am writing to offer you my heartiest congratulations on the occasion of your eightieth birthday. I have wanted to come personally to help celebrate this important milestone of yours, but heavy demands on my schedule have prevented me from doing so.

  As I trace through the history of my own professional life, a singular event that stands out in its significance in scientific accomplishment is the good fortune of having you visiting me at Northwestern University in the earlier 1980s, and our subsequent collaboration on the determination of laminar flame speeds of combustible mixtures. As a matter of record, while the laminar flame speed is undoubtedly the most important parameter in the discipline of aerothermochemistry, extensive determination of its values since the 1930s had yielded bewildering inconsistencies and huge scatters. Thus it was truly a significant breakthrough, fortified by a deep understanding of flame theory, that we identified the complicating role of aerodynamic stretch on flame propagation, and the need to subtract out its influence in order to yield the stretch-free laminar flame speed. The rest is history, as attested by the accompanying figure, showing the collapse of the data (for the maximum methane/air flame speeds, Fig.1) subsequent to the publication of our well-cited paper in 1985, *On the determination of laminar flame speeds from stretched flames* in the *Proceedings of the Twentieth International Symposium on Combustion*. This work has influenced the direction of flame studies ever since, assuming even greater significance recently in response to the dual interests in the extraction of chemical information from laminar flame speed data, and the development of carbon-neutral, biofuels. Indeed, just in the past week alone I have reviewed four papers on this subject, all invoking the principle of stretch elimination.

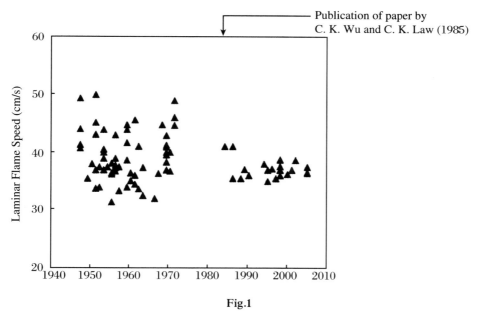

Fig.1

The above work is of course only a small item in the collective contribution that you have made to the broad landscape of thermal science and technology. Your mastery of the subject and creativity in blazing new paths are legendary, not only in China and the US, but also in the global scientific community. You are indeed a giant among us. Through our association I have also come to admire you as a scholar and a gentleman in the truest sense. Your mild manner and sincere modesty are qualities that inspire us to be cordial to our fellow colleagues, through the strength of our own character.

I shall sign off by wishing you all the happiness and contentment as you stride into the next decade of a magnificent career, bathed in the cheers of your family and adoring colleagues.

Sincerely,

Chung K. Law

Chung K. Law
Robert H. Goddard Professor
President, the Combustion Institute (2000—2004)

中译文：

普林斯顿大学

工程和应用科学学院

机械与宇航工程系

工程院，奥尔登街

普林斯顿，新泽西州，NJ 08544-5263

2009年10月14日

吴承康教授

中国科学院力学研究所

尊敬的吴教授：

值您80岁生日之际，特写此信向您表达我最诚挚的祝贺。本来希望我能亲自参加如此重要的庆典，但繁忙的日程使我无法成行。

当我回顾自己的学术生涯时，有一个特别事件展示了重要的科学意义。那就是我有幸邀请您在20世纪80年代初期访问美国西北大学，以及我们随后在确定可燃混合物层流火焰速度方面的合作研究。毫无疑问，层流火焰速度是气动热化学学科中最重要的参数，而且从20世纪30年代以来人们曾大量地测定了它的数值。但是，这些数值有着令人困惑的不一致性和巨大的离散性，这都是有案可查的。因此，我们的合作研究确实是一个意义重大的突破，人们之所以坚信是由于它对火焰理论有着深入的理解。我们界定了空气动力拉伸在火焰传播过程中所起的复杂作用，并确定了需要减去拉伸的影响才能给出无拉伸层流火焰速度。随后的事实便世人皆知了（图1可以证明）：在1985年《第20届国际燃烧会议论文集》中我们的论文《从拉伸火焰确定层流火焰速度》发表之后被大量引用，甲烷/空气混合物最大火焰速度的数据急速减少。从此以后，这项工作就一直影响着火焰研究的方向，而且还可以设想最近它会有更大的意义。因为人们对下列两个方面产生了兴趣：从层流火焰速度数据提取化学信息，发展碳中和与生物质燃料。的确，仅在过去的这一周里，我评阅的四篇论文全都涉及消除拉伸影响的原则。

当然，上述工作仅仅是您在热科学与技术的广阔领域中所取得的总体贡献中的一个小小的成果。您对于学科的精通掌控和发展新途径的创造潜力是一个传奇，不仅在中国和美国，还影响到全球科学界。在我们中间，您真是一位科学巨匠！

通过我们的交往，我诚心赞颂您是真正的学者和绅士。您温和的举止和真诚的谦逊是一种美德，激励我们要凭借自身的特质来热诚地对待同事。

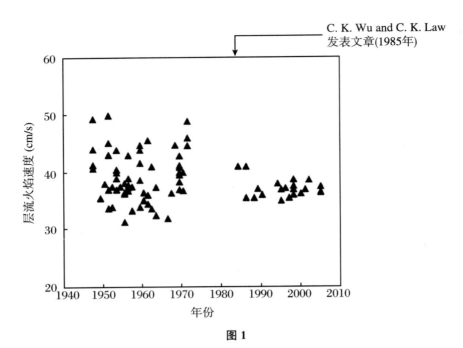

图 1

我的信就写到这里,祝福您快乐尽欢,希望您在踏入辉煌事业的下一个十年过程中一直沐浴在家人和同事的喝彩声中。

诚挚的

罗忠敬(Chung K. Law)
罗伯特·戈达德讲座教授
国际燃烧学会主席(2000—2004)

(盛宏至译,王柏懿校)

译 者 注

罗忠敬,普林斯顿大学机械与宇航工程系罗伯特·戈达德讲座教授(Robert H. Goddard Professor)、美国人文与科学院院士、美国国家工程院院士、国际燃烧学会前主席(2000—2004 年)、美国能源部燃烧能源前沿研究中心主任,清华大学燃烧能源中心主任(2010 年)、清华大学烽火班首席教授(2016 年)。

祝贺吴承康教授八十诞辰

2009年10月14日,国际燃烧学会主席Charles K. Westbrook发来贺信。这则海外来函的原文及中译文如下:

原文:

The Combustion Institute

5001 Baum Boulevard, Suite 635

Pittsburgh, Pennsylvania 15213-1851 USA

Telephone: (412)687-1366　　Fax: (412)687-0340

Email: office@combustioninstitute.org

October 14, 2009

Professor C. K. Wu

Institute of Mechanics

Chinese Academy of Sciences

Dear Professor Wu:

On the occasion of the celebration of your 80th birthday in the company of your family and friends, I should like to add my personal compliments and those of the Combustion Institute.

As President of the Combustion Institute, I have the pleasure of being able to acknowledge your service to the worldwide combustion community over many years. We are particularly grateful for the central role that you have played in stimulating combustion research in China, elevating its scientific stature and leading to the hosting of the 33rd International Combustion Symposium in China in 2010.

It is also a great pleasure to recognize the many outstanding contributions that you have made to our understanding of internal combustion engine processes, coal combustion, and flame dynamics. Your work with Professor C. K. Law of Princeton University on the determination of stretch-free laminar flame speeds, published in the *Proceedings of the 20th International Combustion Symposium*, has been a classic, solving a long-standing scientific puzzle and opening up a rich avenue of further research.

With best wishes for a happy birthday and for many more productive years to come.

Yours sincerely,

Charles K. Westbrook
President
The Combustion Institute

中译文：

国际燃烧学会

堡幕大街5001号,635单元

匹兹堡,美国宾夕法尼亚州,15213-1851

电话:(412)687-1366

传真:(412)687-0340

电子邮件:office@combustioninstitute.org

2009年10月14日

吴承康教授

中国科学院力学研究所

尊敬的吴教授:

在您的80岁生日庆典上,尽管有您家人和朋友陪伴,我还是想要呈上我个人和国际燃烧学会的祝贺。

作为国际燃烧学会的主席,我很高兴可以感谢您多年来为世界燃烧学界所做的贡献。我们特别感激您在促进中国燃烧研究所起到的核心作用,您提升了中国燃烧研究的科学声望,并推动中国主办了2010年的第33届国际燃烧大会。

此外,令人高兴的是,您做出的诸多杰出贡献让我们理解了内燃机工作过程、煤燃烧和火焰动力学。您与普林斯顿大学罗忠敬教授(Prof. C. K. Law)的合作研究,即发表在《第20届国际燃烧会议论文集》上的有关确定无拉伸层流火焰速度的工作,已经成为经典。它解决了长期存在的一个科学疑问,并开拓了进一步研究的宽阔途径。

衷心祝愿您生日快乐,延年高寿,且硕果累累。

诚挚的

查尔斯·K·威斯特布鲁克(Charles K. Westbrook)

国际燃烧学会主席

(盛宏至译,王柏懿校)

韩国教授 Hong Young Chang 唁电

2022 年 12 月 30 日，韩国科学技术研究院教授 Hong Young Chang 发来唁电。这则海外来函的原文及中译文如下：

原文：

Dear All，

With great sadness, I do remember the moment how we had initiated the APCPST together, being able to hold the first APCPST in Nanjing with his effort. Prof. Wu had been always very active and kind to everyone. I can't help but think he was a great man for the plasma community. I pray that Professor Wu rest.

Hong Young Chang

中译文：

亲爱的朋友们：

怀着深切的悲痛，我回忆起我们一起发起 APCPST（亚太等离子体科学与技术国际会议）的那个时刻，以及在南京召开的首届 APCPST 的情景。这些都有赖于吴承康教授的努力。吴教授总是非常积极和友善地对待每一位参会者。我倾心地认为他是等离子体学界一名伟大的人物。我祈祷吴教授安息。

Hong Young Chang

韩国科学技术研究院教授

（盛宏至译，王柏懿校）

澳大利亚科学院院士 Rod Boswell 唁电

2022 年 12 月 30 日,澳大利亚科学院院士、澳大利亚技术科学研究院院士 Rod Boswell 发来唁电。这则海外来函的原文及中译文如下：

原文：

Dear All,

It was my great pleasure to be with the APCPST from the beginning and Prof. Wu was a great man who served his country in very troubled times. He stands as a beacon of hope and charity that few of us will be able to emulate. Regards and goodbye Prof. Wu.

Rod Boswell

中译文：

亲爱的朋友们：

我最大的荣幸是从一开始就参与 APCPST（亚太等离子体科学与技术国际会议）的筹划组织。吴教授是一个伟大的学者,在他祖国最艰难的时刻他就服务他的祖国。他像一座希望和仁慈的灯塔矗立着,我们无人可以与之比拟。吴教授,一路走好！

Rod Boswell

澳大利亚科学院院士

澳大利亚技术科学研究院院士

（盛宏至译,三柏懿校）

美国国家工程院院士罗忠敬唁电

2023年1月12日,美国国家工程院院士、普林斯顿大学罗伯特·戈达德讲座教授罗忠敬发来唁电。这则海外来函的原文及中译文如下:

原文:

PRINCETON UNIVERSITY

School of Engineering and Applied Science

Department of Mechanical and Aerospace Engineering

Engineering Quadrangle, Olden Street

Princeton, NJ 08544-5263

In Memory of Academician Wu Cheng-Kang

The passing of academician Professor Wu Cheng-Kang has weighed heavily the scientific community with deep sorrow for the loss of an intellectual giant and a role model of scholarship and honor.

I had the good fortune of hosting Professor Wu for a one-year sabbatical leave at Northwestern University back in the early 1980s. Shortly after he arrived, we were delighted to find that our visitor from China not only was a brilliant researcher, but he also had an impeccable command of the English language. In terms of the research he was actively involved in, one project that turned out to have an immense impact was the determination of the laminar flame speed of a combustible mixture. This data is perhaps the most important parameter characterizing the dynamics and chemistry of flames. The puzzle and challenge was that extensive experimentation since the early 1900s had yielded huge and inconsistent scatters. By recognizing the essential role of aerodynamic stretch and differential species diffusion on the structure and dynamic of flames, the study beautifully demonstrated that stretch-free flame speeds could be determined by systematically subtracting out of their influence. This work, published in a well-cited paper in 1985, *On the determination of laminar flame speeds from stretched flames* in the *Proceedings of the Twentieth International Symposium on Combustion*, opened a flood gate in the systematic and meaningful study of flames and the embedded chemical kinetics. For example, it allows the determination of the critical states of extinction and flammability limits of combustible mixtures, the meaningful extraction of chemical kinetic information from laminar flame speed data, and the systematic formulation of complex fuel blends. Indeed, modern combustion research and literature are permeated with advances that can be traced in one form or another to the information acquired through such stretch-free flame data.

The above work is of course only a fraction of the mountain of contributions that Professor Wu had made in the broad landscape of thermal sciences. His mastery of the subjects and his creativity in blazing new paths are legendary in the global scientific community. Through our association, I have also come to admire him as a scholar and gentleman. His mild manner and sincere modesty have forever inspired us all—not just how to be a scholar, but also how to live with grace.

Rest in peace, Professor Wu. Thank you for the knowledge and enlightenment you have bequeathed us, and be assured that we will carry on your legacy with gratitude and honor.

Chung K. Law
Robert H. Goddard Professor, Princeton University
Member, US National Academy of Engineering
January 12, 2023

中译文：

普林斯顿大学

工程和应用科学学院

机械与宇航工程系

工程院，奥尔登街

普林斯顿，新泽西州，NJ 08544-5263

悼念吴承康院士

吴承康院士的过世，使科学界从此痛失了一位智慧巨匠和学问与荣誉的楷模，十分令人遗憾。

回顾早在20世纪80年代的初期，我有幸为吴教授提供了在西北大学进行一年学术休假的机会。在他到达后不久，我们高兴地发现这位来自中国的访问学者不仅是一位卓越的研究人员，而且对英语也有无与伦比的掌控能力。在他积极参与的研究方面，有一个项目产生了重要的影响，就是确定可燃混合物的层流火焰速度。这个数据可能是标志火焰的动力学和化学特征的最重要的参数。从20世纪早期开始的大量试验给出的海量数据十分分散且相互矛盾，令人费解并构成了挑战。由于认识到空气动力拉伸和不同组分扩散对于火焰结构和动态的关键作用，这个研究结果令人满意地展示出无拉伸火焰速度可能通过系统地扣除这些影响而得到。这项工作成果在1985年出版的《第20届国际燃烧大会论文集》的《从拉伸火焰确定层流火焰速度》一文中发表后被大量引用，随之对火焰及其化学动力学的系统性研究如同泄洪闸大开般涌现，颇具意义。例如，这个方法可以用于确定可燃混合物的熄灭和可燃性极限的临界状态，可以从层流火焰速度数据萃取有意义的化学动力学信息，以及用于复杂燃料掺和物的系统性公式。的确，现代燃烧研究和文献在不停地进展，其中就包含着用不同方式从无拉伸火焰数据获取到的信息。

当然，上述工作仅仅为吴教授在热科学的广阔领域中所做贡献的冰山一角。对于开创新方法、新途径而言，他对问题的把握和创造性堪称全球科学界的传奇。在我们的结交过程中，我也一直将他作为一名学者和绅士来赞赏。他的温和举止和真诚谦逊永远激励我们所有人——不仅要懂得如何成为一名学者，而且也要懂得如何优雅地生活。

安息吧！吴教授。谢谢您遗赠给我们的知识和启迪，请放心！我们将满怀感激和尊敬继承您的遗志。

罗忠敬（Chung K. Law）

普林斯顿大学罗伯特·戈达德讲座教授

美国国家工程院院士

2023 年 1 月 12 日

（盛宏至译，王柏懿校）

寄语追忆

悼念心语撷采

编者按： 吴承康先生离世的消息震惊了遍及各地的同事、友人和弟子，他们纷纷发来唁电、悼文，表达发自内心的对这位学术卓越、品格高尚的大学者的敬仰之情。在纪念吴先生九十五华诞之际，我们从诸多的悼念心语中撷取了小小部分，计二十五则。35位作者从不同侧面谈及了先生为人处世的细节，这些看似细小的事情更为立体地展现了大师的风范。

惊悉吴承康先生去世的消息，心里非常悲痛。我是1978年考入力学所读研究生的，吴先生当时还兼任力学所激光室主任，对我的论文审查得很仔细，提出了很多修改建议。后来他当副所长了，除了关心科研工作，还非常关心群众的生活。当时我们激光毛化课题组的主要骨干之一吴坚同志有了孩子，全家还住在三里河的父母家，每天上下班很累。我找到吴先生，向他说明情况，希望所里帮着骨干解决点困难。20世纪90年代初，中关村的房屋多宝贵呀！没想到吴先生真给他解决了。吴先生不仅学识深厚，而且为人和蔼可亲，有时候我路过他办公室，去看看他，他很高兴，往往一聊就是半个小时。现在吴先生竟然走了，望他一路走好，我们永远怀念他。

——杨明江

沉痛悼念敬爱的吴承康先生。吴先生平易近人，为人和蔼可亲。使我记忆深刻的是：在他担任力学所副所长时，关心几十年身患强直性脊柱炎的工人张学兰同志，还曾亲自到家中看望她。当时张学兰住的是平房，熬药、做饭都用煤炉没有煤气。吴先生看到后很是心疼，随后他主动把自己的煤气罐让研究室同志直接送到她家，还给她买了一辆三轮车让研究室的同志改装为倒座位，从而为张学兰同志解决了大问题。后来吴先生还打电话问张学兰："现在有房子住吗？"当张学兰告知平房已拆迁并住进楼房时，他才放心。对于这些细小的事情，吴先生都想得这么周到，使张同志深受感动。她说：没有领导的精心照顾关心,我就活不到现在。此外,吴先生知识渊博,为科研事业做出了巨大贡献。他思维敏捷,生活乐观,多才多艺,拉琴歌唱全能。他精心照顾有病老伴,90岁了还开车带老伴看病。吴先生真是一位让人敬佩的老科学家、老领导。吴先生您永远活在我们心中!

——王翠茹

听到吴承康老先生不幸离世的消息,十分悲痛!吴先生是个好人,他在世时给予我许多关怀和帮助。记得在十一室工作那段时间里,卞荫贵先生和我正在把参考焓方法推广到钝头体高超声速的边界层计算时,我与吴先生有过好几次讨论,吴先生的一些建议和鼓励对我有很大帮助。最使我难以忘却的是:1986年我作为访问科学家去加拿大访问前,在力学所大楼三层碰到了吴老先生。他知道所里体检时发现我右眼有一个神经壳套瘤,我本打算访问回国后再动手术,但吴先生说"国外工作会很辛苦,还是身体为重,动了手术再出国比较安全"。我接受了吴先生的建议,并且在天津找到了当时这个领域全国最有经验的医生宋国祥,成功地切除了那个瘤子。这为我去加拿大访问解除了后顾之忧,保证了身体健康。愿吴先生走好!

——赵国英

沉痛悼念吴承康老师,吴先生千古!吴先生对力学所的发展做出了巨大贡献。他对我本人的直接帮助也非常之大:20世纪90年代,我能到美国阿贡国家实验室工作、学习,就是他当年向该实验室主任直接推荐的结果。吴先生为人谦虚谨慎,做事光明磊落。我们永远怀念他!

——孙菽芬

吴先生对我帮助很大。《力学学报》英文稿最初的修改工作,他是总负责,我受到过他的很多鼓励。《力学情报》办刊的最后一年,我自告奋勇当了副主编,他是主编,对我的工作很支持:他参加每次的编委会会议,每次讲话都支持我的工作。编辑中出了问题,他也帮助解决。他对我们钱学森科学和教育思想研究会的周三会也很关心,多次在遇到我时问起。

——王克仁

吴承康院士，不仅做学问出类拔萃，还是一位热心助人的老者。十多年前，我老伴邵秀民患甲状腺肿瘤，几家医院都不能确定良恶。当吴承康夫人黄兰洁得知时主动将病况介绍到在兰州的内分泌专家吴承康的姐姐那里，得到很仔细的分析和咨询。后来，一次遇见吴先生，他还主动询问情况。十多年过去了，此事一直铭记在心，对吴承康夫妇乐于助人的精神深深敬佩。愿吴先生西去极乐世界，永远流芳千古！

——武际可

永远忘不了吴承康先生在1976年为我们的译著《等离子体动力学》逐字逐句审校的情形，该书由我和陆志云合译，1977年出版；也忘不了他在20世纪70年代为我们开英语课时的生动讲述。他对我们提出的学术问题总是有问必答。

——戴世强

记得1999年我因腰椎间盘膨出做了手术，之后在所园区内偶遇吴承康先生。当我向他礼节性问候的时候，不想他竟然询问起我手术的恢复情况。吴先生说是听同事讲到过我做了手术的事情，还嘱咐了如何保护腰部云云。我非常诧异，也非常感动。我只是人事处极其普通的年轻人，平时跟吴先生在工作上交集也并不多，吴先生对于我是高山仰止的存在。我以为他能正确地叫出我的名字就很不简单了，没想到他会如此关心一个寂寂无名的员工。慢慢地，我体会到他对同事，特别是对普通人的关怀照顾很普遍，这几乎是出于他的本能。2009年我调入离退办工作，曾经多次去患有强直性脊柱炎的张学兰家慰问。记得第一次去她家，她首先就跟我谈起吴承康副所长，讲述当年他主动将煤气炉送给她和改造三轮车的事情，之后几次也时常提起和询问吴先生的近况。吴先生对于她的雪中送炭般的关怀确实令她终生感激不尽。一晃我来力学所工作也30多年了。每当大家提起力学所丰厚的人文文化时，我就想到吴先生。他这样致力于科学研究、精研专业，同时又心存仁爱，关心每一位最普通的员工，就是这样的大家风范形成了研究所的主流文化。吴先生的离世令我非常悲痛。特拟挽寄怀：沉痛悼念吴承康院士；热力学，燃烧学，丹心报家国；善同辈，携后辈，大爱留人间。

——厉文萍

沉痛悼念尊敬的吴承康先生！与吴先生有过几次接触，曾看到他的大度，深感他的和蔼可亲。他指导过我们的一个项目，交流中感受到他深知我们遇到的关键难题，而又非常谦和地给我们出主意，一点没有大专家摆谱的架势，让我们仔细思考他的意见。我还在央视节目里看到过先生拉小提琴，真是难得的才艺双全的科学家！

——丁雁生

吴先生是我的恩师，在20世纪60年代初，在中国科学技术大学为我们教学两年多，他孜孜不倦教书育人的情景仍记忆犹新。我与吴先生在力学所共事多年。80年代初，吴先生任我所副所长。他负责全所研究员、副研究员提职工作（200多人），上百次的评审会议，总是第一个到会。他在会上认真听取申请人的报告和评审意见，会后还不厌其烦地接待不同人反映意见。后来我又多年协助吴先生筹办材料工艺中心的工作，他工作认真细致，总是先打头阵，攻克难点，然后我来配合。吴先生工作认真负责、作风正派、为人谦和、平易近人也乐于助人。沉痛悼念敬爱的吴承康先生，愿您一路走好！

——田筱淑

沉痛悼念敬爱的吴承康先生！他为我国科学事业，为我们所的发展建设做出了很大贡献。他为人正直真诚、和蔼可亲，他热心助人、爱护学生，我也受益匪浅。我们课题组的多试件低频疲劳设备得到他的首肯而获大奖。吴先生永远活在我们心中，永垂不朽！

——薛以年

吴先生是一位宽厚的长者，待人和蔼可亲，一点儿院士的架子也没有。当年我曾就职力学所的研究生办公室，吴先生对我们研究生工作十分关心。例如，研究生做开题报告、进展报告以及论文答辩，他都积极参加，认真倾听。有一次北京市在北京大学召开研究生教育工作交流会，点名我们所参加。吴先生作为导师代表和我一起参会。他亲自开着他的菲亚特私车，带着我一起从所里出发去北大。我开始还挺拘束的，但他像没事儿人一样，对我说："就是工作嘛，咱们省点时间，也给所里省点钱。"虽然这是一件小事，但使我特别感动。我退休以后，有一次去所里遇见了吴先生，他亲切地问我："这几年怎么样啊？要好好注意身体呀！"更令我感动的是，他还表扬了我："你做了很多研究生教育的工作，成绩挺大。"我真没想到这么多年了，吴先生还记得一个普通工作人员的事情，我当时不知所措得什么话也讲不出来，但直到现在他跟我说话时的音容笑貌都还记得，就像刚刚发生的一样。这就是一位大先生的气质和风范，吴先生永远活在我们心里！

——孙树兰

    沉痛哀悼吴承康先生！在曾经给我们授过课的力学所"三吴"（吴仲华、吴承康、吴文）中间，吴承康先生是我最熟悉、最尊敬的一位。他曾经教我们"热力学"和"燃烧学"课程，他编的教材独步国内，直至工作以后都是我国经典的参考书。吴先生治学严谨，为人谦和热情，有大师风范，为人师表。毕业以后，我曾在不同场合聆听过吴先生教诲，他曾亲自到航天五所、四室指导。20世纪80年代，我在航天领域参加载人航天论证，曾请吴先生与会指导……回忆往昔，吴先生的音容笑貌犹在眼前！永远怀念吴先生！吴先生千古！

——吴宗淼

    我们沉痛悼念吴承康先生。我们都是吴先生的中国科学技术大学的学生，亲耳聆听过吴先生的"燃烧学"等课程。他自编教材，独步国内；他治学严谨，学识渊博；他为人谦和，德高望重。他有着大师风范。我们中很多人后来或是在吴先生指导下工作，或是又多次聆听吴先生的教诲，受益匪浅。我们永远怀念尊敬的吴老师，愿老师一路走好，吴先生千古！

——张超枚、盛捷平、陈之涛、张峰、张年华、肖家宁、
戴为孚、王贞尧、陈国尧、刘荣发、尚永善

    吴承康先生，一位谦谦君子！他修身齐家，负笈西行，东归报国，博学走天下。他学术精湛，大师风范，提携后学，厚德满人间。他宅心仁厚，与人为善，爱及他人，伉俪情更深……记得有一次所里组织去国家大剧院看演出，回来时，我荣幸地受吴先生邀请坐上了他的车。途中从吴先生夫妻对话中得知，吴先生曾用金属亲手为夫人做过一对耳环。夫人提及此事时，脸上洋溢着的那种骄傲和满足的表情，让人难忘！今天想起，令人心

痛！吴先生仙逝，夫人失之，天堂得之！力学失之，天国得之！得此英才，应帅云霓而来御！吴承康先生千古！谨以此悼念吴先生。

——孙相人

沉痛悼念敬爱的吴承康先生！疫情三年，黎明之际，惊闻吴先生不幸去世，非常悲痛，也给我的人生增添新的遗憾。吴先生学术水平高，为人低调，学识渊博，多才多艺，人品性格脾气都非常好，对学生们也很爱护。当年读研，每逢圣诞新年过节，先生都邀请他的研究生去他家聚会。我在1987年考上吴先生的研究生，第一次吃北京烤鸭，就是在他家……30多年前的许多师生往事，仿佛昨天。敬爱的吴先生，我们永远怀念您！愿先生安息。吴先生千古！

——段渠

沉痛悼念尊敬的吴承康先生！我是力学所2002年入学的研究生，导师是盛宏至老师和魏小林老师。吴先生是我导师的老师，他博学多才，谦逊低调，对学生非常和气。记得他75岁生日时候，我们工程科学部为他办了一个生日聚会，他那天特别开心，还拉了小提琴庆祝。我毕业离开力学所后，时常感恩年轻的时候在力学所遇到了很多良师和大家。特别是从吴先生身上，知道了什么是真正的学者。我怀念吴先生指导我们领域科研工作的日子，尊敬的吴先生安息！吴先生的家人请节哀保重！

——张静伟

吴先生多年来一直关心和支持力学学会工作，组建等离子体科学与技术专业委员会并担任首届主任委员，为学科的发展和繁荣做出重要贡献。先生担任《力学学报》英文版第三任主编期间，大力推动期刊的国际化，使期刊先后被EI和SCI数据库收录，学术影响力得到了大幅提升。先生对学会的卓越贡献将永远为世人所铭记！吴先生千古！

——张自兵

第一次近距离接触吴先生是在他参加我的博士论文答辩时，后来我到力学所工作，更是深切感受到他的学者风范:和蔼的笑容,不疾不徐的语速,艺术家的气质。很震惊吴先生就这样仙去,愿敬爱的吴先生一路走好!

——岳连捷

吴先生和蔼可亲,学识渊博。记得读研究生的时候,一次在实验室搬东西,先生耐心地交代我和同学在搬东西的时候如何保护自己不受伤。我从这个细微之处,深深感受到先生对后辈的关怀……沉痛悼念吴先生,先生千古!

——贾军伟

2022年12月26日早上,惊闻敬爱的吴承康先生永远离开了我们,眼泪夺眶而出。之前就听说他肺部感染严重住进了医院,一直在为他祈祷,但他最终还是没能挺过去!在我心中,他不仅学问做得好,动手能力超强,还是位真正的君子:品德高尚,温文尔雅,多才多艺,平易近人,乐于助人。出于一直以来对他的仰慕,在我的女儿成为他的校友之际,我特地带着女儿去拜访吴先生夫妇。我想让女儿知道,世界上还有这高品质、高品位的大家,这么相爱到老的夫妻。那天黄兰洁先生戴了一条十分精致的围巾,年近九十,依然那么优雅美丽。吴先生跟我们讲起他年轻时的故事、他俩年轻时的故事,说话间,还会情不自禁地拉一下黄先生的手,羡煞我也。眼前这位中气十足、谈吐风趣的老人,是我国著名的高温气体动力学家,在低温等离子体科学和燃烧科学界有着重要影响力的人物,但他对建筑、艺术同样颇有见地。这一幕,成为我们人生中的珍贵记忆,也是我们的宝贵财富。吴先生,您永远活在我们心中!

——朱涛

我们老十一室从事6405任务的课题组曾经划归七机部701所编制。在1975年间,我和吴承康先生一起去了位于河南平顶山的七机部"五七干校",在那里劳动锻炼了一年整,同行的还有姚康庄、呼和敖德、洪传玉和祝金奎等同志。吴先生虽然是海外归来的高研而且已经年近半百了,但依然和我们这些年轻人同吃同住同劳动。记得那年河南发生了多年未遇的特大洪灾,有一个叫"遂平"的县竟然完全被冲没了。当时形势非常严峻,干校给每个学员炒了2斤炒面,还扎了一批木排,"以备万一"。此外,又组织一部分学员去救灾,吴先生积极报名争着去了。平时干活,吴先生也是非常认真,从不惜力气,不怕苦不怕累。有一次分配我们去黄豆秧田锄地,那天烈日高照,非常闷热,我看到吴先生的脸上不停地掉下大滴汗珠,啪啪地落在干旱的黄土地上,留下蚕豆般大小的印迹。吴先生在我们中间,从来不摆架子,他经常在晚饭后和我们一起到干校附近散步聊天。干校开新年联欢会时,吴先生演奏小提琴让全会场都沸腾了,雷鸣般的掌声经久不息,他只得拉了一首又一首曲子。有一次我闹腹泻,吴先生知道后,立刻将自己带来的尚未开封的黄连素送来,这种热诚、无私助人的风范我一直记忆在心。吴先生千古!

——贾玉芳

吴承康先生离我们而去了,他的风范却永留心间!他是《力学学报》英文版的英文文字质量的把关人。力学学会在 1985 年创立了《力学学报》英文版,可是当时一些作者的英文水平还有待提高,于是我们邀请了李家春、王克仁、戴世强、陈允明、薛明伦、赵士达等同志对作者撰写的英文稿进行审阅和校改,再送吴先生定稿。众所周知,李佩先生是我们科学院的英语第一人,有一天我大胆地拿着两本已出版的刊物去找李先生,见到先生后我说:"我是《力学学报》编辑部的,请你看看我们的英文版,给一些指导意见。"她没有推辞只是问:"谁给你们英文把关?"听到我告知是吴承康先生时,她立即说:"吴先生英文好,我不看了。"的确,有了吴先生的严格、认真把关,我们的英文版就可以放心付印出版了。吴先生一直很关心学报工作。记得在 20 世纪 90 年代,中国科技情报所第一次对全国科技期刊进行影响因子的测评,有一天吴先生到我们编辑部来,告诉大家"《力学学报》的影响因子在全国科技期刊中排名第一"。他那高兴的样子至今还铭刻在我的脑海里。

——赵大刚

我毕业于北京大学化学系物理化学专业,毕业后被分配到力学所工作。入所考试时化学考试题相当难,而且是英文试卷,听说就是吴承康先生出的题。后来又得知吴先生的岳丈是国际著名的化学家黄鸣龙,从而倍感亲切。我虽然在力学所工作了 16 年,但在业务上未能与吴先生有过什么交集。而吴先生对所内人员和蔼可亲、关心下属却是声名远扬的。在我被调到中国科学院环境化学研究所工作后,刘大有陪同吴先生找我联系环化所领导,合作完成了气流中固体颗粒物分类装置的研制任务。此后便与吴先生逐渐熟络起来。有机会遇到时，吴先生总会亲切地打招呼，询问一下工作情况，或是介绍一些有关专业的资讯。后来吴先生的研究团队介入了环境保护领域，我还曾和他一起出席过相关的专业会议。甚至吴先生还数次向我介绍国外环境研究的状况、垃圾焚烧的研究进展。吴先生也曾经从他出国开会的资料中选出有关环境科学部分悉数送给我。吴先生作为科学家对科学事业的执着与深入具体研究工作的辛劳，作为老一辈学者对后生学子的无私关爱与提携，彰显了高尚的风度与宽阔的胸怀，实在是难能可贵！尊敬的吴先生，我们永远怀念您！

——林玉环

2022 年年底听到吴先生住院、转院并得到较好的治疗时，以为他能躲过这一劫，没想到等来的却是离世的消息，真是令人心碎、窒息的噩耗！我曾长期在力学所爆炸力学室工作，虽与先生没有直接的工作联系，但总是能听到关于先生的敬语。任何时候遇到先生，总能见到他那笑容可掬的面容。先生的夫人黄兰洁老师曾经参加过力学所老年舞蹈队，我们相处得其乐融融，一道活动一年有余，其间我们还为她举办了 70 岁生日宴。后来黄老师病了，曾多次见到先生开车载她到力学所大院，每次都与我们热情打招呼，倍感亲切！我还曾经制作了一幅祝贺先生八十寿辰的生日贺卡，其中选了他爱抚、注视着美丽的黄色兰花的照片。今天再度回忆起先生作为力学所领导的仁厚风范，作为长者与后辈学子交谈的和蔼可亲，以及拉着小提琴和力学所职工同乐的生动形象，依然沁入心扉！敬爱的吴承康先生，您永远活在我们心中！

——尚嘉兰

跋

  吴承康先生是燃烧领域的杰出科学家和我国高温气体动力学学科的奠基人之一。他是中国科学院力学研究所高温气体动力学国家重点实验室的一座丰碑。吴先生将全部的身心奉献给了中国的科学事业,在纪念吴先生95周年华诞之际,我们编撰出版这部文集,追忆他在学界的巨大影响力和对实验室的贡献,意在弘扬他厚重的治学理念、光耀的育人精神,期待年轻科技工作者将这种科学家精神永续传承下去。

中国科学院力学研究所
高温气体动力学国家重点实验室